學貫大成

百〇七歲叟馬識途

国学经典

中华上下五千年

张婷婷　编著

第四卷

民主与建设出版社

·北京·

北齐的建立

武定五年（547）实际掌握东魏政权的高欢死后，其长子高澄继续掌政。不久高澄遇刺身亡，弟高洋继权。八年，高洋代东魏称帝（齐文宣帝高洋），国号齐，建元天保，建都于邺，史称北齐。

北齐继承东魏所控制的地盘，占有今黄河下游流域的河北、河南、山东、山西及苏北、皖北的广阔地区。有户 300 万、人口 2000 万。天保三年（552）以后，齐文宣帝高洋北击库莫奚、东北逐契丹、西北破柔然、西平山胡（属匈奴族）、南取淮南，势力一直伸展到长江边上。他在位期间是北齐国力鼎盛时期。高洋极力加强集权，重用庶族地主，大杀元氏，元氏大族又一次遭到打击，崔、卢、李、郑等汉族大族地位也大大下降。他还在北魏官制的基础上，加强了尚书省的组织与分工，尚书省设令及仆射，掌握朝廷实权，省中设六部，分为吏部（掌选任官吏）、殿中（主礼、刑）、祠部（主祭祀）、五兵（主军事）、都官（主监察官吏及水利）、度支（主财政户口），即后来六部的前身，成为隋唐官制的渊源。

北齐的暴政

北齐政权建立后，其核心是鲜卑勋贵，这些人多出自六镇中下级军官，由军功升为贵族后，仍保留着野蛮残暴的落后习俗。作为皇帝的高洋及其继承者，都深受这种习俗影响，因此在北齐政治中，残暴是其最显著的特色。

高洋即位之初，颇注意军事，率兵多次亲征北方的库莫奚、契丹、突厥、山胡、柔然等部，每次临阵，都是率先冲锋。几年之后，北方的边患大为减轻，同时又命大将南征，夺取南朝大片领土，并扶植以萧庄为帝的傀儡政权。随着功业渐盛，他也越来越贪图安逸，嗜酒淫逸，肆行狂暴。他称帝以来，数次征发百姓共计180万人，自幽州北夏口至恒州，修起长城九百余里。次年，又征发百姓三十多万人，再加上他肆修建宫殿台阁，赏赐无节，使得库藏积蓄很快告罄（消耗殆尽），财政日益紧张。于是他下令减百官之禄，以节约费用，众官均不敢反抗。

高洋嗜酒成疾，不能饮食，自知活不长久，招来其弟常山王高演，说："你想当皇帝随时可当，只是不要杀你侄儿。"又命尚书令杨愔（yīn）、大将军高归彦、侍中燕子献、黄门侍郎郑颐受遗诏辅政。十月，高洋太子高殷即位，是为废帝。乾明元年（560），改元乾明。以常山王高演为太师、录尚书事，长广王高湛为大司马并省录尚书事。杨愔等人以高演、高湛凶蛮势大，恐不利于幼主，企图削弱二人权力，将其调离京师。后又改变决定，以长广王高湛守晋阳，常山王高演仍留任原职。杨愔是汉族士大夫，李太后也是汉人，诸鲜卑勋贵都不希望他们掌权。于是高演、高湛与高归彦相互勾结，借拜职大会百僚之机，令贺拔仁、钭（tǒu）律金、斛律光等大将抓起杨愔、宋钦道、可朱浑天和、燕子献、郑颐，毒打一顿，又拥入宫中，面见高殷和太皇太后，将诸人诛杀。同年八月，娄太后下诏，废高殷为济南王，立高演为帝，是为孝昭帝。改元皇建。次年九月，高演派人杀高殷。十月，高演出猎，坠马绝肋，临终，以子百年幼，诏长广王高湛入承大统。又嘱咐高湛，请他即位后勿杀百年。是月，高湛即位于晋阳南宫，是为武成帝，改元太宁。

高湛即位后，荒淫残暴更甚于高洋，他大杀诸王及百官，残暴无比，565年，他传位给幼子高纬，是为齐后主。齐后主高纬不理政事，整天弹唱作乐，挥霍浪费，不惜民力，致使政治腐败，贪污成风。后主甚至把地方官职分赐宠臣，让他们出卖。赋敛日重，徭役日繁，造成人力竭尽，府库空虚。广大农民在苛重的赋役下，逃亡者十之六七，阶级矛盾日趋尖锐，小规模的农民反抗斗争不断发生，统治阶级内部矛盾更加表面化。当北齐政权日趋腐朽之时，关中的北周政权通过一系列的改革措施，国力日益强盛。承光元年（577），北齐为北周所灭。

北周的建立

534年，北魏分裂为东魏和西魏，西魏丞相宇文泰牢牢控制着政权，西魏文帝名存实亡。

宇文泰渐渐把汉族世家大族拉入他的统治集团，扩大了他的社会基础。他又依靠汉族大地主和士人在各个领域实行了一系列改革，把一个比较落后的军事集团改造为一个富有朝气的封建政权。通过各项制度的创建、改革和实行，西魏政权得到了巩固和发展。随着西魏政权的发展和军事斗争的不断胜利，宇文泰在西魏的权势自然越来越大。

大统十七年（551），西魏文帝元宝炬病死，宇文泰又立文帝太子元钦为帝，是为废帝。废帝二年（553）十一月，西魏尚书元烈谋杀宇文泰，事情败露，元烈被诛。元钦对宇文泰杀元烈深为不满，乃召集宗室诸王商议夺权，淮安王元育、广平王元赞等人都以为不可，垂泣劝谏，元钦不听。当时宇文泰的几个女婿李基、李晖、于翼等人均是武卫将军，分掌禁旅，元钦与宗室诸王的密谋逐渐被李基等人侦知，宇文泰任命心腹尉（yù）迟纲为大将军，兼领军将军，总典禁旅，密做防备。次年正月，宇文泰召集群臣定议，废掉元钦，改立文帝元宝炬第四子齐王元廓为帝，是为恭帝。又以尉迟纲为中领军，总领宿卫军，以监视元廓。这时宇文泰诸子或幼或弱，不堪大任，故宇文泰对几个女婿都寄予厚望，引为心膂（亲信得力之人。膂，lǚ）。宇文泰还有两个侄儿，章武公宇文导和中山公宇文护，宇文导任陇右大都督、秦南等十五刺史；宇文护任大将军，行六官之制后，又拜为小司空。另外军队大将和朝廷重臣，也皆是早日随他起兵的六镇军官或心腹，因此西魏政权的核心人物，实际上就是宇文泰集团的核心人物。

西魏早在元宝炬即帝位时，已经是"权归周室"，从文帝、废帝，直至恭帝，实际上都是受宇文泰摆弄的傀儡，一切政令全是出于宇文泰一人之口，皇位的取代早已只是时间上的问题。安葬宇文泰后，宇文护便着手安排禅代之事。是年十二月，他奏请西魏恭帝以岐阳之地封宇文觉为周公。到同月庚子这一天，恭帝元廓正式下诏禅位给周公宇文觉，西魏灭亡，共历3世，24年。次年正月辛丑，宇文觉即皇帝位，是为北周孝闵帝，北周建立。孝闵帝以大司徒、赵郡公李弼为太师，大宗伯、南阳公赵贵为太傅、大冢宰，大司马、河内公独孤信为太保、大宗伯，柱国、中山公宇文护为大司马。大司马掌军事，宇文护居之，把兵权掌握在自己手里。

宇文护逼宇文觉逊位，改立宇文泰庶长子宇文毓为帝，是为北周明帝。明帝在位四年，又被宇文护派人毒杀，改立宇文泰第四子鲁公宇文邕为帝，是为北周武帝。周武帝即位后，不动声色地诛杀了宇文护，北周皇帝才真正掌握了最高统治权。

北周灭北齐

从西魏宇文泰到北周武帝宇文邕，宇文氏政权经过宇文泰等几十年的苦心经营和不断改革，国势日渐昌盛。在政治方面，遵循"六条诏书"中"擢贤良"的精神，吸纳许多贤才。在军事方面，创建了府兵制度，加强了武装力量。在经济方面，释放奴婢、杂户，禁断佛、道二教，大大增加了国家的均田农民数量和经济实力。通过这些改革，到北周武帝后期，不仅中央集权制得到加强，而且国家实力与东方的北齐相比，也是由弱变强，蒸蒸日上。与此相应的是，军事局势也发生变化，由对北齐的积极防御转变为主动出击，全面进攻。与北周相反，北齐的政治和社会状况却是每况愈下，帝王贵族荒淫腐败，倾轧不已，国内各种矛盾日趋激化，齐后主高纬上台后，政治更为混乱。他厌倦政事，整日怀抱琵琶弹唱"无愁之曲"，和唱者数百人，被人称为"无愁天子"。而且又宠幸奸佞之人，委宦官以重任，让他们参与朝政，允许他们卖官鬻爵。此外州县之官多来自富商大贾，这些人得官后不顾百姓死活，贪赃枉法，搜刮百姓，大发横财，造成了"官由财进，政以贿成"的民不聊生的政治局面。他又胡乱封官拜爵，庶姓封王者以百数，开府一千多人，仪同无数。他豢养的跑马、斗鸡、鹰、犬等，竟也被授予仪同、郡居、开府等官爵，与大臣一样享有同等俸禄。后宫婢女也皆封为郡君，宫女中宝衣玉食者达五百余人，宫女一裙值万匹，一个镜台值千金。又大发徭役，盛修宫苑，极为壮丽，建成后稍不如意，则拆毁重建，致使百工匠人，连休息的时间都没有，"劳费亿计，人牛死者不可胜纪"。与北周武帝和

北周的政治，形成极为鲜明的对比。

　　周武帝即位以后，北周就不断进攻北齐，北周保定三年（北齐河清二年，563），北周大将杨忠、达奚武与突厥曾联合分路讨伐北齐，一度兵临晋阳城下，后被北齐军中的精锐部队击退。北齐名将斛律光还乘势反攻入北周境内，俘掠三千余人。此后北周军队又数次东进，由于北齐有斛律光、段韶等名将名臣，政治虽然败坏，但军事上却还保有一定实力，故北周军队收获并不大。

　　周武帝杀宇文护后，亲自掌握了最高军权，他一面与北齐通商和好，使对方麻痹松懈，一面却加紧练兵，积极准备，伺机灭齐。周武帝杀宇文护后三个月，齐后主诬蔑斛律光谋反，将其诛杀，尽灭其族。周武帝听到这个消息大喜，为之大赦。北周建德四年（北齐武平六年，575），周武帝与诸将伐齐。大将韦孝宽献计三策：一为联合陈朝、稽胡等军队，数道并进，一举而成；二为广事屯田，招募强悍之士，严加训练，与陈朝军队互相配合，使其疲于奔命，一两年后，待其内部离叛，然后乘机一举攻下；三为做长期打算，签订盟约，安民和众，蓄锐养威，观衅而动（探察对方的破绽、漏洞，乘机发动进攻）。周武帝又与齐王宇文宪，内史王谊、安州总管于翼从长计议，于这年七月下诏伐齐。他出兵18万，命宇文纯、司马消难、达奚震为前三军总管，宇文盛、侯莫陈崇、宇文招为后三军总文宪，于谨、李穆等将所向披靡，连取北齐三十余城。周武帝大军在金墉城下遭到北齐洛州刺史独孤永业的顽强抵抗，数攻未克。这时，周武帝忽然患病，又逢北齐右丞相高阿那肱率援军自晋阳赶至河阳，周军不得不弃城撤军。

次年，北周再次大举攻齐，周武帝认为前一年未能灭齐，原因主要在于"直为拊（fǔ）背，扼其喉"。这次应直攻高欢发迹之地晋州，争得此地，北齐必派重兵援救，我军可严军以待，击之必胜，然后乘破竹之势，挥军东进，定可"穷其巢穴"，灭亡高齐。十月，周武帝再次亲征，以宇文盛、宇文亮、杨坚为右三军，宇文俭、窦泰、丘崇为左三军，宇文宪、宇文纯为前军，亲率中军，开入齐境，并驻军于晋州汾曲（今山西临汾市南）。然后分别派遣宇文宪率精骑二万驻守雀鼠谷，宇文纯率步骑二万驻守千里径，达奚震率步骑一万守统军川，韩明率步骑五千守齐子岭，尹升率步骑五千守鼓钟镇，辛韶率步骑一万驻守汾水关；又遣王谊监诸军进攻平阳城（今山西临汾市），但是北齐海昌王尉相贵据城坚守。周武帝宇文邕赶赴平阳城下督战，城中情况紧急，北齐诸将纷纷投降，北周军队占领了平阳，生擒尉相贵及其部下八千余人。宇文宪率领的另一路军也攻克洪洞、永安二城，原计划乘胜前进，但由于北齐军焚桥守险，北周军不得进，只好屯守永安。

齐后主此时正带着冯淑妃与右丞相高阿那肱在天池（今山西宁武县西）围猎。晋州告急的信使，从清晨到中午，连来三批。高阿那肱却拦住信使，不准报告，说："皇帝正围猎高兴，何必急着报告。"到了黄昏，又一个信使赶到，报告"平阳已陷"，高阿那肱乃转报齐后主。齐后主闻讯准备立即返回晋阳（故址在今山西省太原市晋源区），但冯淑妃此时正在兴头上，要求再围猎一次，齐后主便又留下来继续围猎。猎毕，齐后主才携带冯淑妃回晋阳，调兵遣将，分军向千里径、汾水关发动反攻。齐后主亲自率主力开上鸡栖原（今山西霍州市东北三十里霍山上）。驻守汾水关的宇文盛派人告急，宇文宪马上率兵来援，大破这路齐军。齐后主率大军到达平阳城下，周武帝见齐军声势颇盛，周军疲惫，就留下一些将士镇守平阳，自率主力军西退。齐军包围了平阳，昼夜攻城。城池已经残破不堪但仍不能攻克。北周守将梁士彦慷慨激昂，身先士卒，激励了士卒。守城军民士气大振，无不以一当百。齐军再次挖地道攻城，城墙塌陷十余步，齐军将士呼喊着要冲进去，被齐后主下令阻止。齐后主派人召冯淑妃来观看，冯淑妃正在化妆，等她化妆完毕，周军已用木棍塞住缺口，齐军再次进攻，已经冲不进去了。

周武帝本已引兵西归，听闻平阳危急，又率军赶至平阳，会集诸军，向齐军发起猛烈攻击。齐后主与冯淑妃在阵后并骑观战，东边稍退，齐后主便与冯淑妃率先逃走，齐军见皇帝先跑，随之全线溃败。齐后主逃回晋阳不久，周军又尾追而来。齐后主便任命安德王高延宗为相国、并州刺史，总领山西兵，自己却不顾群臣劝阻，在夜里砍杀守城门的士兵，率少数侍卫逃出晋阳城。他想投奔突厥，侍官多所不愿，许多人半路悄悄溜走。领军梅胜郎也百般谏阻，他才带着剩下的数十人逃到邺城。穆提婆见大势已去，不得已投降了周军。周军包围了晋阳，高延宗在北齐留守将帅的坚决要求下，即皇帝位。周军四面攻城，终于攻破东门，周武帝率数千人冲进去，在城内展开巷战，周武帝几乎被困在城内，好不容易才突围出城。直到二次组织攻城，才占领了晋阳，俘虏了高延宗。谁知齐后主在邺城，听望气（古代方士的一种占候术，观察云气以预测吉凶）的人说，当有革易，遂禅位给太子高恒。次年正月，高恒即位，是为幼主。改元承光，尊齐后主高纬为太上皇，朝政大权仍掌握在高阿那肱手里。高阿那肱对主战将领颇为猜忌，于是齐军士气聚而复散，更加离心离德。周军进兵邺城，齐军出击，大败而归，高纬只得带上高恒东逃。周军攻入城内，俘获百官。高纬逃至济州，留下高阿那肱守济州关，又与穆后、冯淑妃、高恒、韩凤等数十人逃至青州，准备投奔江南的陈朝。不料高阿那肱表面上劝高纬先居住在青州，暗地里却勾结周军速至青州，将高纬、高恒等人全部俘虏。北齐灭亡。北齐自先祖文宣帝高洋至幼主高恒，共有6帝，28年（550—557）。

北方自东西魏分裂以来，已近半个世纪，至此终于统一。周武帝准备乘势"平突厥，定江南"，统一全国。可是不久他便病死在征讨突厥的途中，统一全国的事业未能由他完成。但是他为统一所做的一切准备，为后来隋文帝杨坚统一全国奠定了坚实的基础。

南方的民族融合

从孙吴建国到南朝结束（3—6世纪），这是我国南方民族融合的一个重要时期。许多民族（主要是山越、蛮、僚、俚）与汉族的融合基本上是在这个时期完成的。

山越的一部分是古代越人的后裔，另一部分是逃进山区的汉族人，他们杂居在一起，逐渐融合在一起。山越种植谷物，用铜、铁铸造兵器和农具，好武习战。他们分布在吴郡、会稽临海、丹阳等郡，相当于今天的苏南、皖南、江西、福建、浙江、湖南等地。孙吴政权经常强迫山越人民纳租服役，甚至把他们编入军队，赐给将领、官僚做客户（中国古代户籍制度中的一类户口，与主户相对而言，泛指非土著的住户）和奴婢。山越人民往往凭借深山幽谷的险阻地利，一有机会，就出山攻城郭、杀掠长吏，给孙吴政权造成了严重威胁。孙吴王派兵把山越围困在山里，等到谷物成熟就纵兵抢刈（yì，割），迫使山越出山而加以围捕，挑选丁壮编入军队，其余令居平地成为郡县编户。绝大多数山越人很快就和汉族融合在一起。

南朝境内的少数民族，统称为蛮，细分起来有蛮、僚、俚、蜑、巴、蜀、越、溪等称。其中蛮、僚、俚三支居地广，人数多，在经济文化上具有本民族独特的特点，其大部分融合于汉族，主要也是在这段时间内完成的，其他支类则不太重要。

蛮族作为一个少数民族的专称，分布在江淮之间，依险托阻，部落蔓延到荆、雍、湘、郢、司、豫、江、南豫八州，东起寿春（今安徽省寿县），西至上洛（今陕西省商县），北接汝颍（今河南省境），南至湘州。自从五胡乱华，蛮族更加无所顾忌，到处扩散。蛮族居住地区大多属于东晋南朝的腹地，同中央政权和汉族关系较密切，加快了融合的过程。蛮族还保有一些文化习俗特点，如言语不一，"衣布徒跣（xiǎn，光着脚，不穿鞋袜），或椎髻，或剪发"等。蛮人农业方面生产米谷，手工业方面生产布绢，其水平和汉人是近似的。蛮民部落已经慢慢解体，大多以户为单位。

僚族居住在长江上游的益州（今四川省）和梁州（今陕西省南部），时人又称其为"蛮僚""夷僚""蛮蜑"，蛮、夷、蜑是泛称，僚是这个民族的专称。僚族在西晋前深居山险之地，很少与外界来往。李成统治后期，僚族才逐渐移居到平地，繁衍起来。其农业生产能种植稻米，手工业能生产色质鲜净的细布，居住在靠树堆积的木头上，族人无名字，生男女只以大小次序称呼。以长者为王，父死子继。虽亲戚比邻，指授相卖。东晋以后，很多与华人杂居，贡输租赋。

俚族主要聚居在岭南的广州、越州（今广东和湖南、桂东南）地区，保存着本民族的语言和习俗。早在东汉时代，有的官吏"教其耕稼，制为冠履，初设媒娉，始知婚娶，建立学校，导之礼义"，以后中原人纷纷避乱交广，长期受汉文化熏陶，有的已成为郡县编户。

南朝政权对少数民族的统治有多种形式，把许多开化的与汉人杂居的少数民族编入州郡县，地方政权直接统辖，与汉人编户齐民一样。像归附的蛮民，与夏人杂居的僚人，都输赋税。设置左郡左县，政府不打乱其原有的民族组织形式，不干预其内部事务，这也意味着民族地区已经不是化外之域，需要直接服从中央政府的统辖，以逐步变其为编户齐民。有的左郡县官吏也用汉人，但大多数委派其首领充任。设置校尉、督护，刘宋沿袭两晋设南蛮校尉和宁蛮校尉，又置安蛮校尉，主治蛮族。置三巴校尉，治荆道界蛮僚。南齐时立平蛮校尉专管梁益僚人。刘宋设西江督护、南江督护以管理俚人。敕封其首领统治其人民，宋齐梁都大量敕封少数民族酋帅为王侯、牧刺、郡守等爵位和职官，朝代更替，其地位不变。

对少数民族地区采取特殊的剥削方式，主要是按户输谷、责賧（古代统治者以要少数民族赎罪为名，勒索钱财。賧，dǎn）。一般来讲，蛮民的租赋负担，较汉民轻，除降贡输义米外，无杂调徭役。賧是蛮僚赎身之物。以上是一般形式的剥削，残酷压榨往往是在"讨伐不宾"名义下，对其野蛮掠夺，极尽肆意搜刮之能事，擒获生口（俘虏，后以俘虏为奴隶，即用作奴隶的称呼）充当贱隶。从元嘉后期到齐末，主要是征蛮族。征伐僚人，从宋末开始，集中在梁武帝中期。征伐俚人，主要在梁末陈初。南朝统治者当少数民族内附或征伐之后，往往把他们移徙出来。有时移于京师，如梁宋时刘骏伐蛮，移一万四千余口于京师，沈庆之获蛮全部移京师为营户，这些人由于生活在发达的汉族之中，很快就和汉族融合在一起。

蛮、僚、俚等族对南朝政权也进行过许多反抗，消极的是不服从其统治，不纳赋税，不免受到血腥镇压。在逼得无法继续生存时，他们往往举行武装反抗。从宋永初二年（421）江州南康揭阳蛮起事到陈祯明三年（589）衡州群俚起事，少数民族的斗争风起云涌，此起彼伏。据不完全统计，有六七十次。起义次数多，地域广，有的规模还相当大。

长期以来，南朝蛮僚俚之族人同汉人在政治经济文化上联系都十分频繁,汉族人为了逃避赋役或逃罪,就常逃亡到蛮俚地区去,如桓玄子桓诞逃罪入蛮族地区,还成为其首领。许多汉人到蛮俚僚地区经商,蛮族等人民非常依赖汉族地区的盐、铁等商品,这种长期交往、交流,必然促进其生产技术的提高和文化习俗的融合,民族界限渐渐消失,加快了融合的进程。汉族经济文化当时居于先进地位,吸引了很多少数民族,如南方显赫的家族宁氏自称是冀州临淄人,称霸南中的大姓爨(cuàn)氏自称是河东安邑人。又有一些廉洁奉公具有远见卓识的官吏,善待少数民族,减轻他们的负担,很多少数族人归附地方政府,有的从深山出平地居住,有的自愿贡献金宝。如在宋元嘉十年(435)、宋大明元年(457)就有少数民族自愿归化,编入州郡县系统,这一切自然加快了南方民族融合的进程。

到了隋代,汉中地区杂居的僚户,富裕的僚多和汉人结婚,生活与汉人没有什么大的差别。原益州地区的蛮、賨(cóng)等族,其饮食衣服,还有和僚相像之处,但更多的是和四川汉人相似。原荆州和雍州地界的蛮左之人大多和华夏人杂居,已经和华夏人没有区别。这说明蛮、僚、俚族与汉族融合后,其文化习俗已与汉族相同,没有什么区别了。少数住在偏僻山谷中的人与汉人还有言语不通、饮食居住不一样的地方。

六朝过后,大量的南方少数民族同汉族融合在一起,使南方广大区域得以迅速开发,生产技术水平提高,文化得到较快发展,成为南方发展的一个重要原因。

道教的创立

道教是以道为最高信仰的宗教，是在中国古代宗教基础上，沿用神仙方术、黄老思想等一些宗教观念和修持方法而逐渐形成的。道教大致产生于东汉中叶，太平道和五斗米道是早期道教的两大派系。

五斗米道是天师道的前身，其创建者是张陵。张陵，字辅汉，东汉时沛国（今江苏省丰县）人，原本是太学生，精通五经。后来张陵归隐，于141年，作了道书，自称"太清玄元"，以符水、咒法为人治病，创立了"五斗米道"。因为入道者必须缴纳五斗米以做酬谢，所以称作"五斗米道"。

张陵于143年到达青城山，在这里建立了24个教区，并在各区设治头，张陵自称天师，掌管全教事务。张陵的五斗米道，其活动主要在巴蜀地区。张陵死后，由其子张衡承其业。张衡死后，五斗米道的领导权为张修所有，一时间，五斗米道声势甚大。黄巾起义失败后，张角被杀，张修也躲藏了起来，最后被张陵之孙张鲁杀害。在张鲁的领导下，五斗米道的势力在汉中地区达到鼎盛。

几乎就在张陵父子忙于创立五斗米道的同时，在河北一带也有一个人在民间传道，同时着手组织道教教团工作，他就是张角。两人一南一北，一文一武，不过结局却不尽相同。

东汉灵帝时期，由于外戚、宦官把持朝政，压制清议，豪强地主兼并土地，农民流离失所，加之灾疫流行，社会危机严重。信奉黄老道的巨鹿（今河北平乡西南）人张角利用《太平经》中某些宗教观念和社会政治思想，创立起一支庞大的宗教组织，并以此组织为基础，发动了中国历史上规模最大的一次以宗教形式组织起来的农民起义——黄巾起义。

汉灵帝熹平、光和年间，张角将他建立的教团改为"太平道"，以"中黄太乙"为至尊天神，以实现"黄天太平"为纲领，自称"大贤良师"，其弟张宝、张梁则称大医。传道治病时，常持九节杖（传说仙人所用的手杖）画符念咒，病者得先向神灵跪拜叩首，忏悔罪过，然后饮用符水。病轻者经过这种心理刺激，饮用符水后痊愈，就说此人信道心诚；病重不愈者，就说是他不信道所致，因此颇得民众信赖。经他们治愈者颇众，于是一传十，十传百，百姓对张角深信不疑。张角分遣弟子八人出使四方，以"善道"教化天下，仅用十年时间，信众便多达数十万。但凡张角的号令，青、徐、幽、冀、荆、扬、兖、豫等八州之人莫不响应。

张角见时机逐渐成熟，就按军事形式将道众组织起来，设置三十六方（地方教团），其中大方万余人，小方六七千人，各立渠帅统领其事。

汉灵帝中平元年属农历甲子年，张角按《太平经》五行相克的运动顺序推算，决定于甲子年的甲子日（三月五日）起事。为了给自己的行动制造舆论，张角效当年陈胜、吴广制造谶语（迷信人指将来会应验的话。谶，chèn）"大楚兴，陈胜王"之法，派教徒四出散布"苍天已死，黄天当立；岁在甲子，天下大吉"的谶语。大意是说，汉朝政权就要灭亡，取而代之的新政权即将建立，到了甲子年，天下就会共享太平。他以此号召太平教徒起义，推翻汉朝的统治。由于起义者均头戴黄巾，史称"黄巾起义"。

由于起义军起事仓促，士兵又未经过训练，因此，仅经过九个月的激战，张角就病死了，张宝、张梁阵亡，其余各地的黄巾部帅不是被俘就是战死，起义军遭到残酷镇压。太平道的教团组织，就这样渐渐地散亡了。

黄巾起义是利用道教组织发动的第一次大规模农民起义，也是标志道教开始登上历史舞台的一件大事。

云冈和龙门石窟

魏太延五年（439）北魏灭北凉，将凉州僧众三千多人迁至平城，同时还强行驱使吏民工匠三万户迁居平城，北魏佛教盛行。魏太平真君七年（446），太武帝拓跋焘下令灭佛，但魏兴安元年（452），文成帝拓跋濬即位，恢复佛法。453年文成帝召凉州高僧昙曜于平城。460年，昙曜在平城（今山西大同）西面的武州塞即云冈开凿石窟。

据《魏书·释老志》记载，北魏文成帝和平年间，沙门统（主管僧寺的人）昙曜向皇帝上书并得到许可，在京城（今大同）西郊武州塞，开凿石窟五所，各镌造一座大佛像，用以纪念北魏开国的五个皇帝。从这时起直到唐代，陆续有所凿建。统计起来，估计共有大小洞窟四十多个，雕刻约有十万个佛、菩萨、飞天（佛教壁画或石刻中的空中飞舞的神）和供奉人的石像。其他飞鸟异兽、台宝塔、树木花草等浮雕图案就更多了。石佛大的高至数丈，小的只有几寸，疏密不等地排列在洞窟内，宛如一个佛国世界。洞窟所雕的内容，有佛的本像，也有传说中佛的生平，画面有的是想象中的天上幻境，有的则是摹映凡世人间。第六窟刻如"佛的降生""佛的成长"等。佛教艺术和佛教一样，传入中国以后，其外

752

来的痕迹，历历可寻。云冈石窟的中心，也是它的精华所在，是在第五窟。第五窟规制宏大，气势雄伟，是有代表性的作品。它的洞口筑有四层的高大楼阁，进入洞门，迎面有一尊约五十五尺高的巨型石佛。它的脚就有十四尺长，手的中指七尺长。这座就地凿成的石雕像，不仅形象高大，而且显出唯我独尊的样子。其他佛像则分列左右，一个比一个小。另外还有很多手执乐器在飞舞的飞天，身材矮小的供奉人散立在四旁。置身群雕像之中，给人一种大佛如皇帝，居于至高无上的地位，而周围的各佛则象征服从于皇帝的大小群臣的感觉。那些飞天和供奉人，则是替统治阶级服役的民众和奴隶。整个洞窟，实际上构成了一幅封建统治的图像。而这一点正反映出北魏统治者通过建造石窟，把自己的统治地位加以神化的本意。

继昙曜之后四十年左右，云冈又不断有石窟完成，其风格也较前有变化，石窟平面一般呈方形，石窟分为前后二室。北魏迁都平城后，云冈石窟的开凿活动渐趋衰落，石窟多为中小型，但艺术上显得较为成熟。

现存云冈石窟有大窟45个，小窟若干，造像五万一千多尊。与敦煌石窟、龙门石窟并称古代三大窟，是一个著名的石窟艺术胜地。

494年，北魏孝文帝迁都洛阳以后，就在这个新的统治中心，依照云冈的雕造，开凿新的石窟，即龙门石窟。龙门石窟位于洛阳市南25里的伊阙，这里山河秀丽、风景宜人。龙门山、香山双峰对峙，中间伊水北流，犹如门阙，古称"伊阙"。又因伊水在两山下像条矫健的游龙，所以又称龙门，石窟主要分布在西岸的峭壁上，长达1公里。

龙门石窟现存佛洞 1352 个，造像近 10 万尊，佛龛 7855 个，数量超过了云冈，北魏所凿的佛洞石龛约占三分之一。

龙门石窟中的代表作有古阳洞、宾阳洞等。古阳洞开凿于迁都前后，是开凿最早、规模宏大、内容丰富的一个洞窟，也是北魏王室、贵族发愿造像最集中的洞窟。洞高 11.1 米，宽 6.9 米，深 14.5 米。洞内小龛琳琅满目，两壁井然有序地雕琢成三列佛龛，这些小龛都十分精美华丽，龛额装饰细致灵巧，图案花纹丰富多彩，在龙门石窟中堪称集北魏雕刻、绘画、书法、建筑、图案艺术之大成。

宾阳洞高 8.4 米，进深和宽各 11 米，正面是以释迦牟尼像为中心的五尊雕像。释迦牟尼两足交结坐着，身穿褒衣博带（着宽袍，系阔带）式袈裟，通高 8.4 米，双目垂视，大耳长鼻，相貌庄严。左右侍立二弟子、二菩萨，二菩萨含睇（dì）若笑，温雅敦厚。南北二壁各有一佛二菩萨，面相清瘦略长，着褒衣博带袈裟，立于覆莲座上。窟顶做穹隆形，雕有莲花宝盖，周围是八个伎乐天（佛教中的香音之神）和两个供养天人，洞口两面原有大型浮雕皇帝礼佛图、太后礼佛图，表现了孝文帝与文昭太后及君臣妃嫔们典雅华丽的礼佛场面。

龙门石窟的艺术风格和云冈的很相似，有明显的西方佛教艺术痕迹和北魏特征。所刻佛像，唇厚、鼻高、目长、颊丰、肩宽、胸部平直，用的都是平法，衣服褶纹见棱见角；立型造像，身躯挺直，显得庄严稳重，刚劲有力。宾阳洞中窟的顶部莲花藻井的周围，有一组"飞天"浮雕，手执乐器，翩然飞升，衣带飘扬，姿态非常优美动人。此洞壁上原有两组浮雕，即著名的"帝后礼佛图"，刻画的可能是魏孝文帝和皇后礼拜佛祖的场面。可恨的是，这一无价的艺术瑰宝，在1934年被帝国主义分子盗挖走了。如今剩下的两个凹坑，已成为帝国主义侵略罪行的历史见证。龙门最大的石雕在奉先寺，这是武则天时期开凿的，也是唐代石雕艺术的重要代表作。奉先寺的雕作，不但吸收了北魏的艺术精华，而且能与汉族固有艺术传统很好地融为一体，创造出唐代佛教艺术的新意境。奉先寺中间的一尊坐佛，高有51尺多，气势十分雄伟。从造像上看，既宁静庄严，又很慈祥自然，与北魏佛像一样都很有威严，但在形象上已有明显的变化（大佛两旁侍立有迦叶、阿难都是佛弟子），菩萨、天王、力士（佛教中的力士，有两种意思，一指大力的男子，二指大力的种族）的大型群立像，它们的站立姿态，也更趋向自然，有的稍微倾斜，有的呈S形，显得比较舒展。雕刻时是用圆刻法，衣纹像微风吹拂的波纹，真实感更强了，说明了唐代艺术水平的提高。

龙门石窟还保存了历代造像题记和碑刻3600余件，是我国传统的书法艺术珍品。流传已久的"龙门二十品"（十九品在古阳洞中），字形端正大方，气势刚健质朴，结体，用笔在隶、楷之间，是隶书向楷书过渡中一种比较成熟的独特字体，是魏碑体的代表作，是北魏书法艺术的精华。

云冈石窟和龙门石窟，是南北朝和隋唐时佛教兴盛的产物。石窟的开凿，都曾消耗大量人力、物力，龙门古阳洞和宾阳洞中窟，费工80万以上，历时23年。所以，它是劳动人民血汗和智慧的结晶。这两个石窟，本身就是我国的艺术宝库，已被国务院列为全国重点文物保护单位。

大科学家祖冲之

早在 1500 多年前的 459 年 9 月 15 日，我国就有人成功地预测到了月食，并用生动的事实向人们宣布，经过科学测算，月食是可以预知的。他就是我国南北朝时期杰出的科学家——祖冲之。

祖冲之（429—500），字文远，出身于为朝廷掌管历法的官吏家庭。早在青少年时期，祖冲之就对自古以来天文观测记录和制历方法进行了认真研究，发现古代所谓的"六历"并非远古历法。又经过细致观察，他发现古历中有很多不够精确的地方，并大胆地对前人的观测和推算加以订正，着手改历工作。经过艰苦的观测和计算，在 462 年，年仅 33 岁的祖冲之完成了《大明历》。《大明历》比以前的许多古历都精确得多。

祖冲之是最早把"岁差"引进历法的人。所谓"岁差"，就是地球在运行过程中，由于受到其他天体的吸引与影响，在运行一周后，没有完全回到原来的起点上，而是存在着一段微小的距离，这个差距，天文学上叫作"岁差"。因为"岁差"问题，引起了二十四节气的位置变动。如果不考虑"岁差"，历法也就难以准确了。我国最早发现"岁差"并主张将"岁差"引进历法的是东晋初年的天文学家虞喜，他计算出"岁差"每五年西移一度。但他的研究成果并未引起重视，祖冲之根据多年的实测和计算，证实了虞喜的发现。并在他制定的《大明历》中第一次把"岁差"引进了历法，他计算出一回归年是 365.24281481 日，同现代科学测量的结果比较，一年只差 50 秒。这在我国历法史上，是个划时代的贡献。

祖冲之的《大明历》，还对我国古代传统的"闰法"进行了改革。祖冲之经过精心计算，确定 391 年中设 144 个闰月的闰法，使《大明历》提高了精确度。祖冲之还在历法计算中第一次引进了"交点月"的概念。所谓"交点月"，就是月亮在天体上运行的路线同太阳在天体上运行的路线有两个交点（也叫黄白交点），月亮两次经过同一交点的时间，叫交点月。由于日食和月食都发生在黄白交点附近，所以测出了交点月，就可以准确地预测日食和月食。

462 年，祖冲之把自己精心编成的《大明历》递交朝廷，要求废除《元嘉历》，施行《大明历》。虽然祖冲之为之做出了很大努力，但《大明历》最终还是未被采纳，直到祖冲之死后，经过他儿子和一些有识之士的推荐，梁武帝天监九年（510）才正式被启用，那已是祖冲之死后 10 年的事了。

祖冲之不但精通天文、历法，还是古代数学家中的巨擘（比喻杰出人物。擘，bò）之一。他对圆周率研究的杰出贡献，更是超越前代。

圆周率是圆的周长与直径之比。它是计算圆的面积、球体积、圆柱体积等不可缺少的数据。祖冲之从前人计算圆周率的方法中，得到启示：圆的内接正多边形的边数越多，它的面积和圆的面积之间的误差就越小。这已经具备了近代数学上极限的概念。

祖冲之利用求圆的内接正多边形总边长的方法，求得圆周长度的近似值。他从正六边形开始，再求正十二边形、二十四边形、四十八边形……边数一倍倍增加，依次计算到正两万四千五百七十六边形的边长，得出了圆周率在 3.1415926 和 3.1415927 之间这一精确的结论。祖冲之的计算是十分复杂的。这样庞大的计算，没有坚强的毅力和熟练的技巧是无法完成的。

这个数值，一千年之后，荷兰人安东尼兹、德国人奥托才重新得出，欧洲数学家当时还不知道祖冲之早已提出过"祖率"了，误以为首次提出的是荷兰人，故而称之为"安东尼兹率"。我国数学界从来都称之为"祖率"。

"祖率"只是祖冲之研究成果之一。他还将数学研究成果汇集成《缀术》一书。《缀术》同《大明历》的命运一样，在祖冲之在世时，均被搁置。祖冲之死后 100 多年时，《缀术》才得以问世。

祖冲之的科研成就是多方面的，并且在政治、文学、音乐方面也很有研究，他一生的著述很多，有的还被传到国外。

刘勰撰《文心雕龙》

刘勰，南朝齐梁之际人，我国古代重要的文艺理论家，字彦和，祖籍梁东莞莒（今山东莒县），东晋以后世居京口（今江苏镇江）。刘勰终身未娶。早年丧父，青年时曾随僧侣在定林寺整理经藏，历时十余年，得以博览群书。天监初年开始做官，曾任奉朝请、临川王萧宏和南康王萧绩的记室，太末（今浙江龙游）令和太子萧统的通事舍人等。晚年皈依佛门，改名慧地。刘勰一生仕途平平，主要兴趣在于学术。他精研佛经，兼通儒学，深得为文之道，并善于运用骈文表达繁富之论。一生著述颇丰，据说曾有集，但今已不传，现存除《文心雕龙》外，只有《梁建安王造剡（shàn）山石城寺像碑》和《灭惑论》两篇。

《文心雕龙》体大思精，是我国历史上第一部系统而完整的文艺理论著述。成书时间一般认为在南齐末年。全书分上下编，凡50篇。从内容上，该书又可划分为五大部分：（一）总论，共5篇，包括《原道》《征圣》《宗经》《正纬》《辨骚》，论述为文的根本原则；（二）文体论，自《明诗》至《书记》共20篇，系统地论述了各体文章的性质、历史发展和写作要点；（三）创作论，自《神思》起至《总述》共19篇，再加上《物色》篇，共计20篇，集中探讨创作过程中的个性、语言、风格、思维方式，以及情与理、内容与形式的关系等一系列重要问题；（四）文学史论和批评论，包括《时序》《才略》《知音》《程器》4篇，阐述文学批评的标准、方法，展示了文学的演进，扼要地评论了历代的文学和著名作家；（五）序言，即《序志》篇，该篇对写书宗旨和全书结构做了说明，但放在全书最后。

《文心雕龙》全面地表现了刘勰的文艺观。刘勰的文艺观以儒家思想为基础，又吸收了道、玄、佛诸家学说中的某些思想观念。关于文学的本质，刘勰提出了"原道论"，他认为文"本乎道"，而道是由圣人所传，圣人所传之道又表现在他们的著作里，因此为文除"本乎道"外，还要"师乎圣""体乎经"，"原道、徵圣、宗经"是三位一体的。刘勰所谓的"道"，在自然是老庄之道，在人则是儒家的社会政治之道，这表明虽然他对文学本质的看法有相当的局限性，但基本把握了"文"是自然或社会的某种内在规律的表现。关于艺术构思，他特别强调这是一种"思与物游"的复杂过程。他描述说，艺术构思中作家"寂然疑虑，思接千载""悄然动容，视通万里"，这时不仅想象力极为活跃，而且思维以形象的方式进行。作者的情感在构思中也有重要地位，"登高则情满于山，观海则情满于海"，由于移情贯穿于构思的始终，因此创作时主体与客体的关系一方面是"情以物兴"，一方面是"物以情观"，情景交融是创作时的特殊心态。关于文学风格，刘勰提出了"体性论"。"体"即文体、风格，"性"即才能、个性。在他看来，作品的"体"与作者的"性"有密切联系。"体"是"性"的外在表现，而"性"的形成，又取决于作者主观的才、气、学、习诸方面的修养。刘勰还敏锐地意识到文学必须随着时代的发展而发展，"文变染乎世情，兴废系乎时序""时运交移，质文代变"。由此他提出了"变通论"，认为只有有变有通，文学才能不断发展。他对文学内容与形式的认识也相当有见的。他既主张内容与形式都是文学不可缺少的要素，"文附质，质待文"，又反对将两者并重，要求以内容为主"理定然后辞畅"。指出"华实过于淫侈（chǐ，夸大）""为情造文"和"为文造情"都会损害作品的思想内涵。在论述文学批评的态度与标准时，他批评了贵古贱今的不良倾向，指出批评者要有较高的艺术修养，不能固于一隅之见。他提出文学批评的具体标准应是"六观"，即从内容、体裁、语言、音韵、真实性、艺术技巧等多方面对作品进行全面衡量。此外，在《文心雕龙》中，刘勰还就文学体裁、分类、文章布局、修辞手段、音韵、声律等提出了许多独到的见解。《文心雕龙》的不足，主要是有混淆文章与文学的倾向，由于受儒家思想观念的束缚，对文艺本质的看法不够科学，对某些作家与作品的评价也不尽得当。

　　我国的文学理论发端于先秦。先秦诸子百家的论著中包含不少有关文学的见解，虽然没有形成完整的体系，但其中有些观点是相当深刻的。儒家有关文学本质与社会功用的看法，道家有关

"自然""虚静"的审美观念对后世都有深远影响。汉代废黜百家，独尊儒术，因而儒家文学观在《诗大序》中得到继承和发展。魏晋以后，随着政局的动乱和儒学的衰微，文学理论的大潮也出现了明显不同于先秦两汉的变化。这时期的理论家较少谈论文学与政治、伦理道德的关系，而是集中谈论作家的情感、气质，作品的艺术特征特性，文学的客观审美要求成为理论思维的重点。建安时期曹丕的《典论·论文》已论及作家的精神个性与各种文体的区别，其后，虞挚的《文章流别论》等又对文体的划分做了进一步的发挥。大致同期出现的《文赋》则是我国历史上第一篇系统阐述创作论的文章。在《文赋》中，陆机不仅论述了灵感、想象、情感、形象在艺术构思中的重要作用，而且对作家的个性、风格、创作技巧也有深刻见解。《文心雕龙》中的重要章节如《神思》《养气》等就直接受到《文赋》的影响。我国文学理论的真正自觉，始自魏晋南北朝时期。《文心雕龙》出现于这一时期绝不是偶然的。从某种意义上说，它是先秦以来各种文学理论的集大成者，它将前人有关文学的种种观点系统化，并加以发展，因而它使我国古代的文学理论在其生成过程中达到了第一个高峰。《文心雕龙》之后，又有钟嵘（róng）的《诗品》问世。《诗品》是诗论专著，专论五言诗得失，兼评汉魏至梁 121 位诗人。《诗品》指出，文学应是真情实感的流露，要表现"真美"，要有"滋味"。它的贡献还在于对"齐梁风尚"，即在创作中大量堆砌典故和刻意追求声律的现象进行了批判。该书对文学问题的论述虽不及《文心雕龙》周备，但继承了有关文学与时代、形式与内容等方面的观点。

北朝地理学家郦道元

北魏时期，有一本地理学巨著叫《水经注》，他的著者郦道元是我国古代最卓越的地理学家之一。

郦道元（？—527），字善长，北魏范阳郡涿县（今河北涿州）人。郦道元出生在官僚世家，青少年时代随父亲在山东生活，对当地的风土人情深入了解后，逐渐对地理考察产生了兴趣。父亲去世后，道元袭爵永宁侯，在孝文帝身边做官。后来外调，任颍川太守、鲁阳太守和东荆州刺史等职。在辗转各地做官的过程中，他博览群书，并进行实地考察，对当地的地理和历史有了深入的了解和研究。

神龟元年（518），郦道元被免职回到洛阳。在这期间，他感觉以往的地理著作如《山海经》《禹贡》《汉书·地理志》都太过简略，《水经》只有纲领而不详尽。于是，他花费大量心血，广泛参考各类书籍，结合多年的实地考察经验，历时七八年，终于完成了地理学名著——《水经注》。

郦道元做官时得罪了小人，被他们设下陷阱，派去视察反状已露的雍州刺史萧宝夤（yín）的辖区。孝昌三年（527）十月，郦道元在阴盘驿（今陕西临潼东）时，遭到萧宝夤部队袭击，被残忍杀害了。

《水经注》共40卷，约30万字，文字20倍于原书《水经》，共记有1252条河流。《水经注》这部在当时世界地理文献中无与伦比的著作，成就巨大，主要表现在以下四个方面。

其一，在水文地理方面。《水经注》共记载了1252条大小河流，按一定次序对水文进行了详细的描述，如河流的发源、流程、流向、分布、水量的季节变化以及河水的含沙量和河流的冰期等。在河源的描述上，有陂池（池塘、池沼。陂，bēi）、泉水、小溪以及瀑布急流。全书共记载峡谷近 300 个，瀑布 64 处，类型名称 15 个。《水经注》记载了伏流 22 处，其中有石灰岩地区的地下河和松散沉积孔隙水；记载的湖泊总数超过 500 个，类型名称 13 个，其中有淡水湖也有咸水湖；记载了泉水几百处，其中温泉 31 处。这些为后世研究古今水文变迁提供了重要的参考文献。《水经注》还记载了无水旧河道 24 条，为寻找地下水提供了线索；记载了井泉的深度，为该地区地下水位变化规律提供了依据和参照。

其二，在生物地理方面。《水经注》记载了大约 50 种动物种类，不仅明确记载了动物的分布区域，而且记载了各地所特有的动物资料，特别是黄河淡水鱼类的洄游（一些鱼类的主动、定期、定向、集群、具有种的特点的水平移动。洄，huí），是世界上该方面现存最早的文献记载。《水经注》还记载了约 140 种植物种类，描述了各地不同类型的植物群落，尤其注重植被状况。

其三，在地质地貌方面。《水经注》记载了 31 种地貌类型名称，山近 800 座；记载了洞穴 46 个，按不同性状结构取不同名称。《水经注》还记载了许多化石，包括古生物残骸化石和遗迹化石；记载了矿物约 20 种，岩石 19 种；记载了山崩地震约 10 处。其中关于流水侵蚀、搬运和沉积作用的解释，成为古代最早的流水地貌成因理论。

其四，在人文地理方面。《水经注》中记载的农业地理，包括农田水利、种植业、林业、渔业、畜牧业和狩猎业等；工业地理，包括造纸、纺织、采矿、冶金和食品等；运输地理，包括水上运输和陆上运输以及水陆相连的桥梁、津渡（指渡口或渡河）等。《水经注》还记载了地名约 17000 个，有全面阐释的有 2134 个。

《水经注》是一部杰出的地理学巨著，它是对北魏以前的地理学的一次全面总结，为后世地理研究提供了非常详尽的参考。

农学专家贾思勰

北魏末年贾思勰著的《齐民要术》，是一部总结农业生产技术的著作，也是我国现存的一部最古最完整的农书。"齐民"是使人民丰衣足食，"要术"是重要的方法。"齐民要术"，说的是谋求提高人民生活水平的重要方法。

贾思勰为什么要写这样一部书呢？他为什么能够写成这样一部书呢？这跟北魏时期我国北方农业生产的发展是分不开的。北魏孝文帝改革，有力地促进了北方民族的大融合，各族劳动人民在生产劳动中不断地互相学习，少数民族学到了汉族的农业生产经验，汉族也学到少数民族的畜牧业生产经验。农业有了畜牧业的配合，从耕种到收获，有更多的畜力可以利用，肥料的来源也大大增加了；畜牧业有了农业的配合，牧畜的饲料增加了，牧畜的用途更广泛了。这就使农业和畜牧业都更快地发展起来，贾思勰决心写一部书来总结这些经验。

贾思勰读过许多书，知识渊博。北魏的高阳郡在今天河北省高阳县东边，是当时农业生产比较发达的地区。贾思勰在那儿做太守的时候，一方面努力读书，学习前人总结的生产经验；一方面不辞辛苦地深入民间，向农民、牧民学习生产知识。有时候，他自己也种些地，养些鸡、鸭、牛、羊。他还把民间关于气候、季节、耕种、畜牧的谚语歌谣收集起来，仔细地加以分析，把合理的内容记下来。贾思勰从书本中和实践中积累了大量资料，为写好《齐民要术》做了充足的准备。

《齐民要术》这部书，既记载了前人的生产知识，又总结了当时的生产经验，还讲了贾思勰自己的亲身体会。他对许多具体事例从理论上做了说明。

北魏时期，并州（今山西省北部至东南部）不产大蒜，农民想种大蒜，就从朝歌（今河南省淇县）买来上等蒜种，可是种下去以后，收获的却是蒜瓣很小、味道也不辣的小蒜头。可另外有一种外来的芜菁蒜种，却长出了比种子大得多的大芜菁蒜。这是什么道理呢？贾思勰说，这是因为地势、土壤、气候不同。因此，种什么庄稼，必须了解当地的自然条件，种植适应当地条件的作物，才能用力少、收成多。要是不考虑自然条件，盲目地干，就好比到山顶上去捕鱼，到水里去砍树，花了力气，却得不到结果。

贾思勰主张从事农业和畜牧业生产，要注意实际效果，不要只看到表面形式。他以养鸡为例，养鸡的人总是喜欢生蛋多的鸡，那就要选秋天或冬天孵出的鸡种，不要选春天或夏天孵出的鸡种。秋冬孵出的鸡虽然个子小，毛色浅，脚也细短，外表不好看，可是生蛋多，又会孵小鸡；春夏孵出的鸡虽然个子大，羽毛光泽鲜艳，脚长得粗壮有力，外表健美，却爱到处逛荡，不爱生蛋。要想多收鸡蛋，就不能被鸡的外表所迷惑，而应当从实际效果来选择鸡种。

贾思勰根据亲身体会，总结出搞农业和畜牧业生产要细心观察，积累经验，不能光凭自己的好恶。他养了一群羊，为了让羊多吃草，多长膘，就往羊圈里放了许多草料，谁知道没多久，羊却一头一头地死了。这是什么缘故呢？他想来想去也找不出原因。后来，他跑了100多里路，找到了一个有经验的老羊倌，才弄清羊死去的原因。老羊倌告诉他，羊是最爱干净的，把大量草料放在羊圈里，许多羊都踩在上面吃。羊边吃边踩，还在草料上拉屎撒尿。这样脏的草料，爱干净的羊怎么肯吃呢！羊吃不饱，就慢慢地饿死了。贾思勰没有摸清羊爱干净的习性，结果好心办了坏事。他把这样的经验也写进了《齐民要术》。

贾思勰写《齐民要术》，注意实事求是。他对古书上记载的，或听人说的一些谷类和瓜果，凡是出产在外国，自己没有亲眼见到的，只在书上记个名字，不写种植方法，不知道的东西绝不随便说。

《齐民要术》全书共92篇，11万多字。内容十分广泛，它从农作物耕种讲起，一直讲到怎样做醋和酱。凡是有关增加生产、改善生活的事情，几乎都讲到了。这部农业科学著作，不仅是贾思勰个人的心血结晶，也是我国古代北方劳动人民生产经验的总结，在世界农学史上有着重要的地位。

范晔与《后汉书》

《后汉书》由我国南朝刘宋时期的历史学家范晔编撰，是一部记载东汉历史的纪传体史书，"二十四史"之一。《后汉书》是继《史记》《汉书》之后又一部私人撰写的重要史籍，与《史记》《汉书》《三国志》并称为"前四史"。

《后汉书》全书主要记述了上起东汉的汉光武帝建武元年（25），下至汉献帝建安二十五年（220），共196年的史事。

《后汉书》纪十卷和列传八十卷的作者是范晔，此书综合当时流传的七部后汉史料，并参考袁宏所著的《后汉纪》，简明周详，叙事生动，故取代以前各家的后汉史。北宋时，有人把晋朝司马彪《续汉书》志三十卷与之合刊，成今天的《后汉书》。

《后汉书》大部分沿袭《史记》《汉书》的现成体例，但在成书过程中，范晔根据东汉一代历史的具体特点，则又有所创新，有所变动。首先，他在帝纪之后添置了皇后纪。东汉从和帝开始，连续有六个太后临朝。把她们的活动写成纪的形式，既名正言顺，又能准确地反映这一时期的政治特点。其次，《后汉书》新增加了《党锢传》《宦者传》《文苑传》《独行传》《方术传》《逸民传》《列女传》七个类传。范晔是第一位在纪传体史书中专为妇女作传的史学家。尤为可贵的是，《列女传》所收集的十七位杰出女性，并不都是贞女节妇，还包括并不符合礼教道德标准的才女蔡琰。

《后汉书》结构严谨，编排有序，如八十列传，大体是按照时代的先后进行排列的。最初的三卷为两汉之际的风云人物，其后的九卷是光武时代的宗室王侯和重要将领。《后汉书》的进步性还体现在勇于暴露黑暗政治，同情和歌颂正义的行为方面。在《王充、王符、仲长统传》中，范晔详细地收录了八篇抨击时政的论文。《后汉书》一方面揭露鱼肉人民的权贵，另一方面又表彰那些刚强正直、不畏强暴的中下层人士。

范晔（398—445），字蔚宗，南朝宋顺阳（今河南淅川东）人。官至左卫将军，太子詹事。宋文帝元嘉九年（432），范晔因为"左迁宣城太守，不得志，乃删众家《后汉书》为一家之作"，开始撰写《后汉书》，至元嘉二十二年（445）以谋反罪被杀止，写成了十纪，八十列传。原计划作的十志，未及完成。今本《后汉书》中的八志三十卷，是南朝梁刘昭从司马彪的《续汉书》中抽出来补进去的。

范晔出生在一个著名的士族家庭。高祖范晷（guǐ）为西晋雍州刺史，加左将军。曾祖范汪入仕东晋，官至晋安北将军、徐兖二州刺史，晋爵武兴县侯。祖父范宁先后出任临淮太守、豫章太守。父范泰仕晋为中书侍郎，桓玄执政时被废黜，徙居丹徒。刘裕于京口起兵灭桓玄，控制东晋政府实权后，范泰重新被启用，出任国子博士、南郡太守、御史中丞等职。范泰为东阳太守时，因开仓供粮和发兵千人，助刘裕打败卢循有功，被加官为振武将军。从此，范泰受到刘裕的信任，屡被升迁，先后担任侍中、尚书常侍兼司空等职。宋代晋后，拜为金紫光禄大夫散骑常侍，少帝时加位特进。

范晔的家庭有着正宗的家学传统。范汪"博学多通，善谈名理"，撰有《尚书大事》二十卷，《范氏家传》一卷，《祭典》三卷以及属于医学棋艺的著作《范东阳方》一百零五卷，《棋九品序录》一卷等。范宁尝作《古文尚书舜典》一卷，《尚书注》十卷，《礼杂问》十卷，《文集》十六卷，尤以《春秋穀（gǔ）梁传集解》十二卷"其义精审，为世所重"。范泰也有《古今善言》二十四卷及文集等多种著述。受到家庭影响，范晔从小好学，再加上天资聪慧，因此尚未成年，便以博涉经史，善写文章而负有盛名。

司马彪，字绍统，晋高阳王司马睦的长子。从小好学，然而好色薄行，不得为嗣。司马彪因此闭门读书，博览群籍。初官拜（上任）骑都尉，泰始中任秘书郎，转丞。司马彪鉴于汉室中兴，忠臣义士昭著，而时无良史，记述繁杂，遂"讨论众书，缀（组织文字以成篇章）其所闻，起于世祖，终于孝献，编年二百，录世十二，通综上下，旁贯（横贯）庶事，为纪、志、传凡八十篇，号曰《续汉书》"。范晔的《后汉书》出，司马彪的《续汉书》渐被淘汰，唯有八志因为补入范书而保留下来。司马彪的八志中，《百官志》和《舆服志》是新创，但没有《食货志》却是一大缺欠。

范晔在撰写《后汉书》以前，已经有许多后汉书流传。其中，主要的有东汉刘珍等奉命官修的《东观汉记》、三国时吴国人谢承的《后汉书》、晋司马彪的《续汉书》、华峤的《后汉书》、谢沈的《后汉书》、袁山松的《后汉书》，还有薛莹的《后汉记》、张莹的《后汉南记》、张璠（fán）的《后汉记》、袁宏的《后汉记》等。范晔的《后汉书》，就是在这些后汉书的基础上撰写出来的。

《后汉书》自有其特点。从体例上看，与《史记》和《汉书》相比，有一些改进。在本纪方面，它不同于《汉书》的一帝一纪，而是援引《史记·秦始皇本纪》附二世胡亥和秦王子婴的先例，在《和帝纪》后附殇帝，《顺帝纪》后附冲、质二帝。这既节省了篇幅，又不遗漏史实，一举两得。在皇后方面，改变了《史记》与《汉书》将皇后列入《外戚传》（吕后除外）的写法，为皇后写了本纪。这样改动，符合东汉六个皇后临朝称制的史实。

在列传方面，《后汉书》除了因袭《史记》《汉书》的列传外，还新增了党锢、宦者、文苑、独行、方术、逸民（古代称节行超逸、避世隐居的人）和列女七种列传。这些列传既是新创，又反映了东汉的实际情况。如东汉一代党锢大兴，许多比较正直的大臣都以结党的罪名被杀；另外，东汉的宦官多参与朝政，杀戮大臣，是党锢之狱的主要制造者。这些现象充分反映了东汉王朝统治阶级内部的矛盾和斗争。范晔根据这些史实，创立了党锢和宦者两个列传。为列女立传，最早始于西汉的刘向，范晔在刘向的启发下增写了《列女传》，这在正史中是第一次出现。他写《列女传》的宗旨是："搜次才行尤高秀者，不必专在一操而已。"他的《列女传》中，有择夫重品行而轻富贵的桓少君、博学的班昭、断机劝夫求学的乐羊子妻、著名才女蔡琰等，不拘于三纲五常的界域。《后汉书》的列传，往往打破时间顺序，将行事近似的人写成合传。如王充、王符和仲长统三人，并不是同时代的人，因为他们都轻利禄而善属文，行为近似，所以合传。

《后汉书》的特点，除体例上的创新外，最显著的是观点鲜明，褒贬一语见的。如他不为那些无所作为的大官僚立传，而为许多"操行俱绝"的"一介之夫"写了《独行列传》，充分地表明了他爱憎分明的态度；《党锢传》则正面歌颂了张俭、范滂和李膺等人刚强正直的风尚；在《杨震传》中，多处歌颂了杨震及其子孙廉洁奉公的家风；《宦者传》赞扬了蔡伦等"一心王室"的忠介之士，对于侯览等人则直书其"凶家害国"。《后汉书》的"论""赞"，以犀利的笔锋评判是非，表彰刚正，贬斥奸恶而嘲笑昏庸，更是一大优点。

《后汉书》虽然只有本纪、列传和志，而没有表，但范晔文笔较好，善于剪裁，叙事连贯而不重复，在一定程度上弥补了无表的缺陷。另外，因为记载东汉史实的其他史书多数已不存在，所以，《后汉书》的史料价值就更为珍贵。

《后汉书》的最大局限就是丢掉了《史记》重视农民起义的传统，对黄巾起义持否定态度。黄巾起义为东汉末的大事，其中的主要人物如张角弟兄，竟不为立传。他们的事迹，只附在了镇压农民起义的官僚皇甫嵩的传中。

《后汉书》原来通行的注本，纪传部分是唐高宗的儿子章怀太子李贤注的，重点是解释文字，但也参考其他东汉史书，对史实有所补正，为各志作注的是南朝梁刘昭，他的注侧重说明或补订史实。此外，清惠栋的《后汉书补注》、王先谦的《后汉书集解》这两家注，也颇受人们重视。

商业和货币的兴衰

东汉末年，社会经济在战乱中遭到极其严重的破坏，人口大量减少，土地大量荒芜。城市手工业因城市遭受严重破坏而陷于停顿。秦汉以来有较大发展的商业交换经济，已经一蹶不振，金属货币也废而不行。尽管魏晋南北朝的400余年间北方经济时有恢复，商业和货币却始终处于不振状态。而在南方，随着经济的开发，商业和货币却呈现出兴盛的局面。

两汉时期，为适应商业发展的需要，自西汉武帝起就大量铸造五铢钱。五铢钱一直通行了几百年。东汉末年，由于生产和商业受到破坏，金属货币的作用也跟着萎缩了。汉初平元年（190）董卓废止通行已久的五铢，改铸小钱，"民不乐用，自是后钱货不行"。钱币不行，不是由于民不乐用，而是商业交换经济的衰微，自然经济占了上风的缘故。在自然经济盛行的情况下，布帛、谷物等实物代替两汉通行的金属货币而成为价格尺度和交换手段。

三国时期，北方和南方商业虽有所恢复或有一定的发展，但还是很有限的。实物交换仍然是主要手段。北方主要用谷帛，南方则杂用盐布。借贷、馈赠、贿赂、市易都用这些实物。绢帛的"匹"被广泛地作为物价标尺。曹魏明帝时曾铸五铢钱，但当时北方仍是钱物并行的局面。刘备入蜀后为弥补军用不足，铸重八铢钱以当一百钱用，后竟以不到半铢钱值百钱。在这种恶钱泛滥的情况下，实物交换更为盛行。孙吴铸大钱，以一当五百或一千钱使用，造成币制混乱。在流通领域，谷帛同样处于主要地位。

西晋统一后，城市的繁荣，各地往来交易的增加以及对外贸易的开展，商业已较三国时期有所发展。西晋未有铸币的记载，仍沿用魏五铢钱。西晋末年及五胡十六国时期，北方生产受到巨大破坏，黄河中下游地区出现了大量的坞堡组织。每个坞堡就是一个自给自足的生产和生活单位，商业极度萎缩和凋敝。金属货币基本上不在交易中使用。后赵石勒统治时期，经济有所转机，商业得到一定的恢复。石勒曾铸"丰货钱"，并下令公私交易皆要行钱。钱能否在交易中使用，是由经济发展决定的，而不是强制施行的。在当时北方自然经济占上风的情况下，"钱终不行"。此后至北魏太和十九年（495）复行五铢钱为止，整整两个世纪（从公元 4 世纪初的晋末永嘉之乱到 5 世纪初孝文帝复行五铢钱）中原地区交易不用货币，而用实物。北魏统一北方后，北方经济逐渐得到恢复，商业活动也渐趋活跃。北魏都洛阳之后，洛阳的市场十分繁荣，除各种奢侈品和高级消费品外，粮食、食盐、织物、农具、铁器，以及更多的农产品和畜产品都有出售，西北及中亚地区的特产、各类工艺品、名马也在市场上交易。为适应商业发展的需要，太和十九年孝文帝下令铸太和五铢钱，诏天下用钱。当时北魏币制非常混乱，各地区有各地区使用的货币。太和五铢只用于京邑而不入徐扬之市，用于荆郢地方的则兖豫地区不用。即便是在太和行钱之后，也没有完全排除布帛、谷物作为货币使用。北魏末年的战乱，使社会生产和商业再次受到破坏。东西魏、北齐北周对峙时，各自地区的商业有所恢复。

与北方不同，南方的商业却呈现出迅速发展状态。东晋南朝的农业和手工业都有了长足发展。江南江河纵横，湖泽罗布，舟楫便利，为商业发展提供了便利条件。在长江沿线及三吴地区，经济发展较快，商业也较发达。这一地区一些重要城市，有繁盛的商业，成为大的货物集散地。在市场上交易的有供贵族、官僚享受的奢侈品，而更为突出的是一般农产品和手工业品，如米、布、绢、帛、绵、纻、鱼、盐、纸、竹、漆、木等，都成为交易的大宗。南朝不仅地区间转运贸易得到加强，而且南北通商、与周边各族的互市及至海外贸易都成为商业活动的重要组成部分。由于商业发达，在江南，作为交易媒介和物价尺度的主要是钱货，谷帛仅占次要地位。

东晋南朝时，货币使用的区域最初在经济发达地区，随着落后地区的开发，钱币的使用范围也在逐渐扩大。东晋渡江初，境域之内，有的地方用钱，有的地方使用谷帛，就是建康也有钱货谷帛杂用的现象。到刘宋时，这种情况已有较大的改变，汉川地区原以绢为货，宋初已开始用钱，一些少数民族居住的地区，也逐渐使用钱币。梁武帝时期，南方的经济最为繁荣，长江流域及沿海的交、广各地，都使用钱币；而内地州郡，交易时除钱货之外，还杂用谷帛；完全不使用钱币的地区也随着经济不断地发展而逐渐缩小。

东晋南朝的商业交换不断发展，对钱币的需要量日增。另外，由于南方铜矿缺少，钱币的铸造量不足，不能满足实际需要。由此产生的钱贵货贱、钱币筹码不足成为影响当时经济的一个大问题。东晋有大、中、小三种钱币，前两种是沿用孙吴的钱，小钱为吴兴沈充所铸，又"称沈郎钱"。小钱铸得不多，大钱又被官吏、商人卖给少数民族铸铜鼓，市场上钱币日益减少，出现了"钱荒"和"钱贵物贱"的现象。刘宋初为改变货币量不足的现状，曾铸四铢钱，虽较旧五铢钱轻，却规定与五铢钱具有同样的价值。因此不少投机商翦凿（亦称"翦钱"，南朝宋时，政府铸造新钱，钱形薄小，轮廓不成，民间盗铸者多剪凿古钱，以取其铜）旧古钱改铸新钱。孝武帝企图通过货币减重以取利，又铸一种较四铢钱轻一半的钱充用。盗铸者云起。结果劣质钱数量增加，通货膨胀。宋末又允民间私铸，以至出现"入水不沉，随手破碎""十万钱不盈一掬（用两手捧，这里用作名词）"的"鹅眼钱（或称"鸡目钱"，钱体轻小如鹅眼、鸡目之类的劣钱）"。货币的恶滥致使商业停顿，人民无法生活。刘宋政府只得采取禁断新钱的措施，专用古钱。北齐未曾铸币，钱币量不足一直是个大问题。官府规定户调必须一半以上交纳钱。农民只得花费一千七百钱才能换得一千未经翦凿的古钱交予官府。结果物价更低，农民更苦。梁朝曾铸五铢钱及女钱（指剪除外轮和内郭后的萧梁五铢钱，因其轻薄弱小而被称为"女钱"。所谓轮，即钱币四周凸出部分，又称外轮；所谓郭，即钱币内孔的边缘，又称内郭），后因铜不足而铸铁钱。铁易得，价格远低于铜。而两铁钱当铜钱一，故盗铸成风。以至铁钱堆如丘山，物价腾贵，"交易者以车载，不复计数"。铁钱功能丧失，人民遂用各种古钱，而币制的混乱，引起了市场的混乱。陈初铁钱不行，沿用两柱钱及鹅眼钱，后又改铸五铢、六铢钱两种。规定六铢一当五铢十，比价太高，民不乐用，后遂废。五铢钱一直到陈亡。东晋南朝币制混乱，钱币筹码不足，影响了商业的发展。

手工业的进步

东汉末年的军阀割据混战，给社会经济带来极大破坏。城市手工业由于城市的破坏而陷于停顿，农村的家庭手工业亦遭到程度不同的破坏。三国西晋时期，手工业得到一定的恢复并有所发展。西晋灭亡后，北方和南方长期处于分裂对峙的局面。江南广大地区由于战乱较少，东晋南朝时期手工业有了显著的进步。十六国时北方虽战乱不断，个别时期、个别地区手工业仍有所发展。北朝时期，北方的手工业也有了进步。

这一时期，冶炼技术有所提高。用水利推动的水排鼓风冶铁，由东汉杜诗发明，但并未得到推广。曹魏的韩暨在官冶工场中推广应用水排，较比马排、人排，利益提高三倍。由于此法使冶铁效率提高，逐渐推广至南北，并为后世所沿用。南北朝时有一种"灌钢法"的冶炼技术，即"杂炼生（生铁）柔（熟铁）"制钢。此法是将生铁、熟铁混杂冶炼，生铁先化，碳得以渗入熟铁之中，然后取出淬火（把金属工件加热到一定温度，然后突然浸在水或油中使其冷却，以增加硬度。淬，cuì），即可生产出好钢。北齐綦（qí）母怀文用此法生产出"宿铁刀"，"斩甲过三十札"。灌钢法在坩埚炼钢法发明之前，是一种先进的炼钢技术，对后世有重大影响。

由于军事等方面的需要，造船业有很大的发展。孙吴的造船业规模颇大，以至在孙吴建立不久，就拥有船舰五千余艘，并不断派出船队北航辽东，东抵夷洲（今台湾），南达南海。东晋南朝的长江，成为千帆竞航的场所。当时人称站在三头山（在今江苏南京）上可以看见长江中三千帆。东晋安帝时一次风灾，建康停泊

中华上下五千年——第五篇 三国·魏晋南北朝

775

的官私船就有一万艘被毁，由此可以想见当时造船业之兴盛。此外，造船技术也有很大提高。西晋时王潜在益州造了一种大战船，方百二十步可载两千人，船上可驰马往来。南朝祖冲之造的一种"千里船"，可日行百里。梁时侯景军使用的一种一百六十桨的快艇，号称"捷过风电"。

纺织品的种类和织造技术，这一时期都有发展。锦是当时比较精致的织物。三国时蜀锦产量大为增加。蜀锦不但成为蜀国财政收入的主要来源，而且还销往魏、吴两国。十六国时北方邺城（今河北临漳）织锦的方法较多，以致生产出的锦"不可尽名也"。前秦时秦州有一女子"织锦为回文旋图诗"，可见织锦技术已普及民间。江东地区本无锦，东晋末刘裕灭后秦，掳关中锦工至江南，织锦业从此在江南逐渐推广起来。

江南绢布的产量在东晋南朝时大为增加，以致南朝时绢布的价格不断下跌。当时江南各地无不盛产绢布。绢的产量增加，与养蚕技术和织造技术的提高有着密切的关系。豫章等地一年蚕四五熟，三吴、永嘉等地区甚至蚕一年八熟。勤于纺织的织女，"有夜浣纱而且成布"，此布被称为"鸡鸣布"。

据史书记载，东汉时在我国西北和西南地区，就有了棉花种植和棉布纺织。南北朝时地处西北的高昌（今新疆吐鲁番）地区棉花种植较为普遍。当地人用棉花织成的布既软（相对麻布来说）且白，称为"白叠子"。当地人以这种叠布充当流通手段，用作交市，可见当时棉布的产量不会很少。

魏晋南北朝时期瓷器的生产有了很大发展，而以江南的发展最为显著。青瓷的制造在我国历史悠久。东汉、魏晋时，青瓷的烧制技术已基本成熟。东晋南朝青瓷的生产有了迅速发展。考古探明这一时期的瓷窑遗址，江、浙、闽、赣、湘以及四川都有发现，可以说遍及江南各地。有的瓷窑已经具有相当大的规模。浙江萧山上董青瓷窑址，长达半华里，堆积层厚度超过一米。考古发现当时生产的瓷器有罐、壶、碗、盘、水盂（作用是为了给砚池添水，文房"第五宝"）砚等，说明瓷器已成为人们的日常生活用品。

瓷器的大量生产和广泛应用,标志着瓷器制造已成为手工业生产中的重要组成部分。南方的青瓷制造工艺传入北方后,据现有的考古发掘材料看,北魏晚期北方也可以烧制青瓷了。北齐时,北方开始出现了白瓷烧制技术。正是由于白瓷的出现,为后来各种美丽彩绘瓷器的发展奠定了坚实的基础。

造纸业的发展也十分显著。自东汉蔡伦改进了造纸术后,纸的应用逐渐得到推广,魏晋时期纸的应用已经较为普遍,东晋时纸生产量大增,已完全替代了竹简,成为书写的主要工具。王羲之任会稽令时,一次就给谢安九万张纸,可见当时纸的使用量是很大的。纸的产量大量增加,与造纸技术简便和南方原料易得有着重要的关系。南朝时,除了官府生产纸,民间造纸业也得到发展。如刘宋时造纸技术有大幅提高,张永造的纸比供皇帝使用的纸还好,剡(yǎn)溪以藤皮为原料生产的藤角纸,也因为质量好而为公私普遍使用;梁朝时可以生产不同颜色的纸,白纸如霜雪、红纸似霞帔;魏晋南北朝时期手工业的进步,与当时社会经济的发展,商业、交通的发达等有密切关系,也与手工工匠身份的提高有重要关系;汉代在官府手工业作坊的劳动者主要是奴隶和犯法的刑徒。东汉末年城市破坏,城市手工业中的劳动者或者死于战乱,或者流移四方。魏晋时的统治者为满足他们对手工业产品的需要,将俘虏或征发的工匠以种种严格的措施控制起来。劳动者一旦被官府征点为工匠,就被列入专门的户籍,终身执役,父子相袭。这些当时被唤作"百工"的工匠,他们的身份高于奴隶而低于一般平民,是封建国家的依附民。南北朝时,由于工匠家庭的减少和工匠不堪忍受奴役而进行反抗,官府对工匠的控制有所减轻。南朝时官府的工匠可以轮番服役,工匠有了自己从事生产的时间。此外，一部分工匠以雇佣的形式而不是征发的形式到官府作场去劳动，手工工匠身份的提高，有利于工匠劳动积极性的提高。

第六篇　隋唐・五代十国

〔隋〕

杨坚称帝建隋

中国有句古话叫作"窃钩者诛，窃国者侯（偷带钩的要处死，篡夺政权的人反倒成为诸侯；用以讽刺法律的虚伪和不合理，引申义为现实是虚伪的）"。自古以来，帝王的天下大多是文臣武将和老百姓帮他打下来的，真正算得上"窃"的只是少数，隋朝的建立者杨坚就是这样的窃国能手。

杨坚的父亲杨忠，是北周的勋臣；他的女儿是周宣帝的皇后。周宣帝昏庸暴虐，肆意屠杀宗室和大臣。外自朝士，内至宫女，人人自危，朝不保夕。他只在位一年，22 岁就去世了，后来由他的儿子、年仅 7 岁的周静帝继承帝位。这个年仅 7 岁的小皇帝当然无力平息国内的风浪，当时众士大夫便商议让杨坚入宫辅政，总揽大权。

杨坚辅政时，革除了周宣帝所施行的暴政，用法较为宽大，又令汉人恢复本姓，废弃了周朝所给的鲜卑姓，这都符合汉人的愿望。周臣尉迟同、王谦、司马消难等起兵反抗，很快都被消灭了，此时杨坚已获得了民众的拥护。581 年，身为北周皇后之父的杨坚终于取代了年幼的周静帝，登上了帝位，建立隋朝，史称隋文帝。

隋文帝觉得自己建国太容易，担心人心不服，常存警戒之心，所以力求保国的方法。他得出两条保国之法，最主要的一条是节俭。他教育太子杨勇说："自古生活奢侈的帝王没有能长久统治的。你当太子，应该首先崇尚节俭。"其次是诛杀。他假称年幼时，相面人赵昭曾秘密告诉他说："你将来做皇帝时，必须大诛杀才能稳定局面。"他实行节俭，因而对民众的剥削大为减轻；他实行诛杀，因而豪强官吏不敢过分作恶，也就有助于节俭政策的实施。隋文帝在位24年，《隋书》说他"躬节俭，平徭赋，仓廪（储藏米谷之所）实，法令行，君子咸乐其生，小人各安其业，强无凌弱，众不暴寡，人物殷阜（富足），朝野欢娱，20年间天下无事，区宇之内晏如也"。隋文帝在政治上取得的成就，对于结束300多年的历史动荡是有重要意义的。

得民心者得天下，而收揽民心最好的方法是革除弊政，施惠于民。北周的创立者宇文觉及周武帝宇文邕都是励精图治的好皇帝，所以才能一扫魏晋以来政治上的陋习，建立一个朝气蓬勃的北周。可惜周宣帝是一个十足的淫棍、暴君，其父尸骨未寒，他便闯入后宫，将父皇的妃嫔一一奸淫，大骂其父死得太晚。即位之后又倒行逆施，诛杀大臣如同儿戏，不到两年时间即把兴盛的北周弄得乌烟瘴气，民不聊生，朝野离析，上下思变。汉代的贾谊曾说过："寒冷的人穿上短衬衣都叫好，饥饿的人吃上糟糠都说甜；天下人嗷嗷待哺，就是新君主的最好资本。"可以说，周宣帝为杨坚提供了这种资本，杨坚也充分利用了这个资本。杨坚刚一上台就举贤任能，去奸除弊，制定刑律，推崇佛道二教，施宽大无为之政，倡勤奋俭朴之风，很快博得朝野一片欢呼。

从辅政开始，杨坚便提倡节俭生活，积久成习。当时一般士人，便服多用布帛，饰带只用铜、铁、骨、角，不用金玉。皇帝躬行节俭是改善政治的一个根本条件。隋文帝知人善任：卢贲、元胄勇武过人,并且不惧危难,就被任用为贴身侍卫;李德林、高颍具有文武大略,是高级智囊人才,就委以军国大任;李穆与韦孝是前朝老将,功高威重,便委以地方重任;贺若弼、韩擒虎等为少壮派将军,则委以统一江南的战争重任。这些文臣武将个个竭尽所能,为之效力。

隋文帝奖励良吏,严惩不法官吏,官吏如有贪污行为,便严惩不贷。他的儿子杨俊,生活奢侈,多造宫室,他发现后立即勒令禁闭杨俊。大臣杨素劝谏,说罚得过重。隋文帝却说:"皇子和百姓只有一个法律,照你说来,为什么不另造皇子律?"他执法严明,对当时社会风气的转变产生了积极作用。

隋文帝对待民众比较宽和。581 年,他制定了《开皇律》,废除前朝酷刑。如果民众有冤屈,本县官员不管的,允许民众向州郡上告,最后可上告到朝廷。

这些开明的措施都为他赢得了民心。

秦始皇统一天下后创立的秦制,两汉至南北朝一直沿袭。隋文帝统一天下后,综合前代各种制度,有沿有革,定成隋制。自唐至清,基本上沿袭隋制,隋制的制定具有划时代的意义。

隋文帝简化了地方官制,消除了东晋、南北朝以来的官制混乱现象。汉魏时,州郡县长官得就地征辟僚佐,而隋制,全国任何小官的任用权都操控在吏部。就地征辟的僚佐,自然多是本地豪强,于是隋文帝规定,县佐须用其他郡的人,地方长官不得自用僚佐。县佐回避本郡,使本地人不得把持本地政务。583 年,隋文帝废掉郡一级地方长官,只存州、县两级;改州为郡。这些做法都有利于中央集权的进一步巩固。

秦代的律法严苛,汉沿秦律,且到南北朝一脉相承。581 年,隋定新律，废除前代枭首（砍下并悬挂罪犯头颅）、车裂（五马分尸）等惨刑，标榜"以轻代重，化死为生"的律法，与秦汉刑律相比有了很大的改进。

汉代的辟举（征召荐举）制、魏晋以来的九品中正制等只是保证一小部分社会上层人士被录用的制度，已不符合时代的要求，不能满足大多数人的愿望。隋文帝毅然废去九品中正制，推行科举制。科举虽尚未完备，但对于当时社会各阶层中的才智之士来说，参政施才的门户毕竟是敞开了。

隋文帝还改革了兵制和度量衡。

隋文帝所定的上述制度，显然对秦汉至南北朝的制度进行了总结，并把它提升到新的阶段。唐以后，历朝的制度都溯源于隋制。一般说来，隋朝的中央集权制比秦汉又有所加强。

隋文帝在行政方面以安定社会、巩固政权为目标，也确实取得了很大成效。可当时北方的突厥和南方的陈国对隋朝来说都是威胁，"卧榻之旁，岂容他人酣睡？"统一是必然的趋势。

由于当时隋朝立国不久，百废待兴，因而隋文帝采纳了长孙晟提出的"远交而近攻，离强而合弱"的战略构想，用了7年的时间，逐步征服了突厥（汉代用了一百年才达到这一结果）。

平陈战争是隋代军事上又一次大获全胜的战争。南朝陈国的陈后主（陈叔宝）是一个极度荒淫昏庸的国君。隋文帝在出兵前经过精心策划，还散发了三十万张讨伐陈后主的诏书，兵分两路，于589年攻克了陈的都城建康（南京）。陈军溃败，陈后主投降，将近三百年的南方政权至此被消灭了，这使得中国南方和北方得以统一。

隋文帝的政治措施虽然也有一些偏颇之处，但总的来说，他是一个英明的开国之君。他在位的 24 年中，隋朝的经济得到了迅猛发展。垦田数从一千九百多万顷增长到五千五百多万顷，户口增加了三分之一，粮食储备达到了前所未有的高峰，以至唐代开国几十年后仍然享用隋代的存粮。自西晋末年开始的国家分裂，经隋文帝励精图治，形成了较为稳定的统一局面，盛大的唐朝就是在这个基础上建立起来的。

隋陈建康之战

隋攻占陈京师建康之战发生于隋开皇九年，陈祯明三年（589）正月。隋晋王杨广统率大军，在夺占长江中上游的同时，攻占了陈都建康，生擒陈后主，陈王朝灭亡。

隋王朝为夺取陈京师建康，进行了周密的作战策划。隋主杨坚于开皇八年（588）十月，下诏于寿春（今安徽寿县）设置淮南行台中书省，以晋王杨广为行台尚书令。隋后以杨广为攻陈最高统帅，统率全部攻陈大军 51 万人，同时向长江中上游和建康周围进军，其战略企图为：以行军元帅杨素率水军，兵出永安（今四川奉节），顺江东下；以将军刘仁思兵出江陵（今湖北江陵），溯江西上，与杨素军配合夹击上游沿江各地之陈军，然后转兵攻取湘州（今湖南长沙）；以行军元帅杨俊率水路大军，兵出襄阳（今湖北襄樊），进占汉口（今湖北武汉市），以阻止上游陈军顺江而下支援建康；以蕲（qí）州刺史王世积兵出蕲春，南下豫章（今江西南昌），夺占长江中游；以将军韩擒虎兵出庐江（今安徽庐江），由横江（今安徽和县东南）渡江，攻夺姑孰（今安徽当涂），而后从右翼包围建康；以将军贺若弼兵出广陵（今江苏扬州），自瓜洲（属于今天江苏省扬州市邗江区）渡江，攻取京口（今江苏镇江），而后自左翼包围建康；杨广自率主力，兵出六合（今江苏六合），直取建康；为切断陈吴越等地与建康的联系，以将军燕荣率领水军，自东海（今江苏连云港）起渡，由水路攻取南沙（今江苏常熟西北）、吴州（今江苏苏州市）。

隋将贺若弼屯兵于广陵，为麻痹陈军，顺利渡江，于建康之战发起之前，采取了一系列措施，欺诈陈军。他买了好船，隐藏起来，故意将一些破旧船只摆在江水交汇处，使陈人误认为隋军无可用之舰船。贺若弼命其沿江驻防部队，于每次交接之时，均在广陵集合，并遍插旌旗，多设军营帐幕，制造隋大军齐集的假象。陈军每次见此情景，均信以为真，紧急调集军队，严加防备。后来，陈军发现这是隋军正常的换防行动，就习以为常了，不再增兵戒备。与此同时，隋军还常出兵沿江岸狩猎，人马喧嚣，使陈军愈加失去了警惕性。

隋开皇九年、陈祯明三年正月初一，隋军乘陈后主召集满朝文武庆贺元会之机，开始渡江，贺若弼军由于以前欺诈手段的成功，故从广陵渡江时，陈守军一无所知，韩擒虎率军士500，趁着夜色，也于当夜自横江（今安徽和县东南）渡过长江，攻打采石（今安徽和县东南）渡过长江，陈守军因为全部喝醉了，采石被隋军一举攻克。

采石守将徐子建派人急入京城奏报，陈后主召集公卿商议后，于初四下诏：命骠骑将军萧摩诃、护军将军樊毅、中领军鲁广达等为都督；司空司马消难、湘州刺史施文庆等为大监军，并以南豫州刺史樊猛率水军从白下（今江苏南京北金川门外）出发，迎击隋军。

初六，贺若弼攻占京口，生俘陈南徐州刺史莹恪。贺军军纪严明，秋毫无犯，士卒去民间买酒，贺若弼均予以斩杀，对所俘的六千多陈军，全部释放，让其返回劝降，故贺军所到之处，陈军纷纷归降。

隋将韩擒虎率兵进攻姑孰，陈军战败，姑孰守将樊猛之子樊巡被俘，散骑常侍皋文奏也兵败逃回京城，江南百姓纷纷投降韩擒虎军，其中鲁广达的两个儿子鲁世真、鲁世雄投降韩擒虎后，又去招降其父。

樊猛和左卫将军蒋元逊，率八十艘青龙战船于白下一带巡逻，此时，贺若弼军从北路，韩擒虎军从南路，一起进兵，陈军沿江各戍守将领均望风而逃。贺若弼顺利突进，陈后主令司徒豫章王陈叔英屯守于朝堂，萧摩诃屯守于耆阇（qí dū）寺，鲁广达屯守于白土岗，忠武将军孔范屯守宝田寺。隋、陈双方最后决战的态势已经形成。

初七，贺若弼进占钟山（今南京紫金山），屯驻于白土岗东侧，总管杜彦、韩擒虎共率步骑兵两万，进抵新林。此时，陈京师建康留有十多万军士。陈后主胆怯懦弱，不懂军事，只知日夜哭泣，军国大事全部交由湘州刺史施文庆处理，施文庆深知众将嫉恨自己，很怕众将立功，于己不利，因此，便将众人上奏的各种报告，都扣押着不上报。

当贺若弼攻打京口和进占钟山之初，将军萧摩诃曾两次建议乘其立足未固之际，率兵迎击，都被陈后主拒绝了，使陈军失去了宝贵战机。至十五日，镇东大将军任忠向陈后主提出阻断水上通路，切断其前后联系，阻断敌之归途，使敌各路军不攻自退的建议，陈后主也拒绝采纳。但第二天，陈后主忽然又决定令萧摩诃等从陆上出战：以鲁广达于白土岗布阵，防守于各军的最南面；任忠在其次；樊毅、孔范又在其次；萧摩诃部在最北面，各军南北绵延二十余里，前后进退互不知悉。

隋将贺若弼率精锐骑兵登上山顶，望见陈军正在布阵，驰至山下，率杨牙、员明等七总管，共8000士卒，也布阵准备与陈军交战。由于陈后主与萧摩诃的妻子私通，故萧摩诃早已无心作战，只有鲁广达与隋军拼杀，隋军抵挡不住，纷纷退走，二百七十多人被斩杀。贺若弼纵火，以烟幕掩护部众，重整队伍，又转向孔范军阵冲击。孔范部队一与隋军交战即败逃，其余各部陈军见此，也相继溃逃，共死五千多人，萧摩诃被隋军生俘。

陈将任忠投降了隋军，防守朱雀航（在今南京市秦淮区镇淮桥东）的陈将蔡徵（zhēng）军惊慌而溃，任忠领着韩擒虎军直接进入朱雀门，有些陈军想要抗拒，均被任忠制止，陈王朝的文武百官纷纷逃遁，陈后主带领他的爱妃等十余人，跳入宫内的井中，隋军冲入宫中，用绳子将他及两名贵妃吊出。陈后主见了贺若弼不停地下拜，至此，陈亡。

正月二十二日，隋晋王杨广进入建康，将陈奸臣施文庆、沈客卿、阳慧朗、徐析等统统斩首。杨广因贺若弼提前作战，违抗军令，交刑吏治罪，后来，隋主杨坚得知，急忙下诏赦免，并对贺若弼为平定陈王朝立下的功劳，大加封赏。

陈吴州刺史萧瓛（huán），占据吴州（今江苏苏州），拒不降隋，二月，杨广命右卫大将军宇文述率行军总管元契、张默言等，前往征讨，此时，隋落丛公燕荣也从东海率水军前来会攻，萧瓛于晋陵（今江苏常州）城东设置拦栅，以阻挡宇文述军；以部将王褒防守吴州，自率兵由义兴（今江苏宜兴）进入太湖，欲从后面偷袭宇文述军，宇文述军进展顺利，一举攻破萧军的栏栅，随之，转兵攻击萧瓛，萧军大败。接着，宇文述派兵从另一条路线偷袭吴州，守将王褒化装为道士逃跑。萧瓛率残部退守包山（今太湖中洞庭西山），被隋将燕荣击败擒获。陈东扬州刺史萧岩，献出会稽（今浙江绍兴）降隋，杨广遂将萧瓛、萧岩一并送往京师斩首。

大索貌阅

隋代为加强对人民的搜刮，严防脱漏户口、隐瞒年龄和逃避赋役，于开皇五年（585），高祖令州县貌阅："阅其貌以验老小之实。"即检阅人口的形貌，查核有无低报年龄及伪报老病的种种情况。并规定户口不实者，里正、党长流配远方；大功（堂兄弟）以下，皆令另立户籍，以防隐匿。计搜得壮丁44.3万，人口164万余。大业五年（609），采用裴蕴建议，再度貌阅。规定户口有一个不实者，官司解职；凡检举得一壮丁者，令被纠之家代输赋役。计搜得壮丁20.3万，人口64.15万。

史料说明了两个问题：其一，世族地主还隐庇着大量无地或少地的农民；其二，不少农民为了逃避政府繁重的赋税徭役，或在法定服役年龄上弄虚作假，或者干脆隐瞒户口。所有这些，都严重影响了隋代中央集权的基础，不利于政府正常赋税徭役的征收，同时也使均田制很难在隋有效统治地区内认真付诸实施。在这样的形势下，隋文帝多次派遣大使"检括"户口。

为了不使这种"检括"户口流于形式，政府采取"大索貌阅"措施，令州县对在籍的编户成员的年龄、长相、身体特征等都详细记录在册，并定期进行验明正身。为了防治"容隐"，还强迫堂兄弟"析籍"，"凡户口不实者，里正、党长远配"，处罚相当严

791

厉。通过大规模的貌阅活动，隋政府籍账增加了一百六十四万余口，收效确实比较明显。

自南北朝以来，户口隐漏日趋严重，国家所能直接掌握的劳动力减少，而地方豪强地主占有的人口数量增多，严重削弱了中央政府的力量。如在北方，由于规定未婚只缴半租，有的地方户籍上都不见有妻子的登录。有些豪强大族，一户之内有数十家，人数多达数万，国家赋税收入因此锐减。

大索貌阅即是严密清查户口的一项措施。开皇五年，隋文帝下令在全国各州县大索貌阅，核点户口。所谓"大索"就是清点户口，并登记姓名、出生年月和相貌；所谓"貌阅"，则是将百姓与户籍上描述的外貌一一核对。隋文帝规定，凡出现户口不实的情况，地方官吏里正、保长、党长要被处以流刑。同时又规定，凡堂兄弟以下亲属同族而居的，必须分立户口。此次检查新增户口一百六十四万多，大大增加了国家的财政收入，壮大了隋朝的国力。

隋大兴城

隋于汉长安城东南筑新城，名大兴城，在今西安城及城东、城南、城西一带，即唐长安城。隋朝开国之初，都城仍在长安旧城，因久经战乱，残破不堪。而且宫室形制狭小，不能适应新建的统一国家都城的需要。加之几百年来城市污水沉淀，壅底（阻塞）难泄，饮水供应也成问题。因此，隋文帝放弃龙首原以北的故长安城，于龙首原以南汉长安城东南选择新址。开皇二年（582）正月，命宇文恺负责设计建造新城——大兴城，翌年三月竣工。

宇文恺参照北魏洛阳城和东魏、北齐邺都南城，把龙首原以南的六条高坡视为乾之六爻，并以此为核心，作为长安城总体规划的地理基础。"六坡"是大兴城的骨架，皇宫、政权机关和寺庙都高高在上，与一般居民区形成鲜明对照。冈原之间的低地，除居民区外，则开渠引水，挖掘湖泊，增大了城市的水域。大兴城充分利用地形优势，增大了立体空间，显得更加雄伟壮观。大兴城的平面布局整齐划一，形制为长方形。全城由宫城、皇城、郭城三部分组成，完全采用东西对称布局。外郭城面积约占全城总面积的 88.8%，居民住宅区的大幅度扩大是大兴城建筑总体设计的一大特点。大兴城是当时世界上最大的城市，唐朝的长安城就是仿照隋朝的大兴城建造的。

东都洛阳城的营建

隋定都长安之后八年，便过长江灭陈，统一了全国。为有效地控制广大南方地区，隋炀帝于即位后的第二年，即大业元年（605）三月诏杨素、宇文恺等人在洛阳营建东都，徙天下富商大贾数万家并豫州郭下居人以实之。次年正月营建完成，因洛阳位于长安之东又称东京。

洛阳城规模仅次于大兴城，并大体遵循大兴城的制度，总体布局亦分宫城、皇城、郭城三部分，只是宫城位置不似大兴城在城的北部正中，而是因地制宜地置于城西北隅的高地。皇城围绕宫城的东、西、南三面。洛阳城的郭城也不似大兴城为横长方形，而是南广北狭的竖长方形。城内纵横各十街，分一百零三坊。每坊东西南北各广三百步，坊内有十字街，四面开门。城内有丰都、通远、大同三市为集中的商业区，为了贸易便利，三市都依傍可以行船的河渠。大业元年五月，又筑周二百里的西苑，内植嘉木异草，放养珍禽奇兽。

将作大匠宇文恺等人，建都城大兴于先，筑东都洛阳于后，两城出于相同的设计思想，其布局相似是必然的。但是，洛阳城的政治地位终究不能与京都相提并论，因此两城在某些方面的不一致，也可理解为是设计者有意之为，以表示洛阳城与大兴城在等级上的差别。

隋灭唐兴，唐代仍以洛阳为东都。高宗显庆年间，因隋城加以营造。武则天光宅元年（684）九月，改东都为神都。中宗复位，仍复名东都。

唐代对洛阳城在布局方面没有大的改动，其主要的变革与长安城一样，仍是在宫廷建筑方面。乾封二年（667）在禁苑之东、皇城之西南隅建上阳宫，宫之正门为提象门，正殿名观凤殿，门皆东开，制度壮丽。高宗末年常居此宫听政。上阳宫西南又有西上阳宫，两宫夹水，驾虹桥以通往来。

对隋唐洛阳城的考古发掘，先后勘查了宫城、皇城和周围小城的平面布局以及街道、里坊、市场的位置，并对一些地点进行了发掘。

郭城以夯土筑成，城垣基址宽 15~20 米，东城墙长约 7312米，南城墙长约 7290 米，西城墙长约 6676 米，北城墙长约 6138米。全城设八个城门，东、南各三门，北面二门，西面无门。南面居中的定鼎门门址宽 28 米，一门三道。定鼎门大街是城内的主干大街，现存宽度 121 米。

宫城城垣夯筑，内外砌砖。东宫在宫城东南隅，自为一城。

宫城北有陶光园，西北有九州池。皇城南面西侧的左掖门一门三道，两侧为砖壁夹柱结构，每侧有十三根立柱，是上架过梁建筑形式，其上筑门楼。左右两侧的门道内有车辙痕迹，印证了文献记载的"左入右出"制度。

含嘉仓城在宫城的东北隅，长方形，东西约 615 米，南北约 725 米。城中粮窖密集，已探出的粮窖就有 259 座。已发掘的 6 座粮窖中出土了有调露、长寿、天授、（万岁）通天和圣历年号的刻砖，并记录了仓窖的位置、储粮数量、入窖年月及管理者的官职、姓名等。

开皇官制改革

开皇元年（581），杨坚即皇帝位后，百业待举。他所做的第一件事是立即废除了北周模仿《周礼》而设立的"六官"体制，建立了以三省六部为核心的中央政府机构。

隋开皇官制，首设"三师三公"，三师为太师、太傅、太保，三公指太尉、司徒、司空，名义上是皇帝的老师、顾问，但不置府僚（王府或府署辟置的僚属），只用以安置位尊望高的大臣，故"其位多旷"。

隋初中央机构中，最重要的是尚书省、门下省、内史省，合称"三省"。三省长官都是宰相。尚书省地位极高，权力很大，可说是"事无不总"，几乎包揽一切政务。尚书省的总官署称尚书都省，置尚书令、左右仆射各一人，均为"国之宰辅"。但杨坚为政，忌宰相权重，不肯信任百司，凡事皆自决断，故在开皇年间，不曾正式委任过尚书令，左右仆射也就成为尚书省事实上的长官。

尚书省以下分设吏部、礼部、兵部、都官（后改刑部）、度支（后改民部）、工部等六部，各置尚书一人为长官。吏部掌文官选授、考课，辖吏部、主爵（掌封爵等事）、司勋、考功（掌官吏考课之事）四曹；礼部掌礼乐、仪制，辖礼部、祠部、主客、膳部四曹；兵部掌军籍舆马（车马），武官选授，辖兵部、职方、驾部（掌舆辇、传乘、邮驿、厩牧之事）、库部四曹；都官原掌京畿内非违得失之事，辖都官（刑部尚书）、刑部、比部、司门四曹，开皇三年（583）改称刑部，即以刑部为主曹，掌刑政司法；度支掌财税出纳，辖度支（规划计算开支）、户部、金部、仓部四曹，也在开皇三年改称户部，以户部为主曹；工部掌工程营造，辖工部、屯田、虞部、水部四曹。尚书省以其六部二十四曹分管全国的行政、军政、经济、文化及司法诸事，组成中央行政机关体系。尚书省因未授尚书令，即以左右仆射分管省事。左仆射判吏部、礼部、兵部事，兼管纠弹；右仆射判都官、度支、工部事，兼知财政用度。仆射的属官有左右丞各一人，都事置八人。左右仆射与六部尚书合称"八座"，是隋代握有实权的最显赫职位。

与尚书省鼎足而立的是门下省与内史省。隋初的门下省是侍奉谏议机关，以纳言二人为长官，给事黄门侍郎四人为次官，以录事、通事令史为僚属，又有散骑常侍、通直散骑常侍、谏议大夫、散骑侍郎、员外散骑常侍、通直散骑侍郎、给事、员外散骑侍郎、奉朝请等多员，并为谏官，以备皇帝顾问。门下省在魏、晋时本为内廷机构。隋初开皇年间改革官职，虽也赋予门下省审查政令及封驳诸事，但其内廷的性质还很浓重，尤其是在门下省还设有城门、尚食、尚药、符玺、御府、殿内等六局，专门侍奉皇帝衣食起居等日常生活事务，使内务与外事难分。

内史省本称中书省，杨坚因避讳，改称内史省，始设监、令各一人为长官，后废监，仅置内史令二人为长官。魏、晋以来的中书令皆掌司王言，出纳帝命，多以诸公兼之，至隋文帝时才以专人任其职。内史省以内史侍郎为次官，常置四人；其属官有舍人八员，掌起草制命；通事舍人十六人，掌宣奏。隋开皇官制改革已使内史省完成从宫官到朝官的转变。

隋文帝开皇年间进行的官制改革，初步建立了尚书、门下、内史三省同秉大政，既有分工，又相互制衡。其中尚书省掌行政，"事无不总"；门下省掌封驳，"多所驳正"；内史省掌出纳（泛指发出和吸进的管理工作）帝命，"专典机密"。这一制度在炀帝时经进一步改进，为唐代的三省制奠定了基础。

三省之外，还有秘书省与内侍省，此二省属内廷事务性机构，常与三省合称"五省"，但其作用无法与三省相匹。

秘书省掌图书典籍的收藏与整理，具有皇家图书馆、档案馆的性质。一般来说，这个官署比较清闲。秘书省以秘书监为长官，丞为副，其下有秘书郎、校书郎、正字等属员。秘书省领有著作曹与太史曹。著作曹掌国史修撰，有著作郎、著作佐郎、校书郎、正字等官员。太史曹掌天文历法，置太史令、太史丞、司历、监候等官员。两曹还各有博士、生员等。

内侍省是内廷侍奉机关，隋初全部由宦官担任。以内侍二人为长官，内长侍二人为副贰，内给事、内谒者监、内寺伯、内谒者、寺人、伺非等属员并用宦者。内寺省领内尚食、掖庭（掌后宫贵人采女事）、宫闱、奚官（掌守宫人疾病、罪罚、丧葬等事）、内仆、内府等局，各置典御及丞统辖。

御史台为隋文帝时所设的唯一的监察机关。御史大夫一人为台长，治书侍御史二人为副贰，其下有侍御史、殿内侍御史、监察御史若干人。御史之职在纠察弹劾，百官有不称职者，皆由御史弹劾其事。御史还奉敕出使巡察，监诸州县及诸军旅违法之事。开皇时柳或为治书侍御史，持节巡省河北五十二州，奏免州县长吏贪赃枉法及不称职者达二百余人。御史人选原由御史台长官自选，自开皇改革官制，始自吏部选用，加强了中央对御史台的操纵权。

隋初还设置了都水台与太常、光禄、卫尉、宗正、太仆、大理、鸿胪、司农、太府、国子、将作等十一寺，都是中央具体事务机关。如都水台掌河堤、水运、鱼捕及诸津之事；太常寺掌礼乐，卫尉寺统宫卫，大理寺掌刑狱，司农寺统太仓，太府寺掌府库，国子寺掌学校教育，将作寺掌营造工程。诸寺长官皆躬亲实务，故多由懂得该方面业务及学有专长者担任。

隋代兵制仍行府兵制，文帝时中央设十二卫府，直接由皇帝统领，宿卫京师与皇宫。太子东宫设十率府，掌东宫之禁卫。卫府、率府皆有大将军、将军或率、副率分别统领府兵。

隋初地方行政分州、郡、县三级。杨坚即位时有州二百一十一，郡五百零八，县一千一百二十四。州、郡、县皆自上上等至下下等各分九等。州、郡过多，类多浮伪（虚伪），有州之名，无郡之实，出现"地无百里，数县并置""户不满千，二郡分领"的现象。州、郡、县职官又各有两套一套由吏部直接任命，如州刺史及长史、司马、录事参军事、诸曹参军事等；另一套则由刺史自行召辟，如州都，郡正、祭酒从事、部郡从事等。郡则郡太守、丞、尉由中央任命外，还有主簿、县正等由太守自辟的僚佐。这样，州、郡官员僚佐以众，人数庞杂，出现"民少官多，十羊九牧"

的现象。这都是北朝存留下来的弊政。文帝在开皇三年（583）开始着手整顿地方行政，首先颁令罢除郡一级建置，以州直接统县，从而结束了自东汉末年以来行使了四百余年的州、郡、县三级制，实行州、县二级制。州以刺史治民，其属官皆由中央直接任命，废除了州县长吏自辟州都、郡正、县正、从事等"不理时事"的僚佐的乡官制。从此，地方命官，皆出自朝廷，州郡不再有辟置之权，进一步强化了中央集权。炀帝大业三年（607），又易州为郡，实行郡、县两级制。

州、县之外，隋初地方上还有两类机构。一是行台省，全称行台尚书省，相当于中央尚书省在地方的派出机关。以行台尚书令为长官，其下亦有左右仆射、左右丞及诸部尚书等属僚。行台省总领一方军政大权，辖区内州县皆受其节制，权任甚重，故行台尚书令皆由皇子担任。开皇二年（582），置河北道行台于并州，以晋王杨广为尚书令；置西南道行台于益州，以蜀王杨秀为尚书令；置河南道行台于洛州，以秦王杨俊为尚书令。杨坚认为北周是由于王室孤弱以至于亡，而令诸子分临诸方以拱卫朝廷，但行之不久即废罢。二是总管府，这本是北周之制，诸州置总管府，以总管领一州或数州之军政，其辖区较之行台一般皆小得多，职权也只限于军事。但有时也几类于行台，如秦王俊为秦州总管时，则陇右诸州尽隶于其管下，晋王杨广伐陈时，奉命总九十路总管，领五十一万大军。总管府之制对唐代的影响较大，是唐代都督府的前身。

总之，隋文帝对官制的改革，总结了南北朝各代的政制。他一扫分裂割据时期紊乱的官僚体制，建立了一套名实相副（名声和实际一致），职权分明，既有分工，又相互制约的封建官僚体系。

虽然在开皇年间，还没有完全摆脱北齐"官职重设，庶务烦滞"的弊端，但经大业年间炀帝的进一步改革，成为唐代官制的模式。

隋文帝制《开皇律》

隋文帝建国之初，因北周的刑律残酷混乱，遂命高颖、杨素、裴政等制定刑律，废除了北周的一些苛刑。583年，隋文帝又令苏威、朱弘等修订，制成《开皇律》共十二篇，条目精简，刑律较轻。它废除了前代枭首、车裂、孥戮（诛及子孙。孥，nú）等酷刑，减死罪八十一条，流罪一百五十四条，徒、杖等千余条，只保留律令五百条。刑名分死、流、徒、杖、笞五种。死刑分绞，斩二等；流刑分一千里、一千五百里、两千里三等；徒刑分一年、一年半、二年、二年半、三年五等；杖刑自六十杖到一百杖五等；笞刑分笞十到笞五十五等。又规定凡有冤案"县不为理者，听以次经郡及州，仍不理乃指阙申诉"。还取消了州刺史对死刑的处决权，死刑执行必须经皇帝批准。《开皇律》与前代刑律相比是宽缓清简的，这是法律史上的一个进步。

但这个新的封建法制又有维护统治阶级利益的明确规定，官僚贵族享有法律特权。凡是在议亲、议故、议贤、议能、议功、议贵、议勤、议宾，即所谓"八议"范围内的人和七品以上官吏，犯罪都可以减罪一等。九品以上官吏犯罪，可以用钱来赎罪。

十分明显，这个法律主要是对准人民群众的。有所谓"十恶"，即重罪十条：谋反、谋大逆、谋叛、恶逆、不道、大不敬、不孝、不睦、不义、内乱，就是镇压人民反抗的刑法。统治阶级在执行时，常常不依《开皇律》规定，生杀任情，律外施刑，私设公堂，都是司空见惯的事情。

总之，隋律以北齐律为基础进行补充调整，形成了完整的体系。隋代法律对后世有很大的影响，它曾经为东亚各国的法律所取，唐律即是对《开皇律》的继承和发展。炀帝时又曾修改《开皇律》中某些苛重条文，于大业三年颁行，即《大业律》。

炀帝改制

隋炀帝即位后，对政治、军事、经济诸方面的许多制度实行了改革。

隋文帝继承前朝旧制，在军事地位重要的诸州设置总管。总管兼任所在州刺史，并统辖邻近数州的军事。并（今山西太原西南）、扬（今属江苏）、荆（今湖北江陵）、益（今四川成都）四大总管，统辖多达数十州。大业元年（605），并州总管杨谅凭借军事实力起兵反炀帝。由此，炀帝下诏废除总管制，加强了中央对军队的控制。

隋文帝时期，东汉以来的州、郡、县三级制被州、县两级制所代替，隋炀帝即位后，大业三年（607）又改州为郡，五年（609），平定吐谷浑，增置四郡。全国共有一百九十郡，一千二百五十五县。

在官吏选拔制度上，炀帝创立了进士科。进士科仪试对策，与后代有所不同。当时考中进士科的人寥寥无几，在政治上也不占重要地位。但是此科的出现标志着科举制度的诞生，对唐以后的选举制度产生了深远的影响。

北周的法律较为苛重。周大象元年（579）杨坚掌权后，对北周的法律进行了修改。隋文帝即位后，曾两次命人修订刑律，制

成《开皇律》，废除了前代枭首、车裂等酷法。但是，文帝常法外用刑，每于殿廷杖杀大臣，甚至有盗一钱或三人共窃一瓜者，也处以死刑。炀帝即位后，因感文帝"禁网深刻"，又命人重修律令。大业三年（609），新律制成，即所谓《大业律》。《大业律》共五百条，分十八篇，废除了《开皇律》中"十恶"等项苛重条文。不久，炀帝外征高丽，内兴工程，施暴政于人民。在人民的反抗面前，炀帝采取了严刑峻法，《大业律》成为一纸空文。

在赋役制度上，炀帝也进行了改革。仁寿四年（604），炀帝刚即位就下令废除了妇人、奴婢、部曲之课。又将男子成丁年龄由二十一岁改为二十二岁。这是由于当时国家控制的户口较多，府库充实。但是，几年以后，炀帝大兴土木，滥用民力，赋役剥削又日趋严重。大量农民采取"诈老诈小"、隐瞒年龄的办法来逃避赋役。大业五年（609），民部侍郎裴蕴提议推行"大索貌阅"，以搜刮隐匿人口。具体办法是：官吏按照民户户籍簿上登记的年龄，和本人的体貌核对，检验是否诳报年龄，诈老诈小；查出户口不实，保长、里长、党正都要发配远方。隋王朝还鼓励百姓互相检举，"若纠得一丁，令被纠之家代输赋税"。这次搜刮，达到了"进丁"及增加"新附口"的目的。据记载，当年进丁二十四万三千人，新附六十四万一千五百人。"貌阅"的办法在唐代得到了进一步的完善。

隋炀帝还对兵制进行了改革。开皇中置骠骑将军府，每府置骠骑、车骑二将军。大业三年，炀帝改骠骑将军为鹰扬郎将，车骑将军为鹰扬副郎将，隶于各卫，统领府兵。此外，还改大都督为校尉，帅都督为旅帅，都督为队正。大业五年，又将鹰扬副郎将改为鹰击郎将。大业九年（613），炀帝第二次征辽时，为了扩充军队，曾募人从军，称为骁果（形容勇猛刚毅或勇猛敢死之士）。炀帝最后就是死于骁果之手。

炀帝在制度上所做的一系列改革，在一定时间内起到了加强中央集权的作用。但是不久，他自乱其制，使改革的作用又大大降低了。

科举制的创立

历代统治阶级为了实现他们的统治，总要建立起一套国家机关组织，因此，他们都非常重视对官员的选用，建立了各种选

803

官制度，采取各种措施，以便把国家机器交给最可靠的人来掌握。如战国时代，通过"养士"和"军功"两条路径选官，到了汉朝，封建选官制度逐渐确立起来，主要有察举和征辟两种。所谓察举，是由各地方政府的长官，在他们各自管辖的地区内随时考察，选拔统治者所需要的人才，推荐给中央政府。所谓征辟，是汉朝高级官吏任用属员的一种制度。到了三国两晋南北朝时，出现了九品中正制度。但九品中正制弊端大，他们品评人物的标准，单凭门第出身，连一向宣扬的什么封建道德也完全丢开不论。于是，出现了"上品无寒门，下品无士族"的局面，门第低的人休想列入上品，豪门大族把持着政府里的高官要职。

581 年，杨坚夺取北周政权，建立隋朝；589 年，他又发兵灭陈，统一了中国。统一后的中国经济迅速发展，中小地主数量日益增加，士族明显没落。中小地主阶层极力要求废除九品中正制，排除阻挡他们做大官掌大权的障碍。这时，隋朝的统治者也从历史上吸取了经验教训，发现九品中正制不但不能广泛地选拔有用人才，反而助长了官僚的腐化堕落。为了适应封建经济和政治的发展变化，扩大封建统治的阶级基础，满足中小地主参与政事的要求；也为了巩固中央集权、加强对广大农民的统治，隋朝统治者废除了九品中正制，实行科举制。

在隋文帝时，废止了九品中正制后，恢复了州、县地方官荐举办法。到炀帝时，开始设立进士科，用考试方法来选取进士。当时考试科目就是时务策，即有关当时国家政治生活方面的政治论文。开科取士把读书、应考和做官三件事紧密联系起来，科举成了封建知识分子进入官场的阶梯和取得高官厚禄的门路，受到当时封建知识分子的热烈拥护。同时，由于国家定期分科考试，选取人才，分派官职，这样自然而然把选拔官吏权集中到中央政府，从而削弱了豪门贵族的权利，扩大了政权的阶级基础，有利于维持国家的统一。自隋朝创立科举制以后，各朝就一直沿用不废了，而且日趋缜密。尤其是到了唐朝，科目进一步增多，规模也逐步发展起来，设立了秀才、明经（被推举者须明习经学）、进士、明法（主要考关于法令的知识）、明字（主要考试关于书学的知识）、明算（主要考试关于算学的知识）等科，各科考试内容各不相同。考生一般有三种来源：一是"生徒"，即各地学馆的学生，每年经学馆考试合格，可以直接送尚书省参加考试。二是"乡贡"，即不在学馆的考生，自己向所在的州县报考，考中后再到尚书省参加考试。三是"制科"，即皇上特别下诏召集某些知名人士举行考试的科目，考试日期和项目都临时决定，考取后一般都受重用。

自隋朝创行开科取士，唐朝加以完善后，科举考试成为我国封建时代的教育考试制度，当然，它和命官制度是分不开的。

炀帝三下江都

南北朝时期，在各族人民的共同开发下，江南经济迅速发展，并逐渐赶上北方。杨广在为晋王时曾任淮南行台尚书令，参与指挥平陈统一中国的军事行动，曾亲见江南的富庶。

杨广谋取帝位后，为满足其骄奢淫逸的生活，在其建元的当年，即大业元年（605）二月，命宰相杨素和将作大匠宇文恺，每月征发役丁二百万人，开始营建东都洛阳，大兴宫室、楼阁、湖山、苑囿。同时，炀帝又征发河北、淮北百万民工开挖连接黄河与淮河的运河——通济渠；征发淮南民工十余万人，疏通连接淮河与长江的运河——邗(hán)沟。两项运河工程，用不到半年的时间便完成了。为能及时南下"赏花"，炀帝又诏令江南各州大量营造龙舟，黄龙赤舰，楼船蔑舫。通济渠通航后，炀帝在当年八月，开始其登基后第一次出游江都(今江苏扬州市)的"巡幸"。

隋炀帝与萧皇后，率后宫三千粉黛，自东都显仁宫出发，先乘小朱航，渡出洛口，再登龙舟。炀帝所乘之龙舟，为四层楼船，高四十五尺，宽五十尺，长二百尺。最高层设正殿、内殿和东西朝堂；中间两层共设一百二十间居室，皆以金玉装饰，雕画绮丽；下层则为宫宦内侍的居室。皇后所乘的叫翔螭(chī，古代传说中一种没有角的龙，古建筑或器物、工艺品上常用它的形状作装饰)舟，与皇帝的龙舟相较，规模制度略为低小，然装饰工艺则一般无异。嫔妃所乘的浮景舟为三层水殿，共有九艘，又有漾彩、朱鸟、苍螭、白虎、玄武、飞羽、青凫、凌波、五楼、道场、玄坛、黄篾等名号的舰船。其数达几千艘，分别由名号不同的后宫、诸王、公主、百官、僧、尼、道士、蕃客(古代对外国商旅的泛称。蕃，同"番")等乘坐。诸船皆招募水工纤挽，共用挽船士八万余人。其挽漾彩舟以上者，即有九千余人，称为"殿脚"，皆身着锦衣彩袍，以青丝缆挽船。船队卫兵亦分乘大小不同的战舰护航，其数又有数千艘，挽船则不用人夫，而由兵士自引。船队一行，龙旗舞彩，画舫相连，长达二百余里。岸上又有骑兵夹河护行，旌旗蔽野，水陆相照，奢丽盛极。

炀帝驱船队南行，所过州县五百里内者，皆令百姓献食贡物，往往一州供至数百车，都是山珍海味。炀帝及其嫔妃却视同草芥，吃不完皆抛置水中。沿途还设置了四十余所离宫(国都之外为皇帝修建的永久性居住的宫殿，皇帝一般固定的时间都要去居住；也泛指皇帝出巡时的住所），都是近日赶造装修的，供炀帝一行憩息。

炀帝到江都后，整日与后妃们游山玩水，又命吏部尚书牛弘、内史侍郎虞世基等，议定舆服（车舆冠服与各种仪仗，古代车舆与冠服都有定式，以表尊卑等级）、仪卫（仪仗与卫士的统称）制度，命何稠为太府少卿，监造车服（车舆礼服）。何稠智思精巧、参酌古今，制衮冕（古代君王等的礼服）绣日月星辰，皮弁（冠）用漆纱制成，又作黄麾三万六千人仪仗，及辂（lù，古代的一种大车）辇车舆，皇后卤簿（古代帝王驾出时扈从的仪仗队），百官仪服等，皆极尽奢华，以称炀帝之意。每次出游，卫士各执麾羽，填街塞路，绵亘二十余里。就这样，一直骚扰到江南春暮，桃柳将残，大业二年三月，炀帝下诏自陆路北归，一切仪制，比南下时更加华丽。四月下旬，行抵伊阙（今河南伊川），陈列法驾，备具千乘万骑，入于东京，总算结束了这次劳民伤财的南游。事后，炀帝颁达赦书，豁免当年全国租赋。实际上，这一年老百姓承负的劳役、赋税远过于常年。

大业六年（610）三月，炀帝又准备第二次南下江都巡游。此次南巡，因萧皇后未与同行，其人数、规莫皆不比第一次。但炀帝到江都后，又思东游会稽，遂命征发大量江南丁役，凿通江南河，自京口（今江苏镇江市）直达余杭（今浙江杭州市），长达八百余里，广十余丈，可通行龙舟。炀帝在江南逗留年余，又以征高丽王入朝，未能应命为由，拟发兵亲征高丽。大业七年（611）二月，炀帝乘龙舟，自江都直驱涿郡（今北京西南），经通济、永济二渠，全程三千余里。炀帝命选部、门下、内史、御史台四司的官员数千人随船步行，听候选补，不得自行处分。炀帝一行，逶迤（wēi yí，拐来拐去）五十几日方才到达涿郡，沿途冻馁（过分的寒冷与饥

807

饿)疲顿,因而致死者达十之一二,百姓民工死者更不计其数。

大业十二年(616),隋末农民战争已遍及全国,隋王朝的统治已岌岌可危,然炀帝仍沉湎于纸醉金迷之中,又准备第三次南下江都。而此时,原来的龙舟已在杨玄感之乱中,被焚毁无遗,炀帝当即下命令,江都再重新营造。江都通守王世充,素来奉君为恶,一经奉旨,立即督工赶造,仅用半年时间,就赶造龙舟及各式新船数千艘,制度、装饰比旧船更为宏丽。炀帝闻讯大喜,七月即率皇后、妃嫔及文武官员南行,其仪仗也比第一次更为繁盛。右候卫大将军赵才进谏道:"今百姓疲劳,府藏空竭,盗贼蜂起,禁令不行。愿陛下亟还京师,安抚兆庶(众民、百姓)。"炀帝大怒,将赵才拘系狱中。又有建节尉任宗上书极谏,当天就被在朝堂杖杀。奉信郎崔民象及王爱仁等,先后谏阻,均被杀,他人不敢再谏,就这样,炀帝一行登龙舟,在夹岸官员的护卫下,三下江都。途中正值盛暑暴热,炀帝又采纳翰林学士虞世基的建议,命沿途百姓,掘柳来献,沿堤栽种。江都通守王世充又献上五百名吴越女子,充作殿脚女,牵曳船缆。船队行至宁陵、睢阳一带,因河道淤塞,使龙舟搁浅。炀帝大怒,下令查究当年开河时役夫的姓名,共捕得五万余人,皆活埋了事,并将开河总监工麻叔谋腰斩。

炀帝到江都后,仍沉湎于酒色之中。江、淮地方官员来谒见者,他只问其献礼多少,礼多者则超迁郡丞、太守,礼少者则被黜免。王世充原为江都郡丞,因献铜镜屏风,即升为江都通守。历阳郡丞赵元楷因献异味,迁江都郡丞。因此郡县官吏竞相盘剥搜刮百姓,以充贡献,江淮民众生计断绝,饥馑无食,以树皮草叶充饥,甚至发生人吃人的惨剧。但此时官府仓储仍很丰盈,但官吏都怕触及法度，不敢擅自开仓赈济。风起云涌的农民起义，遍布大江南北。炀帝在江都也不敢再四处游玩，整日泡在宫中，醉生梦死，作威作福。义宁二年（618）三月，原炀帝最为宠信的宇文化及兄弟与司马德戡等发动江都兵变，结束了隋炀帝罪恶的一生。

炀帝性爱游玩，他执政期间，除三下江都外，几乎没一年不外出巡游。他曾三上涿郡（今河北省涿州市），二至榆林（今内蒙古准格尔旗），一游河右（古代泛指黄河以西的地区，相当今宁夏回族自治区和甘肃省一带），并在长安与洛阳之间频繁往还。每当出游，不仅要有庞大的宫人、侍从、卫士等各色随从，动辄十余万人，而且沿途修建行宫、馆舍，地方百姓供应他们食用，稍不如意，即有生命之危。炀帝的游玩队所到之处，如同蝗群过境，对当地民众来说，丝毫不比遭受洪涝、大旱等天灾差，甚至他们没有到达的地方也要承受相应的负担。可以说隋朝的覆灭，有一半是被炀帝"玩完"的。

炀帝征高丽

自魏、晋、南北朝至隋朝时，朝鲜半岛上存在着高丽、百济和新罗三国，其中以高丽最强，是五六世纪时的东方强国之一。高丽原称高句丽，一直与中国保持较为亲密的关系。隋高祖杨坚受禅时，曾遣使入隋称贺，高祖授其王大将军号，并改封其高丽王。自此，每年遣使入朝贡献不绝。然高丽与新罗、百济之间，"每相侵夺，战争不绝"。隋平陈后，国势大振，高丽王对此很恐惧。开皇十八年（598），高丽王高元联合辽东靺鞨（mò hé）部落，率众万余进攻辽西，被营州总管韦冲击退。高祖闻讯，感到受辱，不禁大怒。命汉王杨谅为元帅，率领水陆三十万大军讨伐高丽。但因战线太长，后继运输跟不上，造成六军乏食，加上水军遇风，陆军遇雨，军中疾疫流行，以致无功而还，征师死者十之八九。但高丽王也惶惧，遣使入朝谢罪。当时国家强盛，朝野皆以国威受挫，应向高丽报复，却有刘炫认为辽东不可伐，遂作《抚夷论》劝讽。高祖下诏："高丽服罪，朕已赦之，不可致伐。"厚待高丽使臣，由此罢兵，待高丽如初。二国从此修好。

炀帝即位后，凭借高祖时遗留的强盛国力耀武扬威。大业三年（607），炀帝北巡榆林（今内蒙古准格尔旗）时，会见突厥启民可汗夫妇及吐谷浑、高昌二国使臣。行至云中郡（今山西大同市），又有高丽使臣来聘（访问），炀帝对高丽使臣表示要征高丽王入朝，否则他将与启民可汗一道巡高丽国土。这无疑是一威胁恐吓的信号。但高丽王高元并未理会炀帝的恫吓，屡征不至。炀帝不禁动怒，竟欲征辽。当时的吏部侍郎裴矩也提出，高丽之地，在汉代是汉之三郡，西晋亦为中土所有，征高丽是收复故土。这样就为炀帝征高丽提供了合理的依据。

大业四年（608），隋朝开始了征高丽的准备工作。鉴于汉王杨谅征辽失败的教训，解决转运线太长是关键，炀帝征发一百多万劳动力，开挖永济渠，南通黄河，北到涿郡（今北京西南郊），以运河水运军粮、器械。在涿郡设临朔宫作为出兵的总部。炀帝还下令广置军府，大造兵器，充实军马，兴造战车、战船。大业七年（611），炀帝自江都（今江苏扬州市）乘龙舟，沿运河直抵涿郡，同时下诏征天下民丁，到涿郡集中。所征之兵，有江、淮水手一万人，弩手三万人，岭南排镩（一手持盾一手持矛的兵士。镩，cuān）手三万人。令东莱（今山东莱州市）海口造船三百艘，官吏督工甚急，匠役终日泡在水中操作，自腰以下皆腐烂生蛆，死者十之三四；又命河南、淮南、江南造战车五万辆；发河南、河北民夫运送军需；征江、淮以南民夫及其船将黎阳（河南省浚县的古称）、洛口等处仓粮运至涿郡，运粮船队长达千余里。备战过程中，以山东兵民负担最重，常有数十万民夫奔返于运粮途中，车牛一去不返，丁男大量死亡。牛车征完，又征发人丁鹿车，二人共推一车，运粮三石，道途遥远，粮未运抵目的地，米已吃完，无法交差，民夫只得逃亡。六十万运粮车夫逃亡大半，以致田园荒芜，民不聊生。农民纷纷聚众起义，攻城掠邑。征辽之战尚未开场，民变已然发生。

尽管如此，炀帝仍不顾一切，在大业八年（612）悍然发动了第一次征高丽的侵略战争。陆军分为二十四路，计一百一十三万多人，号称二百万。另有水军，由右翊卫大将军来护儿统率，从东莱出发：浮海先行，舳舻（zhú lú，船头和船尾的合称，泛指船只）相接达数百里。炀帝以众临寡，志在必胜，每军除设大将、亚将各一人外，还特置受降使者一人。炀帝于二月九日正式进军，每日发一军，日进四十里，前军先行，后军继进，御营六军，最后出发，历四十日，方才尽出涿郡城，首尾衔接，鼓角相闻，旌旗相望，绵亘九百六十里。自古以来征战，未见有此军仪。实际上炀帝视征高丽为儿戏，以为不过是一场游玩，大军一到，高丽必降无疑，却不料遭到高丽军民的殊死顽抗。炀帝大军围战辽东城，久攻不下。来护儿水军渡海直攻平壤，遇伏惨败，狼狈逃回，不敢再进。宇文述大军自陆路进军平壤，高丽军先以诈败诱敌，然后四面抄击。隋军饥寒交迫，已无斗志，溃败而逃。其九军三十余万人，逃至辽东城，只剩两千七百人，资储器械，丧失殆尽。炀帝大怒，命宇文述等收军驰还。留民部尚书樊子盖居守涿郡，自己却驾龙舟，返还东都。第一次征高丽即以失败告终。

失败并没有使炀帝醒悟，他在退兵之时又下令继续搬运黎阳、洛口、太原储仓储粮，发至涿郡。征天下之兵，募民为骁果，集中于涿郡，又准备发动第二次征高丽的侵略战争。

大业九年（613）四月，炀帝再次启跸（bì，泛指帝王出行的车驾）东征，恢复宇文述统军之职，命其为前驱。炀帝声称，凭他这次的力量，海可以拢，山可以移，高丽算不得什么。宇文述率军直趋平壤，炀帝自统大军围攻辽东城。高丽守军据城顽抗，随机守御，又是月余不拔。此时农民起义已在河北、山东此起彼伏。炀帝认为不过是些小毛贼，不足为虑，仍一心攻打辽东。六月，在黎阳督运河草的勋臣杨玄感发动兵变，进军攻打东都洛阳。消息传来，征辽隋军亦人心不稳。其中杨玄感同党也大有人在。炀帝恐失帝位，连夜收兵，军械财物，全部丢弃。第二次征高丽又以失败告终。

大业十年（614）正月，炀帝下诏，令百官议讨第三次征高丽的事。此时，杨玄感之乱刚刚被平定，农民起义已遍及全国，谁都知道现在发动战争凶多吉少，可也没人敢讲反对的话。炀帝却以为无人反对就是都支持，诏令天下兵，百道俱进，会于涿郡。三月，炀帝亲抵涿郡，而士卒在途，逃亡相继。七月，到达辽西怀远镇，炀帝不敢亲渡辽河东进，派大将来护儿为先锋，进兵卑沙城（位于辽宁省大连市金州区）。高丽因连年战争，伤亡甚众，故遣使请和，并囚送杨玄感党羽斛斯政，以示诚意。炀帝也因国内农民起义遍地，征辽士兵因道路阻绝，未能如期到达，正感无法将战争继续下去。现在高丽乞求投降，为炀帝挽回了面子，他也就此"奏凯",乘势收兵回洛阳。他还要求高丽王入朝,但高元始终不就征。炀帝气愤,虽扬言要再度征伐高丽,但农民起义已如火如荼,隋王朝已摇摇欲坠,再也无力发动对外战争了。

府兵制

隋代沿袭西魏、北周的府兵制。府兵创立时的兵士只限于鲜卑与鲜卑化的各族人,基本上沿袭北魏以来鲜卑人当兵、汉人务农的政策。军民异籍在当时带有种族隔离的性质。北周后期,大量汉人也被募充府兵,但一旦入军就全家由民籍转入军籍。这种制度是和民族融合的历史倾向不相适应的。早在大象二年(580)杨坚为北周大丞相时,即下令西魏时受赐鲜卑姓的汉人一律恢复汉姓。西魏赐姓,带有使府兵部落实的性质,恢复汉姓也就具有破除鲜卑人当兵、汉人务农的意义。隋朝继续推行西魏、北周以来的府兵制。为加强中央集权与军队建设,隋文帝杨坚对府兵制做了一系列重大改革:建立健全府兵组织系统,中央设十二卫府,扩大府兵范围和实力;改革军民分籍制度,实行兵农合一;将军人划入当地州县,与农民一样分配土地,府兵从而具有了军籍与民籍的双重身份。军人及其家属,平时耕作,战时出征,免租调役,同时,每年轮番上京戍卫。府兵在统领上仍由江卫分领,但江卫现在只负责督领宿卫京师的府兵。江卫各置大将军,总隶于皇帝。府兵制改革后,国家兵源得到保证,减轻了政府对军队的财政负担,加强了政府对军人的控制;另外也清除了胡汉分治的遗迹,适应了民族融合的时代要求,有利于统一。这一制度到唐代仍沿袭使用。

中华上下五千年

第六篇　隋唐·五代十国

均田制的实行与颁租调新令

　　农民要生存，必须有地可种，而官僚地主阶级把持着土地，迫使农民缴纳租税。如果租赋过高，农民缴纳不起，就会丧失土地，地主富豪乘机兼并土地，加倍敲诈农民。农民无法生存，忍无可忍，便会纷纷揭竿起义。这是封建社会的一条规律。精明的封建帝王，为了维护自己的统治，稳定社会秩序，都要把田地与租赋控制得恰到好处。他们懂得租赋过高，农民丧失土地过多，大量土地兼并于富豪之手，会使国家租赋更少，国库入不敷出，导致天下大乱。如果租赋适当，农民耕地增加，生产发展，会使国库日益增加，天下富庶。因此，任何一个在大乱之后登上帝位的封建帝王，首先要进行的就是土地与租赋方面的改革。

隋文帝继位后，在经济方面力举农耕，首先是继续推行均田令。农民得到土地，仍按北齐的办法，每丁受露田（种谷物之田）八十亩，桑田或麻田（泛指种麻的田）二十亩，妇女受露田四十亩。隋初男子以二十一岁为成丁年龄。露田在受者死后交还国家，桑田或麻田可传给后代子孙。丁牛一头授田六十亩，一家限牛四头。据史书记载，隋文帝的均田制并不彻底，田"均"得不是很多。因为周武帝延用齐制，隋文帝也延用齐制，实际上就是承认富贵人家已占田地的合法性。但隋文帝有他自己的办法，即派遣官员到各地推行均田法，地少人多的地方，富豪们想方设法抵制均田，甚至有人发动武装叛乱，隋文帝乘机发兵镇压，然后没收其田地，分给无地的贫民。或者是鼓励农民向地广人稀的地方迁移，发展垦荒事业，结果从598至605年，全国的耕地面积由一千九百四十余万顷扩大到五千五百余万顷。隋文帝时期经济繁荣，均田制为其打下了坚实的基础。

与均田密切相关的是租赋的调整。隋文帝接受苏威"轻徭薄赋"的建议，几次下诏减免徭役和租税。租赋一般以床（一夫一妇）为单位，丁男一床，纳租粟三石，桑田调绢一匹（四丈），绵三两，麻田纳布一端（六丈），麻三斤。单丁及奴婢缴纳一半租税。在徭役方面，每丁男每年服役一个月。隋文帝后来又下令减轻租赋徭役，成丁年龄由十八岁提高到二十一岁，减少了三年。每年服役时间由一月减为二十天，调绢由一匹（四丈）减为两丈。后来又允许五十岁以上的人可以输庸代役，即交纳布帛代替力役，这种办法被后来的唐朝继承和完善。隋朝的租赋低于以前的朝代，这就调动了农民的生产积极性，大大促进了农业生产。

晋阳归唐

且说刘武周听说宋金刚兵败，大为恐惧，弃了并州，逃往突厥。宋金刚收集了刘武周的余众，想重新决战，但众人斗志已失，不肯听从。宋金刚无奈，也只好带了百余骑北奔突厥。

刘武周余众在仆射杨优念率领下，出城将李世民迎进晋阳。原唐俘将唐俭封了晋阳府库，献给李世民。于是刘武周所占据的河东州县全部归唐。

宋金刚逃到突厥后，突厥看他不起。宋金刚自感没趣，不久又率所随轻骑离开突厥南奔，中途被突厥发现追杀。刘武周在突厥的日子也不好过，与部属谋议逃归马邑，伺机东山再起。事情很快泄露，突厥杀了刘武周，与唐通使修好。河东局势从此稳定。李世民于是留下李仲文、唐俭镇守并州，自己离了晋阳，在五月班师回到长安。刘武周盘踞河东，原是悬在长安头上的一把刀，如今大患除去，唐朝可以一意东向，出关与中原群雄争夺天下了。

取东都

一出潼关，首先遇到的劲敌是王世充。王世充击败李密以后，还师洛阳，被隋皇泰帝杨侗策授相国，封郑王，总理百事。王世充掌握了东都大权，在武德二年三月，废了杨侗，自做皇帝，建元开明，国号郑。

但他为人刻薄寡恩，族诛了原瓦岗寨的降将裴仁基，弄得众心日离，瓦岗寨降将秦叔宝、程咬金、罗士信都投降了唐朝。唐朝对东都的内情掌握得很清楚。

听说唐军东出潼关，王世充不敢怠慢，立即传令所属各州镇挑选精兵良将到洛阳集中。他置四镇将军，分守洛阳四门；皇城和洛阳周围的要地也都派了兄弟子侄镇守；他自己率三万精兵作为别动队，严阵以待。

半月后，唐军前锋罗士信进围慈涧。慈涧东距洛阳仅二三十里，王世充得报，忙率三万精兵，前往救援。到了慈涧附近，遇到李世民领着数十轻骑前来侦察。王世充军见李世民人少，一拥而上，交枪竞进，团团几层，围住厮杀。唐骑并不惊慌，奋勇冲杀。李世民策马左奔右驰，张弓射箭，敌军应弦而倒。王世充大将燕琪认出李世民，舞枪驰来，要抢头功，也被李世民一箭射毙。唐骑终于杀退郑军，脱险回营。大家杀得血污尘埃满面，面目全非，在营前被守营士兵挡住不让进去，直到李世民摘下头盔，才被认出，放进营去。

次日，李世民会合前锋罗士信，五万大军进抵慈涧城下。谁知城上不见一名守兵，原来王世充战败以后怯敌，连夜撤回洛阳，将慈涧放弃了。

唐军进驻慈涧，稍事休整，随即调兵遣将，兵分几路，向洛阳进军。大将史万宝自宜阳南下占了伊阙龙门（今洛阳市西南），刘德威越太行东下包围了河内（今河南沁阳），王君廓攻克洛口，黄君汉攻克回洛，切断王世充的粮道。李世民自率主力，进屯邙山（横卧于洛阳东北侧。邙，máng），连营结寨，步步进逼。在唐军声势的威慑下，王世充的将领们纷纷率部举州投降唐朝。王世充只有凭着洛阳城墙坚固，物资充足，督众死守。

到武德四年（621）正月，李世民重新做了部署。他挑战了千余骑精锐，都披皂衣（黑衣）玄甲（铁甲，铁色玄黑，故称"玄甲"），分为左右队，命秦叔宝、程咬金、尉迟恭、翟长孙分别统带。每次战斗，他也身穿玄甲为他们的前锋。然后移动大营，渡过洛水，到青城宫扎营，逼近洛阳城。王世充见唐军源源渡水，想先发制人，便率二万精兵杀出城来。唐军猝不及防，有点惊恐。李世民镇定自若，从容指挥，稳定了军心。他将精骑队在北邙山布下战阵，自登武陵居高瞭望指挥，派屈突通率五千步兵渡水迎击。

屈突通与王世充刚一接战，就按计纵放烟雾。在漫天烟雾中，李世民率精骑队从邙山冲下，勇不可当。在混战中，李世民与精骑队失散，只有将军丘行恭紧随在后。很快，两人被郑军包围，李世民的坐骑被流箭射中倒毙，幸亏丘行恭急援脱险。丘行恭把自己的战马让给李世民，自己手舞长刀，在马前护卫，跳跃杀敌，终于杀开一条血路，与大队唐军会合。

这一场恶战，从早晨辰时直杀到午时。王世充逃回城中，李世民乘胜追击，直抵洛阳城下，加紧围攻。但城上武器精良，守卫极严，李世民下令从四面攻城，昼夜不停地攻了十多天，都没有成功，反而伤亡不少将士。

如此旷日持久，攻城不下，将士们疲倦不堪，都厌战了。行军总管刘弘基为将士们请求班师。李世民说："我军大举东来，是为了一劳永逸。现在中原各地已望风服降，只剩下洛阳一座孤城，其势必不能持久。功在垂成，为什么要弃功而去呢！"传令全军："洛阳不破，绝不回师。敢说班师者斩！"将士们因此不敢再请求撤兵。

就在这时，虎牢关传来警报，说河北窦建德起兵十万挺进中原，救援王世充，不日就要到了。

窦建德原是河北农民起义军的领袖，在乐寿（今河北献县）建立政权，称长乐王，设置百官。武德元年他占领了河北大多数郡县后，改国号为夏，改元五凤。他曾消灭隋军主力薛世雄部，又杀了宇文化及，俘虏萧后，为推翻隋朝建立过大功。隋末关东群雄凡掳获隋官及士人大都一概杀死，只有窦建德每获士人必加恩遇，对隋官也引为上宾。建立夏政权后，他把政事全部委托给隋的降官。他想割据河北，与唐、郑三分天下，因此与王世充结成同盟。李渊在唐军东出潼关前，曾经想争取窦建德，派使者与他议和。正巧这时窦建德因王世充废皇泰帝自立，狂自尊大，侵占夏地黎阳，与王世充绝交，就答应了，将唐俘李神通和同安长公主送还长安。等到唐兵进逼洛阳，王世充急了，就在武德三年十一月，派使者向窦建德求救。窦建德犹豫不定，中书侍郎刘彬劝窦建德不如与郑化解仇怨，发兵救援。窦建德为了保全自己，扩充地盘，决定出兵救援王世充。武德四年二月，他先攻下周桥（今山东城武），并吞了农民军孟海公部。三月，率大军西救洛阳。攻陷了管州、阳翟（今河南禹县），水陆并进，泛舟运粮，浩浩荡荡，沿河西上。王世充弟徐州行台王世辩派兵与窦建德合兵十余万，号称三十万，在成皋东原扎下营寨，又在板渚（今河南汜水）筑行宫，势焰高涨。

李世民派人送给窦建德一封亲笔信，告诫他王世充反复无常，不值得为他举国动员，耗费巨资，冒破国亡家的危险，劝他自动退兵。窦建德不理会。如此，两军相持了月余。到四月下旬，李世民派王君廓率轻骑千余，切断了夏军的粮道，又俘虏了夏大将张青特。夏军屡战不利，士气低落下去，将士思归。这时夏国子祭酒凌敬向窦建德献了围魏救赵之计：乘唐军主力集中洛阳，北渡黄河，攻取兵力空虚的怀州、河阳，然后越过太行，进占唐老巢汾、晋，再南下关中，这样郑围自解。窦建德认为有理，准备行动。

哪知王世充的告急使者不断来求援，在夏营中的郑代王琬和长孙安世听到凌敬之计后，朝夕哭泣着哀求窦建德速救洛阳，又暗中用金玉贿赂夏营诸将去阻挠凌敬之计实行。诸将受贿后，都去对窦建德说："凌敬是个书生，懂什么战事，怎么能听他的话！"于是窦建德改变主意。凌敬拼命谏争，惹怒了窦建德，被赶了出去。窦妻曹氏劝他听从凌敬之计，窦建德也不肯听，说："我来救郑。如今郑危在旦夕，我舍之而去，是畏敌而背信。你妇人家懂什么！"他准备等唐军草尽牧马时，袭取虎牢。

五月，李世民获知窦建德的行动计划后，将计就计，将千余匹战马放牧在河中绿洲。果然，窦建德第二天就调齐全部人马，从板渚（在今河南荥阳市汜水镇东北黄河侧）出牛口（在今河南荥阳市北邙乡秦王寨西北和高村乡北部），列阵二十余里，擂鼓而进。李世民帅轻骑先进，史大奈、秦叔宝、程咬金等将紧随在后，大军鼓勇渡过汜水，迎战夏军。李世民率史大奈、程咬金、秦叔宝等骁将卷着旗冲入夏阵，从夏阵后杀出时，突然展开卷旗，迎风飘扬。夏军见大唐旗帜出现在阵后，顿时大乱，纷纷溃退。窦建德见大势已去，也混在乱军中奔逃。

唐军紧追不舍，一口气追杀了三十多里，斩首三千余级，俘虏五万人。窦建德身中槊（shuò，长矛）伤，单人匹马，逃窜进牛口渚中。唐将白士让、杨武威策马追来，窦建德慌忙中落马。白士让举槊直刺。窦建德急忙呼叫："不要杀我，我是夏王，能给你富贵。"杨武威下马，生擒了窦建德。

接着，李世民命囚了窦建德及王世充的使者王琬、长孙安世等，其余所有战俘全部遣送回乡，然后拔营起程，回到洛阳。

到了洛阳城下，唐军将囚车绕城示众。王世充在城上见了，与窦建德相对而泣。李世民又放长孙安世进洛阳，向王世充详细叙述窦建德兵败被擒的经过。王世充听了，惶惑得束手无策。他召集诸将商议弃城突围南奔襄阳，可将领们已毫无斗志，说："我们靠的是夏王，如今夏王被擒，就算逃得出去，还是没有成功的希望。"

王世充这才看到大局已定，无力挽回，只有投降。第二天，他换了素衣，带着太子、文武百官等两千余人出城，步行到唐营门前，俯伏请降。李世民受降，答应不杀他，并笑着对他说："你过去常把我当作童儿，如今面对童儿，为什么这么恭敬啊。"王世充顿首谢罪。

李世民进了洛阳，先申明军纪，命令唐军分守市肆，维持市面，禁止侵掠。然后封存府库，取了部分金帛，赏赐将士；逮捕了王世充手下段达、单雄信、朱粲等十几员大将，押至洛水边斩首；打开牢门，将被王世充关押的无罪士民全部释放；还废了许多道场，勒令各寺庙各留三十名名僧大德，其余僧尼一概还俗。经此一番措施，战后洛阳的人心安定了下来。

唐朝取了东都，天下震动。王、窦余部纷纷举地投降，窦妻曹氏与窦子世善也举山东之地奉传国玺投降了唐朝。于是中原、河北及山东地区全部平定，纳入大唐统治之下。

七月，李世民凯旋，回到长安，献俘太庙。李渊诏废王世充为庶人，流放四川；在长安市上斩了窦建德。不久，王世充在流放途中也被仇人所杀。李渊并不惩办凶手，索性下令把王世充的儿子、侄子及所有亲属以谋反的罪名统统处死了。

李春与赵州桥

古老的赵州桥，像一条美丽的彩虹横卧在赵州（今河北赵县）城南洨（xiáo）河之上。唐朝文人赞美它如同"初云出月，长虹饮涧"。它结构坚固，雄伟壮观，历经1400多年的风霜，依然屹立不倒，可以称得上是我国桥梁建筑史上的奇迹。

赵州桥又名安济桥，也叫大石拱桥，是我国现存最早的大型石拱桥，也是世界上现存最古老的跨度最长的敞肩圆弧拱桥。它全长50.83米，宽9米，主孔净跨度为37.02米。赵州桥全部用石块建成，共用石块1000多块，每块的重量达1吨，整个桥梁自重约为2800吨。大桥自建成到现在，其间经历了10次水灾、8次战乱和多次地震，承受了无数次人畜车辆的重压，都没有被破坏，让人不能不佩服其施工的精巧和科学。

赵州桥建于隋代开皇时期（605—618），是由隋代著名的桥梁工匠李春设计和主持建造的。隋时的赵县是南北交通的必经之路，由此北上可到重镇涿郡（今河北涿州市），南下可抵东都洛阳，交通十分繁忙。可是这一要道却被洨河所阻断，严重影响了南北交通。到了洪水季节，甚至不能通行。在洨河上建造一座大型石桥成为人们的迫切需要，朝廷授命李春负责大桥的设计和施工。

李春是隋代的无数普通工匠中一位杰出的代表，身份的普通使他在史书中没有记载，有关他的文字记载仅见于唐代中书令张嘉贞为赵州桥所写的"铭文"中："赵郡浚河石桥，隋匠李春之迹也，制造奇特，人不知其所为。"

李春率领工匠来到赵县，对汶河及两岸地质等情况进行了实地的综合考察，在认真总结了前人建桥经验的基础上，提出了独具匠心的设计方案。然后再按照设计方案组织施工，出色地完成了赵州桥的建造。

赵州桥不仅设计独特，而且建造技术也非常出色，在我国桥梁技术史上有许多创新和贡献，表现在以下几个方面：

（1）采用坦拱式结构，改变了我国早期拱桥半圆形拱的传统。赵州桥的主孔净跨度为 37.02 米，而拱高只有 7.23 米，拱高和跨度之比为 1:5 左右，这样就实现了低桥面和大跨度的双重目的。这种结构不仅使桥面平坦，易于车马通行，而且还有节省用料和施工方便的优点。

（2）开敞肩之先河。李春把以往桥梁建筑中采用的实肩拱改为敞肩拱，即在大拱两端各设两个小拱。其中一小拱净跨为 3.8 米，另一拱净跨为 2.8 米。这种设计的好处有三：一是可节省材料，二是减少桥身自重，三是加大河水的泄流量。这种大拱加小拱的敞肩拱设计不仅造型的优美，而且符合结构力学理论，提高了桥梁的承载力和稳定性。

（3）单孔设计。建造比较长的桥梁，我国古代一般采用多孔形式。李春采取了单孔长跨的形式，河心不设立桥墩，石拱跨径长达 37 米之多。这在我国桥梁史上是一项空前的创举。

（4）合理选择桥基址，设计了独具特色的桥台。李春选择浚河两岸较为平直的地方建桥，地层都是由河水冲积而成，表面是粗砂层，以下是细石、粗石、细砂和黏土层。

（5）基址特别牢固。赵州桥的桥台的特点是低拱脚、短桥台、浅桥基。李春在桥台边打入许多木桩，目的是减少桥台的垂直位移（由大桥主体的垂直压力造成的下沉）；采用延伸桥台后座的办法，目的是减少桥台的水平移动（由大桥主体的水平推力造成的桥台后移）。另外，为了保护桥台和桥基，李春还在沿河一侧设置了一道金刚墙。这种设计不仅可以防止水流的冲蚀作用，而且使金刚墙和桥基以及桥台连成一体，增加了桥台的稳定性。

赵州桥的敞肩圆弧拱形式是我国劳动人民的一个伟大的创造，西方直到 14 世纪才出现敞肩圆弧石拱桥，比我国晚了 600 多年。赵州桥建筑结构奇特，融科学性和民族特色为一体，是我国古代建筑的精品。1991 年，赵州桥被美国土木工程师学会选定为世界第 12 处"国际土木工程历史古迹"。

李渊晋阳起兵

611年，当隋炀帝杨广带着他的后宫妃嫔、百僚乐工、数千艘的船队，御乘龙舟，巡幸涿郡(治所蓟县，今北京城西南)，征兵诏讨高丽时，海内鼎沸，群雄并起，四处燃起了熊熊的反隋烽火。

杨广是中国历史上有名的淫主暴君，他弑父杀兄，在604年做了皇帝后，对内残忍险狠，锄诛骨肉，屠剿忠良，荒淫无耻，巡游不已，横征暴敛，大兴土木，仅营建东都洛阳一项，就每月役使民工二百万人；对外穷兵黩武，多次兴兵东征高丽。连年的战争和繁重的赋役，把老百姓压得气都喘不过来。到了这年，天下百姓实在疲惫不堪，特别是今山东河北一带，更是田园荒芜，百姓失业，财力耗尽，走投无路，这才纷纷相聚，揭竿而起。

第一处烽火就在山东长白山，领袖是王薄。长白山在山东邹平、长山、淄川诸县交界，山势险峻，周围六十里，号称第二泰山。山里产铁，传说王薄是个铁匠。王薄自称"知世郎"，说他能知天下事，作《无向辽东浪死歌》，号召人民起义。歌词说：

长白山前知世郎，纯著红罗锦背裆。长稍侵天半，轮刀耀日光。上山吃獐鹿，下山吃牛羊。忽闻官军至，提刀向前荡。譬如辽东死，斩头何所伤！

歌词充溢着一往无前的大无畏精神，它感召很多逃避征役的人投入反隋的大洪流。

紧接着，天下云集响应。孙安祖、窦建德在高鸡泊（今山东恩县），刘霸道在豆子航（今山东惠民），张金称在鄃（shū，今山东夏津），高士达在蓨县（今河北景县。蓨，tiáo），翟让在瓦岗（今河南滑县）相继聚众起义。随后几年，天下造反的人愈来愈多，大大小小的义军有一百多股，较大和较著名的有济北〔（今山东茌（chí）平）〕韩进洛，济阴（今山东曹县）孟海公，北海（今山东益都）郭方预，齐郡（今山东济南）孟让，平原（今山东德县）郝孝德、李德逸，江南地区有朱粲等，淮南地区有杜伏威、辅公祐，西北地区有白榆婆等，有的聚众数万，有的拥众十数万，称帝称王，攻剽城邑。江河南北、长城内外遍地烽火，崇山峻岭、莽林野原，到处垒壁结寨，义旗飘扬。

统治集团内部也四分五裂，不少地主豪强、官僚贵族乘机起兵，企图火中取栗，窥伺时机，逐鹿中原，夺取天下。大业九年（613）六月，礼部尚书扬玄感起兵，不久失败。到大业十三年（617），相继有隋鹰扬郎将梁师都割据朔方（今陕西横山），自称大丞相，后受突厥封为"解事天子"；鹰扬府校尉刘武周割据马邑（今山西朔县），受突厥封为"定杨可汗"；金城校尉薛举起兵，自称西楚霸王；武威富豪李轨，占据河西诸郡，自称凉王；南朝萧梁子孙萧铣（xǐ）占据巴陵（今湖南岳阳）称梁王；等等。

在熊熊的反隋烈火中，隋朝政权岌岌可危，正在走向土崩瓦解。

中国的历史上，凡遇朝政荒暴、朝代更替的纷乱时际，往往会谶语、谣言四起。当隋炀帝东征高丽、天下骚乱时，谶谣就在市井间巷中出现了，人人传说："杨氏将灭，李氏将兴。"还有传说："桃李子，有天下。"这些谶谣也传入了宫廷。有一个方士叫安伽陀（tuó），自称精通图谶，对炀帝分析说："当有李氏应为天子。"劝炀帝把天下姓李的人统统杀掉。

炀帝自闻谶谣后，首先注意起宫廷朝廷中的贵族高官。当时炀帝的侍卫中有一贵族子弟叫李密，是后周邢国公的后代，袭爵蒲山郡公。李密为人多谋略，能文能武，志气雄远，轻财好士，在左翊卫府做左亲侍。炀帝见李密气概非凡，心生疑忌，一天对许国公宇文述说："往日那个站在左仗下的黑色小儿，瞻视异常，勿令宿卫！"宇文述把炀帝之意暗示给李密，李密于是称病辞职。后来李密因杨玄感相召，做了杨玄感兵变的谋主。

接着炀帝又注意起郕（líng）国公、右骁卫大将军李浑。李浑姿貌环伟，美须髯。他的一个侄子李敏，小名洪儿。还在隋文帝开皇初年，文帝曾梦见洪水淹没都城，因此迁都大兴（今陕西西安）。炀帝原就对李家门族强盛疑忌，听了方士的话，就怀疑李洪儿应验谶谣，常当面告诉李敏，等他自决。李敏大惧，多次和李浑在家中屏人私语。宇文述是李浑的妻兄，但他与李浑有隙，就乘机向炀帝进谗言，告发李浑、李敏日夜私语，说方士的话就应验在他家。于是君臣两人密谋，指使虎贲郎将裴仁基诬告李浑谋反，族诛了李浑、李敏等三十二人。这已是大业十一年（615）的事了。

但是，隋朝政权依然危如累卵，"杨氏将灭，李氏将兴"的谶谣仍在流传。

于是，炀帝疑来疑去，就疑到了后来唐代三百年的开国皇帝的李渊头上。

李渊是西魏柱国大将军李虎之孙，袭爵唐国公。他生于566年，到大业十一年，正好50岁。这时他任弘化（今甘肃合水）留

827

守，节度陇右诸军。他对部下又宽容又随便，因此很得将士们的爱戴。炀帝听说他颇得军心后，就生了疑忌，派使者传召李渊到行在（皇帝行幸所至的地方），准备将他除掉。李渊已听得李浑被害，知道炀帝不怀好意，就托病拖延，并隆重款待使者，请使者婉言复命。使者回到行在，奏明李渊病重，炀帝便把这事搁了下来。

此后几个月里，李渊一面纵酒韬晦（收敛锋芒，隐藏不露），一面用重金厚礼买通炀帝幸臣。炀帝受了这些幸臣的影响，在这年四月突然任命李渊为山西河东抚慰大使，讨捕群盗。李渊如得赦命，十分卖力，当即带兵离了弘化，直奔河东，镇压了一股义军。第二年十二月，受命担任太原留守。但炀帝对他并不放心，同时任命虎贲郎王威、虎牙留守，暗中监视李渊。

李渊夫人窦氏生四子一女：长子建成，次子世民，三子玄霸，四子元吉，一女嫁给临汾人柴绍。史称世民聪明果决，识量过人，见天下纷乱，胸怀安邦定国大志，轻财尚义，广结豪士。

李世民结纳最深的是晋阳令刘文静，刘文静认为李世民是当世奇才。刘文静不久便因为是李密的姻亲，连坐下狱。李世民入狱探望，刘文静说："天下大乱，没有汉高祖、光武帝的大才，不足以平定天下。"李世民说："我来看你，就是想与你商量大事的！你有什么好计？"刘文静献计说："当此群雄并起之际，只要有真命天子，将他们收为己用，那么取天下如同反掌。令尊有兵数万，就此乘虚入关，号令天下，不过半年，帝业可成！"李世民笑笑说："你的话正合我意。"于是两人密图大计。

狱中定计后，李世民一面暗中部署宾客，一面按计结纳晋阳宫监裴寂，把大计告诉了裴寂，要他去劝说李渊。裴寂受了嘱托，想出一计，一天，他在晋阳宫宴请李渊，还安排了两名美宫女侍宴。宴毕，李渊醉卧晋阳宫，仍安排这两名宫女侍寝。一觉醒来，李渊大惊，睡在炀帝的行宫，还与两名宫眷同枕共寝，这是大逆不道之罪，暴露出去还有命吗？李渊趋出寝门，责备裴寂，裴寂乘机劝李渊起兵，夺取隋室江山。李渊不敢应允。正好这时李渊遣将迎战南侵的突厥失利，怕炀帝降罪，更忧心忡忡了。

于是李世民找了个机会劝李渊说："只有顺民心，兴义兵，才能转祸为福。"李渊大惊，忙叮嘱李世民要谨慎，此事切勿出口。

次日，李世民又去劝说李渊："世人都传说李氏当应图谶，所以李浑无罪，一朝族灭，大人杀贼不尽，要获罪；若能杀尽贼，就更危险了。只有起兵才是万全之策，不要再犹疑了。"李渊说："我想了一夜，你说得有道理。从今后，破家亡身由你，化家为国也由你了。"父子定下大计，李世民随即开始部署。

不料这时，炀帝因李渊不能防御突厥，遣使者来捉李渊去江都问罪，李渊大惊，召李世民和裴寂商议对策。两人又劝说："事已急迫，宜早定计。晋阳兵马精强，积蓄巨万，靠此举事，还怕不成功吗！"李渊决定起兵发难，恰好又有江都使者赶到，传旨赦免李渊，起兵之事才因此延宕（拖延。宕，dàng）下来。但准备仍在进行。

不久，由于李世民的荐举，李渊释放了刘文静，共议大事。这时，刘武周起兵马邑（今山西朔县），进据汾阳宫。经过密计，李渊召集诸将，征询说："刘武周占据汾阳宫，我们不能制止，罪当灭族，怎么办？"诸将说："只要能平定贼寇，公一个人决定吧！"李渊装出一副不得已才服从众意的样子，说："应当先招集兵力。"他发令命李世民、刘文静以及长孙顺德、刘弘基各自招募兵员，不日就召到近万人；同时遣密使去河东召建成、元吉，去长安召柴绍。

长孙顺德是李世民的妻堂兄，刘弘基曾做过炀帝的右勋卫，为逃避随征高丽而亡命太原。太原副留守王威、高君雅见兵大集，又见李渊任用这两名钦犯，心中大疑，他们把怀疑告诉了行军司马武士彟（yuē），要逮捕长孙顺德和刘弘基治罪。武士彟也曾劝李渊起兵，自然为李渊辩护。王威、高君雅觉得事情已十分可疑，就定计在晋祠伏兵，等李渊到晋祠求雨时刺杀他，他们叫来晋阳（故址在今山西省太原市晋源区）乡长刘世龙，要他招集乡兵，按计而行。

刘世龙把王威、高君雅的计划全部密告给李渊，李渊与李世民定计先发制人。一天，李渊与王威、高君雅共同坐堂议事，预先安排在庭中的开阳府司马刘政会登堂状告王、高两人私通突厥、勾引突厥入寇。王、高两人知道中计，拂袖大骂，愤然出门。但才出门，就被晋阳宫门外的李世民伏兵抓住，投入狱中。

无巧不成书。这两日，果然有数万突厥兵来攻晋阳。李渊命裴寂等分头埋伏，然后大开四门，让突厥兵进来。突厥兵进了外城，见内城也城门大开，怀疑中计，哗然出城而去。军民们都以为突厥兵真是王威、高君雅引来的。于是李渊斩了两人示众。

紧接着，李渊采纳刘文静和李世民的建议，为了避免腹背受敌，确定了暂时先和突厥妥协，占领河东，夺取关中，据长安后再反击突厥的战略方针。李渊先派刘文静出使突厥，给始毕可汗送去金帛，并约定可汗以兵马相助，攻下长安后，土地归李渊，子女财帛归可汗。始毕可汗大喜，立即遣使晋阳，送马千匹。李渊又采纳裴寂等建议，尊炀帝为太上皇，另立代王为帝，传令郡县，并改红旗（隋朝色尚赤）为绛白狼头旗，表示更新。

西河郡丞高儒德不服从李渊命令，李渊派李建成、李世民略定西河，斩了高儒德，其余一人不杀，西河远近军民听见唐军不杀无辜，秋毫无犯，心悦诚服，视唐军为义师。攻克西河，连攻城带行军，往返只用了九日，李渊大喜道："像这样用兵，横行天下也不难了。"李渊决计领兵入关，一面继续招兵，一面开仓赈济贫民。他将应募入伍的分为左、中、右三军，通称为义师。

西河班师的第二天，李渊就正式建立了独立政权。他自称大将军，开府置官，任裴寂为长史，刘文静为司马，李建成为陇西公、左领军大都督，李世民为敦煌公、右领军大都督，其余文武都随才授任。紧接着在大业十三年（617）七月，李渊任元吉为太原太守，留守晋阳，自己率领甲士 3 万，在军门立誓，移檄（发布文告晓示）郡县，然后浩浩荡荡出发了。一路上，只说是为尊立代王，所以兴兵。突厥也派兵随从。

十天后，李渊大军行到贾胡堡，忽得探报：隋将宋老生率领两万精兵在离此东南 50 里的霍邑（今山西霍县）屯守，又有屈突通屯兵河东。原来驻守长安的代王杨侑（yòu）听到李渊起兵，已在河东部署兵力，企图阻截唐军南下。这时又恰逢滂沱大雨，唐军无法前进，只好暂时驻扎下来。

不想大雨连续下个不停，粮草运输也跟不上，又传说突厥与刘武周乘虚袭击晋阳，李渊召集诸将商议回师。裴寂等认为宋老生、屈突通连兵据险，一时攻不下。晋阳是唐军的根本，还是回去救援要紧。李世民不同意，苦劝李渊应当先入咸阳，号令天下。李建成也反对退兵。李渊不听，下令次日拔营退兵。

李世民急了。傍晚，李渊已睡，李世民要入帐谏劝，被阻在外，忍不住号哭起来。哭声传入帐中，李渊召他入帐，问他哭什么。李世民说："如今兴兵，靠义发动。义兵进战就胜，退还就散。众散于前，敌乘于后，死亡就不远了。孩儿想起退兵，怎能不伤心！"李渊这才醒悟，说："可是左军已出发了。"李世民说："还没走远，孩儿去追回来！"李渊笑着说："成败都在你。你去干吧。"于是李世民约了建成，连夜把左军追了回来。过了两天，粮草也运到了。

八月十三日，雨霁（jì，雨雪停止，天放晴）天晴。第二天，李渊命军士晒甲整械。第三天，就沿着山麓小道直趋霍邑。宋老生闭门固守。李渊就命建成、世民带领数十轻骑到城下，一边扬鞭指挥军士佯作围城样子，一边叫军上百般辱骂宋老生。宋老生忍耐不住，点兵三万，分道从东门、南门杀出。李渊命殷开山速召后军，列阵迎战。李渊与建成在城东迎战，渐渐不支。列阵城南的李世民和柴绍见状，指挥所部向隋军背后冲来。李世民舞动双刀，一连砍倒数十人，杀得两刀刀刃缺口，鲜血湿透衣袖。唐军大振，大声传呼："活捉宋老生了！"隋军大败，急退回城，关了城门，只有宋老生一支孤军在城外苦战。宋老生受唐军夹攻，自知不敌，翻身下马想跳城濠（护城河）自尽。正巧刘弘基赶到，一刀斩了宋老生。傍晚，唐军攻克了霍邑。

五天后，占领临汾（今山西临汾）。又过了四天，攻克绛郡（今山西新绛）。接着河东各县次第平定，李渊就以河东为根据地，开始经营关中。

薛举犯唐

武德元年（618）六月，李渊刚封好诸子宗室，西秦霸王薛举即率劲兵进攻泾州。

薛举原是陇西土豪，凶悍善射，骁武绝伦，家产巨万，专好结交豪猾，一向在边朔称雄。隋炀帝大业末年，群雄四起时，他在做金城校尉。金城令郝瑗为了镇压义军，招募了数千士兵，命薛举统领。一日，郝瑗设酒宴请将士。不料，薛举早有反心，与儿子薛仁杲（gǎo）及同谋者在宴席上突然发动兵变，劫持了郝瑗，开仓赈贫，率领这数千募兵举旗反隋。他自称西秦霸王，掠官收马，招集群盗。陇西巨盗率众归顺，岷山的羌人首领不久也举众二万投降了他。薛仁杲也善于骑射，军中号为万人敌。不过几天工夫，西秦军就大破隋兵。不久，全部占有了陇西，定都兰州，号称三十万，虎视长安，成了唐朝西面最大的威胁。

这次薛举意在夺取长安，进至高墌（今陕西长武。墌，zhǐ），安营扎寨，纵兵掳掠，扰得长安一带人心骚动。李渊想到西秦为大唐心腹之患，这时又正好潼关以东李密与王世充在东都胶着，就任命秦王李世民为西讨元帅，统领八总管兵西征。

唐军到达高墌，李世民估计西秦粮少，利在速战，决定以逸待劳，命令挖筑深沟高壁，等待敌军疲倦再战。不料战事未开，李世民疟疾发作，只得把军事委托给行军长史刘文静、行军司马段开山，交代时，还郑重关照他们说："薛举孤军深入，粮少兵疲，如果来挑战，不要理他。等我病好了，再来攻破他。"段开山心有不服，对刘文静说："秦王担心您办不了事，所以才说这个话。而贼兵知道秦王有病，一定轻视我们，应要向他们耀武扬威。"

于是，刘、段两人率军进抵高墌西南，但自恃兵多，不设防备。秦王在病中得知，赶快写信阻止，可是已经来不及了。薛举已经率师潜到唐军背后，一场大战，唐军大败，死亡一半以上，大将慕容罗睺（hóu）、李安达、刘宏基在阵前被俘。李世民只得引兵退还长安。李渊罢免了刘文静、殷开山的官爵。

薛举拔了高墌后，八月，又派薛仁杲进攻宁州（今甘肃宁县）。郝瑗劝薛举乘胜直取长安。临发兵前，薛举忽然生病，召巫师来看治。巫师说这是死了的唐兵作祟。薛举平时残苛，凡是俘来的士兵都要断舌、割鼻子，或者用碓（duì，木石做成的捣米器具）棒杀，听了巫师的话将信将疑，精神恍惚，不久就死了。薛仁杲在泾州境内的折墌城继西秦霸王位。

在薛举死后第七天，李世民仍以西讨元帅率数十万唐军西征。薛仁杲此时兵锋健锐，先击败李世民的娘舅秦州总管窦仁轨，又在泾川大败唐军，俘杀泾州守将刘感，继而又俘获陇州刺史常达，陇州唐军两千人投降了薛仁杲。

十一月，李世民再次进军高墌。薛仁杲派宗罗睺到唐营挑战。李世民仍下命令坚壁不出。唐将纷纷请战。李世民说："我军新败，士气沮丧。贼军恃胜而骄，有轻我之心，应该闭垒不出，以逸待劳，等贼军骄慢，我军士气振作，可一战而胜。"并下令："敢言战者斩！"

两军对峙了六十多天，西秦军粮尽，将领梁胡郎、内史令翟长孙率部降唐。李世民认为反攻时机到了，派大将庞玉在浅水源地方布下阵势，与西秦大将宗罗睺大战。两军酣战不休。庞玉渐渐不支。就在这时，大队唐军突然出现，领头的正是李世民。只见他一马当先，数十骁骑紧随在后，奋勇冲入敌阵。阵上唐兵见了，士气大振，呼声动地，与援军呼啸着内外夹击西秦军。西秦军大败。损兵折将，死亡数千。李世民亲率两千劲骑，乘胜穷追，一直追到折墌城下。

薛仁杲在城外列阵，隔泾水与唐军对峙。薛仁杲有勇无谋，平日只知施虐行威，不知树恩，将领们一向与他不和，这时愈加离心。骁将浑干等临阵降了唐军。薛仁杲怕了，引兵退入城内。这时大队唐军已陆续赶到，将折墌城团团围住。半夜里，西秦军争先恐后缒城而下，一批一批地直奔唐营投降。薛仁杲见大势已去，只得率百官开门出降。

李世民进城受降，得了西秦万余精兵，男女百姓五万余，献俘长安。李渊斩了薛仁杲及数十西秦头目，其余一概免罪。陇西平定。从此唐朝除去了心腹之患，可以一意东向扫平群雄了。

浅水原之战

唐武德元年（618），秦王李世民在浅水原（今陕西长武西北）对陇西割据势力薛举父子作战。

李渊集团占领长安后，派刘文静等出潼关略取新安（今河南新安县）以西地区；派郑元寿、马元规等略取南阳、荆襄地区，李孝恭略取汉中、巴蜀地区。唐还乘王世充和瓦岗军相争之际，派李世民、李建成出潼关，欲取渔人之利。但当时瓦岗军对洛阳的进攻并不积极。洛阳隋残余势力见唐势盛，想做内应献城，但李世民深谙"城有所不取"的战略原则，认为关中尚不巩固，过早占领洛阳，与瓦岗军对立，对总的战略形势不利，因而并未急于破洛阳城向东南发展，而是将下一阶段的战略目标集中于对付北方的割据势力。

当时北方的形势是，刘武周在马邑，有李元吉在太原对其监视，一时不致为患；朔方梁师都欲勾结突厥来犯，但被唐以重币贿突厥未能实现；唐对盘踞甘肃武威的李轨采取了安抚策略，使其保持中立态度。对关中威胁最大的是陇西薛举集团。

薛举原是隋金城（今甘肃皋兰县）府校尉。隋大业十三年（617）四月，与其子薛仁杲等起兵反隋，招降纳叛，掠官收马，不久，兵势大振，尽得陇西（今占盘山，陇山以西和黄河以东一带）之地，人马多达十三万。七月，自称帝于金城。天水（今属甘肃）克，又徙都于天水。十二月，薛仁杲兼并农民武装唐弼军十万人，军势益盛，号称三十万，遂谋东进，以争关中。当时长安已为李渊捷足先登。薛举于是令其子仁杲率精兵十万于大业十三年十二月攻扶风，李世民率军大破之，斩杀薛军万余人，并追至陇坻（今六盘山南端）地区。唐武德元年，薛举再次进攻关中，李渊令李世民为元帅，率八总管军进驻高墌（今陕西长武西北）抵御。七月，薛举进逼，时李世民患病，委军事于长史刘文静、司马段开山，并告诫二人万勿轻易出战，待其病好以后再破之。但刘、段二人未听告诫，轻敌出击，在高墌西南之浅水原被薛军掩袭大败，损兵大半，李世民只得引兵回长安休整。八月，薛举正欲乘胜攻长安，突然病死，其子仁杲继位，暂时停军折墌（今甘肃泾川）。唐武德元年（618）冬，唐再次以李世民为元帅，出兵进击薛军，于是爆发了唐统一北方的关键性战役之一——浅水原之战。

十一月唐军进至高墌，薛仁杲闻李世民进击，派其大将宗罗睺率兵迎敌。唐军数将屡次请求出战，但李世民汲取第一次失败的教训，坚壁不出。他说："我军新败，士气沮丧。贼恃胜而骄，有轻我心，宜闭垒以待之。彼骄我奋，可一战而克也。"两军相持六十余日，薛军粮尽，士气逐渐涣散，其将梁胡郎、翟长孙等先后率所部降唐。李世民认为决战时机已经成熟，即命行军总管梁实率军布阵于浅水原，以引诱薛仁杲出战。宗罗睺求战心切，尽其精锐来攻，而梁实则守险不出，在营中乏水，"人马不饮者数日"的情况下，顽强抗击薛军的进攻。李世民见薛军兵疲，又增派右武侯大将军庞玉出薛军之右，在浅水原之南布阵，以进一步吸引薛军的兵力，自己则亲率主力自原北击其后，身先士卒，突入敌阵。宗罗睺仓促率军迎战，受到唐军的前后夹击，队形大乱，大败而逃。李世民率两千余骑兵追击。他舅舅窦轨劝阻说："仁杲犹据坚城，虽破罗睺，未可轻进，请且按兵以观之。"李世民说：
"吾虑之久矣，破竹之势，不可失也。"遂率军疾追，傍晚，追至折
墌城下，仁杲先背城列阵，见唐军攻势凌厉，又引兵入城据守。
唐军遂将城合围。薛军士气低落，纷纷投降。仁杲见大势已去，
也只得出降。唐军收编薛军万余人。

俟后，唐军又派凉州人安兴贵从内部颠覆了李轨集团，整个
河陇地区遂告平定。

柏壁之战

唐武德二年（619）至三年，秦王李世民率军在柏壁（今山西新
绛西南）及其以北地区击灭隋末割据势力刘武周。

唐取得浅水原之战的胜利以后，关中及西北方面得到进一步
巩固，唐本可乘胜东向，平定中原，但在唐高祖武德二年（619），
刘武周在突厥的支持下向唐发动进攻，南向以争天下，直接威胁
唐赖以发祥的根据地——晋阳，唐不得不应付刘武周的挑战。

刘武周原是隋马邑鹰扬府校尉，义宁元年（617）二月，乘农
民起义蓬勃发展之时，杀死太守王仁恭起兵。遣使附于突厥，先
后攻占雁门、楼烦（今山西静乐）、定襄（今内蒙古自治区和朴格尔西
北）等郡，被突厥立为定扬可汗，刘武周亦自称皇帝。

武德二年三月，刘武周借助突厥的力量进军太原。四月，屯
军于黄蛇岭（今榆次北），距太原咫尺。留守太原的唐齐王李元吉
派张达率军驱逐刘武周，结果张全军覆没。刘武周乘机攻占榆次
（今山西榆次）、介州（今山西介休）及石州（今山西吕梁市离石区）等
地，长驱南下，兵逼太原。唐高祖屡次派兵增援，均为刘武周所

败。九月，李元吉弃军逃奔长安(今西安)，晋阳遂告失守。刘武周占据太原后，即派部将宋金刚攻陷晋州，进逼绛州(今山西绛县)，直捣龙门，宋金刚还进攻翼城(位于今山西西南，属临汾市管辖)、绛县(隶属于山西省运城市)一带，迫使唐晋州道行军总管裴寂节节败退，兵锋所至，几乎席卷整个黄河以东，唐军仅固守虞州(今山西运城)、泰州(今山西万荣)等一隅之地。同时，夏县(位于今山西西南端)吕崇茂也响应刘武周，杀县令举兵反。隋将王行本据蒲坂(今山西永济西南)，也与之相应。河东大有尽失之势。一时唐廷上下为之震骇。

在上述形势下，唐廷对如何应付河东形势，或争或弃，有两种意见。李渊认为"贼势如此，难与争锋，宜弃大河以东，谨守关西而已"。李世民却富有远见地指出："太原，王业所基，国之根本；河东富实，京邑所资。若举而弃之，臣窃愤恨。"并主动请缨，亲率三万精兵，平刘武周以克复太原。李渊斟酌再三，终于同意了李世民的意见，尽发关中之军，令李世民统率前往讨伐刘武周。十一月，唐军乘坚冰由龙门方向渡过黄河，屯军柏壁，与浍(hui)州宋金刚主力对峙，柏壁之战遂拉开序幕。李世民屯军柏壁后，厉兵秣马(磨好兵器，喂好马；形容准备战斗)，坚壁不战，察敌待机。与此同时，唐高祖遣永安王李孝基等攻打夏县的吕崇茂，吕崇茂不敌，向宋金刚求援，宋金刚派尉迟敬德、寻相前往救援，结果大败唐军。但当尉迟敬德等回军浍州时，李世民瞅准机会，令兵部尚书段开山、总管秦叔宝等至美良川(今山西夏县北)拦击，获得重大胜利，杀敌两千余人。不久，敬德、寻相等又秘密率领精骑东援蒲坂之王行本。李世民侦知后，亲率步骑三千人抄近道夜奔安邑(今山西运城东北)截击，大破之，敬德、寻相仅以身免。于是唐军士气大振，诸将都请求与宋军决战，但李世民冷静地分析情况，认为时机还不成熟。他对众将说："宋金刚悬军深入（孤立无援的军队深入到敌人战区），精兵猛将，咸聚于此，武周据太原，依金刚为扞蔽，军无蓄积，以掳掠为资，利在速战。我必养锐以挫其锋，分兵汾、隰冲其心腹，彼粮尽计穷，自当遁走。当待此机，未宜速战。"于是，他继续执行疲敝敌军、釜底抽薪的计划，派左行军总管刘弘基、行军侧总管张论率兵进逼西河，断宋金刚的粮道。武德三年正月，唐将秦武通攻蒲坂，王行本不敌出降。二三月间，刘武周数次派兵攻潞州（今山西长治）、浩州（西河郡改州）均告失败，其护卫粮道的黄子英亦为唐骠骑大将军张德政袭杀，张难堡（今山西平遥西南）被唐军占领。至此，刘军南运粮道为之断绝，战略态势对唐军更为有利。

四月十四日，宋金刚终因粮尽兵困，被迫率军北撤。李世民见时机已经成熟，遂挥军乘势追击，至吕州（今山西霍县），"吃掉"寻相所部，马不停蹄，又乘胜再追，一昼夜行二百余里，战数十次，士卒们饥饿疲劳到了极点。至高壁岭（今山西灵石西南），刘弘基拉住李世民的马辔（pèi，驾驭牲口的嚼子和缰绳）进谏道："大王破贼，逐北至此，功已足矣，深入不已，不爱身乎？且士卒饥疲，宜留壁（驻军设防）于此，俟兵粮毕集，然后复进，未晚也。"李世民认为机不可失，依然策马而进，率领诸军奋进。终于在雀鼠谷（今山西介休西南）追上宋军主力，一天中八战皆捷，俘斩敌数万人。至此，李世民和众将士不食已经2天，不解甲已经3天了。宋金刚率余部两万人退守介休，稳住阵脚，出西门，背城列阵，南北7里。李世民令总管李勣、程知节、秦叔宝攻其北端，翟长孙、秦武周攻其南端。既战，唐军先稍事退却，待宋金刚正面进攻时，李世民又率精骑出其阵后攻击，终于大败金刚军，其部将尉迟敬德、寻相、张万岁等人收余众举介休、永安（今山西灵石东）降唐。刘武周见大势已去，逐弃太原与宋金刚逃奔突厥，不久亦为突厥所杀。李世民收复并州。

江南复反

河北的刘黑闼被扫平半年后，原已归唐的江南局势出现反复，淮南道行台仆射辅公祏起兵，在丹杨（今江苏丹阳）称帝，建立宋国，并与洪州（今江西南昌）总管张善安连兵，重新雄踞江南，与大唐南北对峙。这时，天下也只有江南义军与唐为敌了。

辅公祏（shí）原是隋末江南最大的起义军杜伏威部的副帅。李世民围攻东都王世充时，派使者招降了杜伏威。李渊封杜伏威为吴王，任东南道行台尚书令、江淮以南安抚大使、上柱国；封辅公祏为舒国公，任淮南道行台尚书左仆射。两人奉职，并灭了占据杭州的李子通、占据歙州（今安徽歙县。歙，shè）的汪华等江南农民起义军，将淮南、江南直到海边、岭南的大片土地置于他们的辖据之下。武德五年七月，李世民征伐刘黑闼、徐圆朗，一路取胜，声威播扬，也震动了江淮。杜伏威害怕自己再雄踞江南，也要被唐征讨，就主动带了养子、左将军阚稜（kàn líng）到长安朝见唐高祖，表示诚意归唐。李渊任命他为太子太保，仍兼旧职，留在长安；阚稜也受职左领军将军；辅公祏则留守丹杨。

辅公祏对杜伏威外示尊崇、阴夺兵权的做法早就不满，于是不顾杜伏威还在长安，决意等待时机，重举义旗。到武德六年八月，辅公祏缢杀了王雄诞，宣称杜伏威被扣在长安不能回江南，寄书命令大家起义。他称帝建国,设置百官,命左游仙为兵部尚书、东南道大使、越州总管。张善安原也是农民起义军将领,占据洪州,后来举地降唐,任洪州总管,这时也举兵响应。辅公祐任命张善安为西南道大行台,仍据守洪州。

接着,辅公祐大修兵甲,运粮储积,调兵遣将,准备与唐大干一场。

诈取张善安

李渊接报,马上部署。辅公祐起兵的十几天后,襄州道行台仆射、赵郡王李孝恭率领水军直下江州(今江西九江),岭南道大使李靖督领交、广、泉、桂四州兵北上宣州(今安徽宣城),怀州总管黄君汉从谯、亳率军南下,齐州总管李世勣(jì)引兵从淮、泗南下,四路水陆大军奉诏围剿辅公祐。辅公祐主动出击,遣将领徐绍宗进攻海州(今江苏连云港西),陈政通进攻寿州(今安徽寿县)。两州报急,李渊把秦王李世民从防备突厥的北线调回,任命其为江州道行军元帅,负责部署征讨辅公祐。

唐军重新部署,决定先除掉张善安,剪除辅公祐羽翼,控制长江中游。安抚使李大亮奉命攻打洪州,与张善安隔涧对阵相语。这时辅公祐将领陈当世在歙州黄沙(今安徽泾县)大败,张善安胆怯畏敌,在阵前听了李大亮一番晓以祸福利害的劝说,动摇了。他说:"善安本来没有反心,是将士们促成的。但我现在投降,恐怕免不了死罪。"李大亮隔水高声说:"张总管有降心,就与我是一家人了。"说罢,单骑渡水驰入张善安的阵中,拉着张善安的手亲切说话,表示出一片诚意。张善安大喜,就答应投降,带了数十骑到唐营。不料在营门外，随骑被阻，只让张善安一人进营。张善安不知是计，就一人进营。张、李两人谈了一阵子话后，张善安正要告辞，就见李大亮忽然变脸，下令武士将张善安抓了起来。

在营门外的从骑闻变，急忙回到张善安大营报告。全军大怒，倾营来攻唐军。李大亮派人宣话，离间张善安与他的将领关系，说："我没有扣留张总管，是他赤心归国，对我说他怕还营后受将士挟制，自己要留下的。"张善安的将领们信以为真，果然大骂张善安出卖义军，愤然散退。李大亮乘机追杀，斩获很多，瓦解了洪州义军。接着，李大亮把张善安护送到长安。不久，张善安被杀。

辅公祏就义

张善安部失败以后，唐军便集中兵力围剿辅公祏。武德七年（624）春，李孝恭破枞阳（隶属于安徽省铜陵市。枞，zōng）、宣州鹊头镇、芜湖，夺取梁山等三镇，李大亮也在歙州战胜辅公祏。面对唐军的步步进逼，辅公祏在宣州当涂（今安徽当涂）横江筑成防线，由将领冯慧亮、陈当世率水军三万扎防在县西南长江东岸的博望山，陈正道、徐绍宗率步骑三万屯防在县东南的青林山，在博望山西的梁山夹江拉起铁索封锁江面，来防止唐军沿江东下，并在西岸沿江筑成连绵十余里的城墙，又壁垒相接。

这时，李孝恭和李靖率水师到达舒州（今安徽潜山）集结，李世勣也率步兵一万渡过淮河，到达硖石（今安徽寿县西北），从北面威胁辅公祏。大敌当前，冯慧亮等将领坚壁不战。李孝恭也不正面交战，只是派一支奇兵切断了冯军的粮道。冯军发生粮荒。冯慧亮遣军进逼李孝恭大营。

李孝恭也守营不出，在营中召集诸将商议作战方案。会上出现了分歧，多数将领认为，冯慧亮拥有重兵，占据水陆险要之地，不能速胜，不如直接攻打丹扬，而丹扬是辅公祏的老巢，丹扬一破，冯慧亮不战自降。李孝恭认为有道理。但李靖不同意，说："冯慧亮水陆二军虽是精兵，但辅公祏自率精兵也一定不少。我们连冯慧亮都攻不下，怎么能够攻克丹扬呢？如果进攻丹扬旬月不下，冯慧亮就会乘机抄我们的后路，到那时腹背受敌，就太危险了。冯慧亮等都身经百战，打仗打惯了，心中并非不想大打一场，只是奉命以逸待劳而已。我们若是攻城挑战，必能一举攻破！"

李孝恭觉得更有道理，就采纳了李靖的作战方针，他组织老弱残兵当先锋进攻义军。把精兵安排在后面，结阵待命。先锋部队和冯军一接仗，就败下阵来。义军不知是计，出兵追击，追了几里，就中了唐军精兵的埋伏，一场激战，伤亡惨重。

杜伏威的养子阚稜也随军南征，这时突然出现在阵前。他脱下头盔，对江南义军说："你们不认识我了吗？怎么敢来与我作战！"义军中很多原是阚稜的部下，一见到阚稜，听了煽惑，都不想打了，有的还投身下拜。就在这义军混乱的时机，李孝恭、李靖率军大肆驰杀，乘胜攻下了博望山、青林山义军防地，义军伤亡万余人。

接着，李靖率兵先驰，直抵丹扬。辅公祏猝不及防，弃城东走，李靖一路追杀。辅公祏逃到最后，只剩下心腹数十人，终于在武康（今浙江吴兴）被当地地主武装俘虏，被解送到丹扬，在丹扬英勇就义。李孝恭又捕杀了坚决反抗的义军将领，不久又以谋反的罪名杀了阚稜。杜伏威也早就在这年二月死去了。

江南义军彻底瓦解，江南全部平定。就在这一年唐朝统一了天下。

虎牢之战

唐朝建立后，李渊集团立即着手统一全国。他的目光首先集中在西北方面，先利用优势剪灭薛举父子的西秦政权，又北平刘武周、宋金刚，使唐朝在关中、陇右、河东的统治基本上得到巩固。据有朔方的梁师都和保据河右的李轨都仅有自守之力，不能对唐廷构成严重威胁。鉴于此，唐朝开始向关东用兵，以解决窦建德、王世充的夏、郑政权。

窦建德在隋亡之后建立了夏国。武德二年（619），宇文化及称帝于魏县（今河北大名西），窦建德以诛大逆为名，出兵讨击，宇文化及退保聊城，窦建德四面攻城，占据聊城，生俘化及。窦建德与王世充结好，视洛阳为隋王朝正统所在，遣使朝拜王世充所立的隋皇泰帝杨侗，接受他册赠的夏王封号。六月，窦建德攻占沧州（今河北沧县东南），八月攻占洺州（今河北永年东），九月攻占相州（今河南安阳），击围卫州（今河南汲县），途经黎阳时，李世勣遣将丘孝刚率三百骑与建德交战，孝刚被杀，黎阳失陷，淮安王神通、唐高祖妹同安长公主和唐使魏征均被生俘，李世勣被迫投降。黎阳不守，卫州也随即投降。继而又有滑州（今河南滑县）、齐州（今山东济南）、济州（今山东聊城一带）失落。窦建德尽有山东之地，旋师洺州，筑万春宫，迁都于此。

王世充在四月间废越王杨侗，自立为帝，国号为郑，尽有河南。此时瓦岗军也彻底失败，中原地区只有唐、郑、夏三方鼎峙。而王世充的统治是最薄弱的一方，内部已是众心日离，所以唐首先向王世充发起进攻。窦建德错误地估计了当时的形势，王世充向窦建德求援时，窦以为夏、郑联合是最佳出路，因此，立即遣使与世充和好，并以新灭孟海公的部众和原部十余万人号称三十万，西援洛阳。面对这种局面，李世民召集诸将商讨对策。郭孝恪认为，王世充已是穷途末路，窦建德远来助战，应该在虎牢据险抗之。李世民也主张，王世充上下离心，不需力战，而窦建德新破孟海公，将骄卒惰，据守虎牢，扼其咽喉，若建德冒险而战，唐则必破窦军，若窦军建德犹豫不决，王世充便会自我溃败；而不迅速占据虎牢，一旦王、窦会合，其势必强。所以，世民果断决定留齐王李元吉等继续围攻洛阳，自己率步骑三千五百人，入据险要的虎牢关。王世充登城，见唐军自北邙山，抵河阳（今河南孟州市西南），趋巩县（今河南巩义市东北），竟未敢贸然出击。

李世民亲率四骑侦察建德军营，在离军营三里的地方与其游兵（流动作战的小股军队）相遇，建德仓皇之中出五六千骑兵追逐，正中唐军埋伏，死亡三百余人。此后，窦建德与唐军在虎牢关前相持达二十余日，不能前进，李世民派将军王君廓以轻骑千余抄窦军粮道，俘获兵士甚多。谋士凌敬向窦建德提议全军渡过黄河，进攻怀州（今河南沁阳）、河阳，然后过太行，入上党，收河东之地，入无人之境，既保全了兵力，又能拓土得兵，郑围自解。窦建德却没有采纳这个建议，反而集中全力进逼虎牢，在李世民的诱骗下，自板渚出牛口置阵，绵亘二十里。李世民分析窦军的形势，认为窦建德未遇到过劲敌，渡险嚣张，若按兵不动，必挫其锐气，待士兵饥倦懈怠，再乘机出兵，攻之必胜。窦军果然像李世民料想的那样！正当窦军士卒争相过河，逡巡（因为有所顾虑而徘徊不前。逡，qūn）欲退时，唐军东涉汜水，直捣窦军阵营。窦建德未及整列，唐军已到，以史大奈、程咬金、秦叔宝、宇文歆为首的唐军兵士在世民率领下突出其阵，俘虏十余万，斩首三千级。窦建德受伤逃匿于牛口渚，为唐车骑将军白士让、杨武威俘获。五月，窦建德部将左仆射齐善行将库藏分给义军将士，予以遣散，率百官奉建德妻曹氏、传国八玺、所获宇文化及珍宝，举山东之地归降唐朝。唐淮安王神通又连下三十余州，使窦建德原有的地盘全部为唐所有。七月，窦建德在长安被杀。唐朝发布平窦建德赦文，将其部众赦免流放。王世充见大势已去，遂率太子、群臣两千余人出城投唐。

唐在此后，一度出现了"海内（国境之内，指全国）浸干"的景象，但刘黑闼（tà）的起事，加上归附唐朝的徐圆朗在兖州起兵响应，又使河北、中原形势为之一变。窦建德失败之初，余部各返乡里务农。唐廷一方面追索部众所藏匿的库物，施之捶挞（chuí tà，杖击、鞭打），同时又征调故将范愿等人赴长安。范愿诸人以为不免于祸，又见世充降后，部众亦不得保全，遂于七月间拥戴窦建德故将刘黑闼起兵反唐，北连突厥，连败李神通、李世勣，半年内，尽复建德故地，定都洺州（今河北永年东南），改元天造。十二月，世民、元吉奉李渊之命率大军东进，与幽州总管罗艺数万兵联合进攻，在徐河（今河北保定市东北）、列人（今河北肥乡东北）大败刘黑闼，夺取相、定、栾（今河北隆尧东）、廉（今河北藁城）等州，双方在洺水决战达六十余天，唐军获胜，斩黑闼兵万人，黑闼率残兵北走突厥，河北再度平定。

徐圆朗在兖州被围困,武德六年(623)二月弃城夜遁,兖州平。江淮义军杜伏威慑于唐威,自请入朝,亲赴长安,辅公祏不愿投降,自立为帝,武德七年(624)失败。割据朔方的梁师都在贞观二年(628)被部下所杀,以城降唐。统一全国的战争至此结束。

玄武门之变

唐高祖李渊的皇后生了四个儿子:长子建成,次子世民,三子玄霸(早亡),四子元吉。太子建成经常在长安,辅佐李渊处理军国大事。次子世民经常领兵出征,不断消灭割据势力,镇压各地农民起义,扩大了唐政府的占领区,对唐朝有很大的功劳,威望甚高。但李建成是长子,按照传统的宗法制度,他应该是李渊帝位的继承者。秦王李世民既有战功,又有野心,也想当皇帝,因此他们兄弟之间为争夺皇位而展开的斗争越来越激烈。在双方的斗争中,齐王李元吉是站在太子李建成这边的。他们双方为了自己的利益,都积极采取措施壮大自己,打击、瓦解对方。首先,他们各自拉拢朝中的高级官员,争取他们的支持。在宰相里面,裴寂和封伦支持太子,而陈叔达和萧瑀(yǔ)支持李世民。由于裴寂从李渊太原起兵时就追随其左右,又是李渊的宠臣,因此在中央政府中,最初太子处于有利地位。

在地方上,李建成和李世民都设法扶植自己的势力。李世民在平定王世充和镇压农民军时,积极招纳山东豪杰。李建成在河北作战时,也极力拉拢罗艺,利用他在河北发展势力。

624年以后,全国已经统一,唐王朝的统治地位已相当稳固,于是太子和秦王李世民争夺皇位的斗争就更加明朗化。

在一个阴雨连绵的下午，秦王正在专心致志地阅读兵书，忽然有卫士进来禀告："太子派人投书。"秦王拆开一看，原来是太子请他赴宴。王府亲随都劝秦王提高警惕，最好不要去。但秦王认为兄弟之间虽然发生了矛盾，但还不会到谋害同胞手足的地步，于是便前往东宫。

太子准备的宴席非常丰盛。席间，太子和齐王频频劝酒，不断赞扬李世民的功绩。喝着谈着，忽然，秦王觉得头晕目眩，两腿发软。他知道情况不妙，挣扎一下想站起来，但身不由己地倒在了地上。这时窗外大雨滂沱，闪电照在秦王惨白的脸上，非常可怕。齐王看见他二哥倒下，便紧张起来，赶紧问太子："这怎么办？"太子把眼睛一瞪，喝道："慌什么！派人把他送回去。"

李世民被送回秦王府，灌了许多解药，才保住性命。唐高祖李渊知道这件事后，狠狠地斥责了太子李建成。

太子见秦王没死，就怂恿皇帝到郊外打猎，并要求秦王陪驾前往。太子叫部下给秦王准备了一匹烈马。秦王没想到太子又在耍阴谋，他在打猎场上纵马操弓，追赶一头野鹿时，突然烈马野性发作，仰颈狂跳，把秦王甩出一丈多远，秦王险些被摔死。

李世民因李建成和李元吉要弄花招而越来越惊恐不安，因为李建成和李元吉不仅想使唐高祖疏远他，而且想挖空他的人马。唐高祖曾召李世民进宫，并明白地告诉他，他不可能从高祖那里得到丝毫帮助。李世民的两个重要谋士房玄龄和杜如晦，已经因为李建成和李元吉的谋害丢了职位。他的将军尉迟敬德被李建成和李元吉雇人行刺，差点儿丧命。当突厥人于626年年初入侵边境时，经李建成提议，李元吉被派去抗击突厥人，他随身带走了李世民手下最优秀的将军和精锐士兵。他们还贿赂李世民身边的关键人物，希望他们倒戈相向。这些瓦解活动都没有成功，可唐高祖似乎并不反对他们搞这些名堂。

　　一段时期以来，对李世民最有影响的官员曾敦促他对他的两个兄弟采取强硬的措施，可他却说："都是亲兄弟，怎么忍心下手？"最后，刺激李世民采取行动的事情终于出现了：据他的探子报告，李建成和李元吉计划在李世民送李元吉出征突厥之际将他杀掉。

626年的一天夜里，秦王府的内殿燃着红烛，殿外站着一列卫士，秦王在这里召开秘密会议。秦王和长孙无忌走进内殿，后面跟着两个身穿道服的人，卫士正想拦阻，秦王对卫士挥一挥手，卫士就放他们进去了。两个穿道服的人，正是秦王邀来的房玄龄和杜如晦，他们为了避人耳目，特意化了装。

紧接着，尉迟敬德也进来了。房玄龄先发言："目前太子和齐王日夜想谋害大王，一旦发生事变，不仅大王有生命危险，社稷更不堪设想。俗话说得好：'当断不断，反受其乱。'现在剑拔弩张，国家正处在生死存亡的关键时刻，希望大王以果断的方式消灭未来的祸乱。"

杜如晦表示支持。秦王说："不知有多少人这样劝我，难道就不能避免流血吗？我们还有没有其他办法？"

尉迟敬德怒气冲冲地说："现在和大王最亲近的只剩下我们几个人了，齐王还在皇帝面前耍阴谋，说我会打仗，要我率领精锐部队随他出征。有朝一日我带部队离开大王，大祸就要临头。请大王快下决心，先发制人，否则就会为人所制。"

最后，李世民终于做出了起事的决定。王府的会议到半夜才散场，秦王立刻派出千余人分头行动，埋伏在玄武门内外。当时繁星满天，马蹄的"哒哒"声和士兵的脚步声打破了深夜的沉寂。

第二天，李世民谎奏说李建成和李元吉淫乱后宫。唐高祖立即对此事进行调查，打算次日早朝过问此事。次日早上，高祖的一个嫔妃把李世民控告的事通知了他的两位兄弟，他们便决定不去朝廷而直接去见唐高祖，因此打马直奔皇宫，想为自己辩护。

可是这时，李世民领着十二名心腹埋伏在他此时已控制的玄武门阵地。当李建成、李元吉到达宫门入口处的玄武门时，立即被伏兵袭击。李建成被李世民射死,李元吉则被尉迟敬德所杀。之后,李建成和李元吉的几千随从攻打玄武门,但当他们看到两位主子的头被尉迟敬德割下来示众时,便因群龙无首,一哄而散了。

据说,当玄武门事件发生时,唐高祖正在宫内的湖中划船。这时,尉迟敬德全身甲胄、持戈而至,把他两个儿子的死讯告诉了他。李世民用这一戏剧性的手法告诉他父亲:唐朝宫廷内的形势变了,他现在完全控制了局势。

玄武门事件后仅三天,李世民便被立为太子,唐高祖宣布:"今后军国庶事,无论大小,悉委太子处决,然后奏闻。"实际上李世民已经当了皇帝。阴历八月初九,唐高祖放弃了皇位,李世民便做了唐朝的第二位皇帝。第二年正月,改元贞观,"贞观之治"由此开始,中国历史上最繁盛的一个时代也从此开始了。

贞观之治

627—649 年,这段时间是唐太宗统治时期。在这期间,封建统治较为开明,经济发展迅速,社会秩序稳定,历史上把这段时期称为"贞观之治"。

唐太宗经历了隋末农民战争,目睹了强大的隋朝怎样在农民起义的打击中分崩离析,因此他时时注意以隋朝的灭亡为教训,十分重视人民的力量。他常常说"君好比舟,民好比水,水能载舟,亦能覆舟。"因为有了这种认识,唐统治者为了实现长治久安,不得不对人民做出一些让步。

在经济上,唐太宗继续实行均田制。均田制规定:凡十八岁以上的男子,分给口分田(种植谷物的田地,是政府征收田赋的依据）八十亩，永业田（也称"世业田"）二十亩。口分田在农民死后要归还国家，由国家另行分配；永业田则归农民所有，可以买卖或传给子孙。与均田制相适应的赋役制度是租庸调制。租是指每年纳粟二石；庸是指每年服役二十天，可以让农民纳绢代役；调是指每年纳绢二丈、棉三两或布二丈五尺、麻三斤。唐太宗对租庸调制没有进行重大改革，但是在即位后实行了轻徭薄赋的政策，减轻了农民的负担。他尽量减少徭役的征发，即使非征不可的徭役也多改在农闲时征发。如631年，皇太子承乾年满十三岁，需要举行加冠典礼，这样要征发各地的府兵作为仪仗队。唐太宗认为当时正是农忙季节，不应该影响正常农事，于是下诏将冠礼改在秋后农闲时举行。

唐太宗还很重视兴修水利，朝廷设有专门的官员以"掌天下川渎（dú，泛指河川）陂池之政令"，另外还命各地兴修水利。他还经常派使者到各地考察官吏，劝课农桑。

在政治上，唐太宗总结了前代的经验教训，对三省六部制进行了适当变革。唐代的三省是指尚书省、中书省、门下省。尚书省是执行政令的最高行政机关，尚书省下设有吏、户、礼、兵、刑、工六部，尚书省的最高长官是尚书令，因为李世民曾任尚书令，为了避讳，便以左右仆射作为尚书省的最高长官。中书省主要管理军国大事的审议和决定，负责进奏章表、草拟治敕等，因而有"中书出诏令"之说，其最高长官是中书令。门下省的职责是对中书省的决议进行审查，不同意的可以驳回，其长官是侍中。三省六部制的实行巩固了中央集权，行政效率明显提高。也正是因为依靠三省六部制，唐太宗的政令才能畅通。

在地方上，唐实行州县制，设刺史和令为州、县长官。唐太宗十分注重地方官吏的选拔，常把刺史的名字写在寝宫的屏风上，并在每个人的名字下记录他的政绩，以决定奖惩。唐太宗规定，县令须有五品以上的中央官员保举，各州刺史必须由皇帝选拔任命。

为了选拔人才，他还确立了完整的科举制度。科举制度为地主阶级知识分子参与政权提供了机会。唐代科举制已实行分科，其中以进士科最重要。有一次，唐太宗在金殿端门俯视新科进士鱼贯而入的盛况，得意地说："天下英雄，入吾彀（gòu）中矣。"

在文化教育上，唐太宗尊崇儒学。从贞观二年开始以孔子为先圣，在国学中设置庙堂，以备祀典，并下令各州县都置孔子庙。为培养更多通晓儒学的士人，唐太宗大力兴办学校。在朝廷设国子监、弘文馆、崇文馆，在地方设京都学及府、州、县学。国子监规模很大，曾有八千多学生。

唐太宗还十分重视历史的借鉴作用，他曾说："以古为镜，可以知兴替。"因此，在贞观年间，史书编纂取得了重要的成就，编了晋、梁、陈、北齐、北周、隋等朝的史书。除此之外，还开始编修国史。

在个人方面，唐太宗提倡节俭，并以身作则。唐太宗即位后，没有大兴土木，建造新的宫殿，而是住在隋朝时建造的已破旧的宫殿里。628年秋天，大臣们想为唐太宗建造一座楼阁，但是当年发生了天灾，于是唐太宗就把这件事阻止了。在建造自己的陵寝时，唐太宗亲自制定规格：以山为陵，能放得下棺材即可。

经过唐太宗励精图治，唐朝出了政治清明、社会安定、经济发展、文化繁荣的局面。犯罪的人也大大减少了，有一年，全国仅有二十九人被判死刑。天下百姓路不拾遗、夜不闭户，民风淳朴，呈现出太平盛世的景象。

李治即位

　　太宗诏以长孙无忌为太子太师，房乔龄为太傅，萧瑀为太保，李世勣为太子詹事，左卫大将军李大亮为左卫率，于志宁、马周为左庶子，吏部侍郎苏勖（xù）、中书舍人高季辅为右庶子，刑部侍郎张行成为少詹事，褚遂良为宾客。让这批朝廷元老和重臣都做东宫僚属，辅佐新太子。萧瑀和李世勣还兼同中书门下三品，唐官制自此设同中书门下三品。

　　接着，太宗诏遣李泰出京，外任雍州牧、相州都督，降爵为东莱郡王。凡是李泰的亲信都迁官到岭表（岭外）。他拿着李泰过去的表章对大臣们说："李泰文辞美丽，岂非才士？我内心实爱着他，这是卿等都知道的，但为了社稷大计，只好断割私爱。让他离开京师，这也是两全之策。"九月，又将承乾安置到黔州、李泰安置到均州。这样，进一步解除了对李治的威胁，他的储位更加巩固了。

　　此后，太宗每日早朝，命李治跟随左右，让他了解政务，为他即位做准备。太宗又命刘洎（jì）、岑文本、褚遂良、马周轮流到东宫，与李治讲论学问。太宗也随时教导李治，吃饭时教导他要知稼穑之艰难才能常有饭吃；骑马时，教训他要知道让马有劳有逸，不用尽其力，才能常得马骑；乘舟时，对他说"水能载舟，亦能覆舟。民犹如水，君犹如舟"；见李治在树下休息，就告诉他，木从绳就正，君主听从谏就能成为圣君。

　　贞观十七年年底，太宗敕选美女，充实东宫。李治遣于志宁去见太宗，把选美女推辞掉。太宗因此竟怀疑太子仁弱，想改立

855

第三子吴王恪，秘密召见长孙无忌说："公劝我立雉奴（治小名），可雉奴柔弱，恐不能守社稷。吴王恪像我，我想立恪，怎么样？"无忌竭力反对。太宗冷笑说："公因为恪不是你亲甥才反对吗？"无忌据理力争，说："太子仁厚，确是守文良主；储位至重，岂可一再更易！愿陛下郑重考虑。"太宗才打消了更立吴王的念头。

太宗又恐吴王不服李治而生二心，就告诫他说："父子虽是至亲，但犯了罪，天下之法也不能私用。过去汉已立昭帝，燕王旦不服，图谋不轨，霍光杀了他。为人臣子，不可不戒！"

贞观二十二年（648）正月，太宗自撰《帝范》，有《君体》《建亲》《求贤》《审官》《纳谏》《去谗》《戒盈》《崇俭》《赏罚》《务农》《阅武》《崇文》十二篇，把它赐给李治，告诉他"修身治国之道，全在其中"。嘱他谨守国家。

到贞观二十三年四月，太宗病重，嘱咐李治说："李世勣才智有余，但你对他无恩，将来恐不能臣服。现在我将他贬居边远之地，他如果立即就走，等我死后，你再授他仆射，他必感恩图报；他若徘徊顾望，就杀了他。"五月，诏令李世勣出任离长安一千三百四十里的叠州（辖境约相当今甘肃省迭部县及其附近一带）都督。李世勣晓得太宗用意，受诏后，家也不回，就离京而去。

这时萧瑀、房玄龄也都已经去世了，长孙无忌为检校中书令、知尚书、门下省事，褚遂良为中书令。太宗在翠微宫含风殿病榻上召见无忌、褚遂良托付后事，对两人说："朕今日把后事全托付公辈。太子仁孝，公辈好好辅导他！"又对李治说："无忌、遂良在，你不必忧虑！"再嘱咐褚遂良，说："朕得天下，多得无忌出力，朕死后，不要让奸人谗害他！"即命褚遂良起草遗诏。而后，这位一代英主，就与世长辞了，终年五十三岁。

李治抱着长孙无忌号啕大哭，哀痛不已。三天后，发丧太极殿，宣读遗诏。四夷入仕唐朝及来朝贡的使者数百人，闻太宗死，都恸哭，剪发，割面，割耳，流血洒地，表示哀痛。

六月一日，李治即位，史称高宗。时年二十二。

高宗任命长孙无忌为太尉兼检校中书令、同中书门下三品。不久又遵照太宗遗命，调李世勣回京任左仆射。李世勣果然感恩不已，与长孙无忌、褚遂良同心竭力辅佐高宗。

人 彘

武后生性凶悍残虐，有个故事很能说明她的这种性格。那还是太宗朝时，她还在做才人。太宗有一匹马名叫狮子骢（cōng，青白色的马），性情暴烈，没人能制服它。武才人说："我只要有三件东西，就能制服它。"太宗问："哪三件东西？"武才人说："一条铁鞭，一把铁锤，一支匕首。马不听话，我就用铁鞭抽它；再不听话，我就用铁锤锤它；还不听话，我就用匕首刺死它。"她也要用这种凶悍残虐的方法来治御臣下，首先遭殃的是废后王氏和废妃萧氏。

高宗内外政事多与武后商议。武后原有政治野心，又有政治才干，渐渐地骄恣自擅，跟高宗争起权来。高宗被弄得很不高兴，转而想起废后王氏和废妃萧氏的好处来。王皇后、淑妃被废后，被囚在冷宫别院。高宗找了一个机会，瞒着武后，去看望王皇后和萧淑妃。只见囚室严密封闭，只留一个壁洞供递送食物，高宗不觉恻然伤心，在室外呼喊："皇后、淑妃在哪儿？"听得高宗声音，王皇后哭泣起来，回答说："妾等得罪，贬为宫婢，哪能还有尊称！"又哀求说："陛下如果还念旧情，使妾等重见天日，乞求名此院为回心院。"高宗应允说："朕自有处置。"

谁知消息走漏，武后知道了，勃然大怒，跟高宗大吵一场，还想出个狠毒残忍的惩罚王、萧两人的办法，说："叫这两个婆子骨醉！"她矫旨派人将王、萧两人各杖一百，然后斩断了两人手足，叫作"人彘（猪）"，塞进了酒甕（wèng，盛水或酒的陶器）。王、萧两人晓得是武后之谋，萧淑妃大骂："阿武妖猾，到这个地步！我愿下世投生做猫，叫阿武做鼠，扼她的喉！"浸了数日，两人就死了。

来人把萧淑妃的话回了武后，武后又恨又怕，命将已死的王、萧两人的首级割下，又下令宫中不许养猫。可是她仍经常梦见王、萧两人披发沥血来找她算账，吓得她一再迁居，最后不敢再住在长安，徙居到洛阳。

高宗昏庸

杀害了王皇后、萧淑妃，武后巩固了自己在后宫的地位，进一步挟持高宗。高宗昏庸，政事多听她取决，重用武后心腹许敬宗、李义府。许、李两人是唐初出名的奸臣，都在立武后中立了大功。许敬宗出身江寿士族，隋末投奔李密。他为人无行，但写得一手好文章，被秦王召补秦府学士。高宗即位后，被重用，代于志宁为礼部尚书；后因嫁女纳贿，被弹劾降职，但很快召入为卫尉卿、加弘文馆学士，兼修国史，不久复职礼部尚书。许敬宗修国史，歪曲事实，凡恨的人，就写得坏，谁贿赂他，就隐去恶事；处理政事更是顺风阿旨，阴附武后。李义府也以善文章著名，为人也阴险奸猾，平时逢人先笑，但一肚子坏水，只要稍有嫌隙就要暗中陷害。当时的人都说他笑中有刀，因他阴柔而能害人，背后给他起了绰号，叫"李猫"。高宗拜他为中书侍郎、同中书门下三品，监修国史。

许敬宗为了进一步投靠武后，就在王皇后被害后，立即上奏说太子李忠是庶出的，应废庶立嫡，也就是要改立武后的儿子为太子。李忠是高宗长子，永徽三年立为太子，是后宫刘氏所生，没有坚强的靠山，他很知趣地主动提出让位。显庆元年（656），高宗改封李忠为梁王，立武后的长子李弘为太子。从此，武后没有了后宫之忧，集中心思，用驯马法，来对付不合己意的元老勋臣，控制了朝臣。许敬宗、李义府是她最好的帮手。

李义府是个好色之徒。显庆元年，大理寺狱中关进了一个女犯人淳于氏，李义府听说淳于氏很美，就嘱使大理寺丞毕正义枉法放了她，将她收作了小妾。大理卿察觉此事可疑，上奏高宗。高宗诏令给事中刘仁轨复查。李义府怕毕正义供出他来，就逼毕正义在狱中上吊自杀。御史王义方查出李义府的奸事，就整理了李义府拍马屁发迹史和奸事，详细报告给高宗，高宗竟大怒，说王义方毁辱大臣，言辞不逊，把王义方撵出京城，贬到莱州做小官，对李义府的罪行则不闻不问。如此忠奸不分的高宗正好做了武后剪除异己、揽权专擅的驯服工具。

武后擢掇高宗，升许敬宗为侍中、李义府为参知政事兼中书令。许、李两人就迎合武后旨意，诬奏侍中韩瑗、中书令来济勾结褚遂良潜谋不轨。高宗准奏，将褚遂良一贬再贬，韩瑗、来济也被贬为外州刺史。不久，褚遂良、韩瑗忧愤而死。武后在通向执政的道路上，又清除了一个重要障碍。

长孙无忌被害

接着，武后指使许敬宗伺隙构陷长孙无忌。恰巧这时，有人告发太子洗马韦季方结党，高宗命许敬宗审理。许敬宗严刑逼讯，要韦季方攀诬长孙无忌。韦季方被逼不过，自杀，没有死成。

许敬宗竟抓住这个机会，诬奏韦季方想与长孙无忌勾结，陷害忠良，伺机谋反，如今事情败露，畏罪自杀。高宗不信，说："舅舅怎么会谋反！"许敬宗说："臣审得详细，反状已经清楚，陛下还要怀疑，恐非社稷之福。"高宗不禁哭泣起来，说："我家不幸，亲戚间屡有异志，往年高阳公主与房遗爱谋反，如今我舅舅又这样！如果事情真是这样，该怎么办啊？"许敬宗说："房遗爱是个乳臭小儿，成得了什么气候。可无忌与先帝谋取天下，做了三十年宰相，如果一日谋发，谁能挡得了他。请陛下速做决定。"

高宗仍下不了决心，命许敬宗再去详细审问。次日，许敬宗奏说："昨夜季方已承认与无忌同反。季方供说柳爽曾劝无忌立梁王为太子。如今梁王被废，无忌忧恐，为自安之计，才日夜与季方商议谋反。"高宗相信了，又哭泣起来，说："舅舅果真如此，朕绝不忍杀他。杀了他，天下人一定要骂朕，后世一定要骂朕！"许敬宗催促说："古人说：'当断不断，反受其乱。'安危之机，间不容发。陛下若不早决，臣恐变生肘腋，后悔无及！"

高宗于是不再犹豫，也不召问长孙无忌核实，就下诏削去长孙无忌官职及封邑，押送到黔州安置。又废梁王为庶人，贬柳爽到象州（隶属于广西壮族自治区来宾市），贬于志宁到荣州。不久，又派人到黔州逼长孙无忌自杀，到象州杀死柳爽。长孙无忌的子孙近亲被杀的被杀，流放的流放。大唐一代勋臣，在君主专制制度和武后的驯马精神控制下，就这样落得个身死家破的下场。

则天皇帝

唐太宗是个精明能干的皇帝，但是他的儿子高宗却是个庸碌无能的人。唐高宗即位以后，自己不会处理朝政大事，一切靠他的舅父、宰相长孙无忌拿主意。后来，他立了皇后武则天，情况就发生了变化。武则天本来是唐太宗宫里的一个才人（一种妃嫔的称号），十四岁那年，就服侍太宗。当时太宗的御厩里，有匹名马，叫"狮子骢"，长得肥壮可爱，但是性格暴躁，不好驾驭。有一次，唐太宗带着宫妃们去看那匹马，跟大家开玩笑说："你们当中有谁能制服它？"妃子们不敢接嘴，十四岁的武则天勇敢地站了出来，说："陛下，我能！"太宗惊奇地看着她，问她有什么办法。武则天说："只要给我三件东西：第一件是铁鞭，第二件是铁锤，第三件是匕首。它要是调皮，就用鞭子抽它；还不服，就用铁锤敲它的头；如果再捣蛋，就用匕首砍断它的脖子。"唐太宗听了哈哈大笑。他虽然觉得武则天说话有点孩子气，但是也很赞赏她的泼辣性格。

唐太宗死后，按照当时宫廷的规矩，武则天被送进尼姑庵，她当然是极不情愿的。唐高宗在当太子的时候，就看中了武则天，即位两年后，他把武则天从尼姑庵里接出来，封她为昭仪。后来，又想废了原来的王皇后，立武则天做皇后。这件事遭到很多老臣反对，尤其是高宗的舅父长孙无忌，说什么也不同意。武则天私下拉拢一批大臣，在高宗面前支持自己当皇后，有人对高宗说："这是陛下的家事，别人管不着。"唐高宗这才下了决心，把王皇后废了，让武则天当皇后。武则天当了皇后以后，就使出她那果断泼辣的手段，把那些反对她的老臣一个个降职、流放，连长孙无忌也被逼自杀。没多久，那个本来就十分无能的高宗害了一场病，成天头昏眼花，有时候甚至连眼睛都睁不开。唐高宗见武则天能干，又懂得文墨，索性把朝政大事全交给她管了。武则天掌了权，渐渐就不把高宗放在眼里了。高宗想干什么，不经过武则天同意，就干不了。唐高宗心里气恼，有一次跟宰相上官仪说起此事。上官仪是反对武则天掌权的，便趁机说："陛下既然嫌皇后太专断，不如把她废了。"

高宗是个没主意的人，听了上官仪的话，说："好，那就请你去给我起草一道诏书吧。"两个人说的话，被旁边的太监听见了，那些太监都是武则天的心腹，连忙把这件事报告给武则天。等上官仪把起草好的诏书送给高宗时，武则天已经赶到了。她厉声问高宗："这是怎么回事？"唐高宗见了武则天，吓得好像矮了半截，他把上官仪起草的诏书藏在袖子里，结结巴巴地说："我本来没这个意思，都是上官仪教我干的。"武则天立刻下令把上官仪杀了。打那以后，唐高宗上朝，都由武则天在旁边监视，大小政事，都得由皇后点了头才算数。

683 年，高宗死了。武则天先后把两个儿子立为皇帝——中宗李显和睿宗李旦，但他们都不中她的意。她把中宗废了，把睿宗软禁起来，自己以太后名义临朝执政。这一来，又遭到一些大臣和宗室的反对。有个官员徐敬业被武则天降职，他借这个由头，在扬州起兵反对武则天。武则天找宰相裴炎商量。裴炎说："现在皇帝年纪大了，还不让他执政，人家就有了借口，只要太后把政权还给皇帝，徐敬业的叛乱自然会平息。"武则天认为裴炎跟徐敬业一样，都想逼她下台，一气之下，就把裴炎打进牢监，又派出大将带领三十万大军讨伐徐敬业。徐敬业兵少势孤，抵抗了一阵，就失败了。接着，又有两个唐朝宗室——越王李贞和琅琊王李冲起兵反对武则天，也被武则天派兵镇压了。

经过这两场小小的兵变，全国恢复了安宁，没有人再敢反对武则天了。武则天巩固了她的统治，就不再满足太后执政的地位了。有个和尚猜到了太后的心思，伪造了一部佛经，献给武则天。那部佛经里说，武则天是弥勒佛投胎到人世来的。佛祖派她下凡，就是要让她代替唐朝皇帝统治天下。又过了几个月，有个官员名叫傅游艺，联络了关中地区九百多人联名上书，请求太后即位称帝。武则天一面推辞，一面提升了傅游艺的官职。结果，劝她做皇帝的人越来越多。据说当时文武官员、王公贵族、远近百姓、各族首领、和尚道士，上劝进表的有六万多人。

690年九月，武则天接受大家的请求，自称圣神皇帝，改国号为周。她就成了中国历史上唯一的女皇帝。

太子政变

太子李重俊，不是韦后所生，所以不受韦后喜爱。武三思尤忌畏太子，怕对他不利。上官婉儿因武三思的缘故，每下制敕，总是推尊武氏。安乐公主与驸马左卫将军武崇训根本不把太子放在眼里。而且常常欺侮他，甚至呼他为奴。武崇训又教安乐公主要求中宗废弃太子，立自己为皇太女，中宗没有同意。

重俊积愤难平。景龙元年（707）一月初六，他与左羽林大将军李多祚，将军李思冲、李承况、独孤祎、沙吒（zhā）忠义等伪造制敕发羽林千骑兵三百余人，冲进武三思府第，把武三思、武崇训及亲党十余人都杀了。重俊又命左金吾大将军成王李千里及子天水王李禧分兵把守宫城各门，自己与李多祚引兵自肃章门斩关而入，陈兵宫门外，要中宗交出上官婉儿。上官婉儿挑拨说："看他们的意思，是先索婉儿，次索皇后，再索大家（唐宫内称皇帝为大家）。"中宗听信了，便带了韦后、安乐公主和上官婉儿逃到玄武门楼，命右羽林大将军刘景仁率飞骑百余人屯于楼下护驾。杨再思、苏环、李峤与兵部尚书宗楚客、左卫将军纪处讷统兵两千余人屯于太极殿前，闭门自守。

这时李多祚与重俊已领兵赶到玄武门楼下，李多祚要想登楼，守卫的将士不让他上去。李多祚与重俊犹豫了，没有命令士兵进攻。宫闱令杨思勖立在中宗一旁，请求出击，中宗应允了。李多祚的女婿羽林中郎将野呼利统率前锋，没有提防杨思勖突然冲出来，被杨思勖一刀劈死。李多祚军见野呼利被斩，顿时气馁。这时，中宗依着门楼栏杆俯身对千骑说："你们都是我的禁卫，为何跟着李多祚造反！若能立刻反正，不仅不加罪，且有重赏。"于是千骑纷纷倒戈，杀了李多祚、李承况、独孤祎、沙吒忠义，余众溃散。

成王李千里、天水王李禧领兵攻打右廷明门，想杀掉宗楚客和纪处讷，结果不克战死。太子李重俊见势不妙，带了百余骑逃进终南山，走到鄠（hù）西时跟随的仅剩数人了，坐在树下休息时，被跟随的部下所杀。将他的尸体献给中宗请赏。

在审理重俊同党时，犯人中有指出相王，中宗不准追问。自此安乐公主及兵部尚书宗楚客日夜谋害相王，指使侍御史冉祖雍诬告相王及太平公主，说他们都是重俊的同谋，请求逮捕治罪。中宗令吏部侍郎兼御史中丞肖至忠审理，肖至忠哭道："陛下富有四海，不能容纳一弟一妹，而要使人罗织罪状害他们吗？从前相王为太子时，为了要把天下让给陛下，再三坚请太后，不达目的，许多天不进饮食，这是天下人都知道的，为何因冉祖雍一言而猜疑相王呢！"中宗与相王素来友爱，听了肖至忠一番话，便不再提这件事情。

右仆射、中书令魏元忠因武三思擅权，又气愤又忧郁，太子重俊起兵时，在永安门遇到魏元忠的儿子太仆少卿魏升，胁迫他跟随同去，后来魏升被乱兵所杀。中宗因魏元忠是高宗、武后所倚重的老臣，所以没有追查此事。兵部尚书宗楚客、太府卿纪处讷等共证魏元忠与重俊同谋，请诛灭三族。中宗不许。魏元忠害怕了，上表辞官爵，中宗手书免去馔射，以特进、齐公致仕。宗楚客等又指令御史中丞姚廷筠弹劾魏元忠，说他与李多祚等谋反，宜灭族，中宗看了奏章，贬魏元忠为渠州（今四川渠县）司马。宗楚客仍不罢休，又令给事中冉祖雍奏："元忠既犯大逆，不应出任渠州。"杨再思、李峤也同声附和。中宗不高兴了，说："元忠驱使日久，朕特别顾惜宽容，制令已下，岂能一再更改！轻重之权，应自朕出，卿等一再反对，实在不体察朕意了！"杨再思等惶恐谢罪，不敢再说。宗楚客又令监察御史袁守一上表说："重俊乃陛下之子，尚明正典法，元忠非勋非戚，怎得独漏严刑！"于是又贬魏元忠为务川（今贵州务川县）尉。魏元忠行至涪陵，忧愤而卒。

中宗之死

武崇训被杀，安乐公主新寡，神龙二年（708）十一月，中宗又把安乐公主嫁给武承嗣的儿子武延秀。武延秀是武崇训的堂兄弟，仪表秀美，善于歌舞，公主早就喜爱他，及武崇训死，便招武延秀做了驸马。自此，武延秀经常出入宫廷，又和韦后、上官婉儿、安乐公主结成一伙。韦后还和宗楚客、韦巨源等内外勾结，把持朝政，引起朝野普遍不满。

散骑常侍马秦客以医术，光禄少卿杨均以善于烹调，得以经常出入宫廷，结识了韦后，受到格外宠爱。二人做贼心虚，怕一旦事情败露，遭到杀身之祸；安乐公主一直想做皇太女，希望韦后和武则天一样临朝称制；他们都心怀鬼胎，沆瀣一气（比喻臭味相投的人勾结在一起。沆瀣，hàng xiè），阴谋暗害中宗。一天，中宗正在神龙殿批阅奏章，宫女送来一盘馅饼。中宗平时很爱吃饼，拿来便吃，结果，毒发身死。

中宗死后，韦后秘不发丧，自己总理一切。景云元年（710）六月初三，召诸宰相入禁中，征调诸府兵五万人屯驻京城，使驸马都尉韦捷、韦灌、卫尉卿韦璿、左千牛中郎将韦锜（qí）、长安令韦播、郎将高嵩分别统领，中书舍人韦元巡逻六街；又命右监门大将军兼内侍薛思简等带兵五百人驰往均州（今湖北省丹江口市）戍守，以防谯王重福；以刑部尚书裴炎、工部尚书张锡仍为东都留守，吏部尚书张嘉福、中书侍郎岑羲、吏部侍郎崔湜（shí）并同平章事。

太平公主与上官婉儿商议起草遗制，立温王李重茂为皇太子。韦后摄政，相王李旦参谋政事。宗楚客私下对韦后之兄、同中书门下三品韦温说："相王辅政，恐不适宜；自古叔嫂不通问，皇后临朝之际，将何以为礼！"遂率诸宰相上表请皇后临朝，罢相政事。

布置停当，韦后才命将中宗灵柩搬到太极殿，宣布发丧，皇后临朝摄政，进相王李旦为太尉，命韦温总管内外兵马。过了几天，命十六岁的李重茂即位，尊韦后为皇太后，立妃陆氏为皇后。

共诛诸韦

宗楚客与太常卿武延秀、司农卿赵履温、国子祭酒叶静能及诸韦商议，共劝韦后效仿武则天，把南北卫军、内阁要职都交给韦氏子弟担任，广结党羽，内勾外连。宗楚客又秘密上书，称根据图谶，韦氏应革唐命。宗楚客想谋害嗣皇帝李重茂，但畏惧相王和太平公主，便暗中与韦温和安乐公主商议，阴谋除掉二人。兵部侍郎崔日用一向依附韦、武，与宗楚客也有往来，知道他们的阴谋，他怕事情不成功，会连累到自己，便将此事密告了相王第三子、临淄王李隆基。隆基英武多谋，对韦党专权，深为忧虑，暗中召集智勇之士，广结左右羽林军将士，图谋除韦，振兴唐室。他得悉宗楚客等阴谋后，就与太平公主及公主的儿子卫尉卿薛崇简、苑总监钟绍京、尚衣奉御王崇晔、前朝邑尉刘幽求等计议，准备先发制人。恰巧长安令韦播、郎将高嵩受命掌管羽林军，为了立威，动辄鞭挞士兵，羽林军都很怨恨他们。果毅校尉葛福顺、陈元礼向李隆基哭诉，隆基暗示他们谋杀诸韦，二人大喜，愿以死相随。果毅校尉李仙凫也参与商议，要隆基禀明相王，隆基说："我等举兵讨逆，为了社稷，事成福归于王，不成以身殉国，免得

父王受累。今若禀明，倘不依从，反致败事，不如不说为宜。"李仙凫等都以为有理。

六月二十日黄昏，隆基改扮成平民。与刘幽求等进入内苑，跟钟绍京会合。到夜深，葛福顺、李仙凫都来了，隆基一声令下，葛福顺便拔剑直入羽林营，斩了韦播、韦璿、高嵩，大声对羽林兵说："韦后毒死先帝，危害社稷，今夜当共诛诸韦，另立相王以安天下。倘有心怀异端，甘心助逆者，罪及三族。"羽林兵本来就恨诸韦，都欣然从命。

葛福顺把韦璿等首级送与隆基。隆基于是与刘幽求等出禁苑南山，派葛福顺率左羽林营攻击玄德门，李仙凫率右羽林营攻白兽门，约在凌烟阁前会齐。隆基勒兵于玄武门外，三更，即与刘幽求、钟绍京率兵斩关而入，直奔太极殿。守卫中宗灵柩的卫兵都披甲响应。韦后惊慌失措，逃入飞骑营，被飞骑手起一刀，剁作两段，割下首级，向玄宗报功。安乐公主正在对镜画眉，也被军士一刀砍下头来。驸马武延秀被斩于肃章门外。上官婉儿听到有变，随即带着自己起草的立温王、以相王辅政的遗制出来，正好碰到刘幽求进来，便把遗制给他看，表明自己心向帝室。刘幽求便代向隆基求情，免她一死，隆基不许，立即斩首。

内外平定，隆基去见相王，叩头谢不先告之罪，相王抱住哭道："社稷宗庙赖你可存，还有何罪？"于是相王入辅少帝，紧闭宫门和京城城门，分遣羽林军搜捕韦氏亲党。先捉住韦温，斩于东市。中书令宗楚客身穿孝服，骑青驴逃到通化门，守门军士看见，说："你是宗尚书！"扯下驴来，摘去帽子，一刀斩了。宗楚客的弟弟宗晋卿也冒冒失失走来，被守门军士杀了。其余马秦客、杨均、纪处讷等党羽，全都斩首。废韦后为庶人，陈尸市曹（市内商业集中之处）。以临淄王李隆基为平王，统率左右羽林军，钟绍京为中书侍郎，刘幽求为中书舍人。

六月二十三日，太平公主传少帝命，要让位给相王，相王坚辞不受。刘幽求对宋王成器、平王隆基说："相王前已成帝位，众望所归。今人心未定，国家事重，相王岂可再拘于小节，望能早日即位，以安定天下。"隆基说："父王生性恬淡，不惯世事缠身。虽有天下，犹让于人，况亲兄之子，岂肯取代！"刘幽求说："众心不可违！"成器、隆基入见相王，极言人心所向，相王方才应允。次日，少帝传位相王。

相王即位，史称睿宗，大赦天下，改元景云。仍封重茂为温王，追削武三思、武崇训爵谥，斫棺暴尸。追谥雍王李贤为章怀太子，封李贤子李守礼为豳（bīn，在今中国陕西省旬邑县西南）王，恢复故太子李重俊位号，谥为节愍太子。昭雪张柬之、敬晖、桓彦范、崔玄日韦、袁恕己、成王李千里、李多祚等，恢复他们的官爵。所有得罪韦、武，被杀或被流放而死的官吏，统统赐还官阶。进平王李隆基为殿中监、同中书门下三品，中书侍郎钟绍京、黄门侍郎李日知并同中书门下三品。召还姚元之为兵部尚书、宋璟为礼部尚书。贬肖至忠为许州刺史，窦从一（后改名窦怀贞）为濠州司马，崔湜（shí）为华州刺史，郑愔为汴州刺史。

武则天"无字碑"

树碑立传，自古以来已成惯例。然而唐代的武则天却为自己立了一块"无字碑"，一千多年来人们对此猜测种种，成了一大疑案。1984年夏，笔者专程去陕西乾县参观了武则天的陵墓。

武则天陵墓坐落在西安市西北八十公里的乾县梁山上。乾陵是唐朝第三个皇帝高宗李治和武则天同葬的陵墓，高约三十米，傲踞平原之上。墓道随梁山逐级下降，距梁山南百余米处，左右有两座小土山，俗称"奶头山"。由墓道往下走，两旁排列有真人大小的石雕群像。武则天碑和唐高宗碑并列一处，竖立在近朱雀门的地势宽广之处，两碑各高六米左右。西面为"述圣碑"，由武则天撰文、唐中宗书写，碑文歌颂唐高宗的文治武功，东面就是武则天的"无字碑"。"无字碑"看上去并非无字，上面密密麻麻刻有好多文字，但仔细观察，则是宋、金以来人们的题识，估计是他们不耐"无字"之憾而添补的。由于日晒风化，字迹大多模糊不清。但不管怎样，它并没有说清武则天立"无字碑"的用意。看来要真正搞清这个问题，还得追溯到武则天执政年代，以及人们对她一生的评价。

武则天从655年做皇后开始参决政事，到705年被迫退位，前后参与和掌握最高权力达五十年之久。如果从唐高宗死时算起，也有二十一年。武则天是我国历史上唯一的女皇帝，对她的评价素有分歧：有人因她"知人善任"赞赏她的智慧；有人以她做事果敢，钦佩她的勇气；也有人根据她"阴鸷（阴险、凶狠。鸷，zhì）好杀"，咒骂她的残暴；还有人因她内多男宠，痛斥她的荒淫。后人对她立"无字碑"的用意，也是根据评价其功过的倾向而推测的，大致有以下几种看法。

（1）武则天立"无字碑"是用以夸耀自己，表示其功高德大非文字所能表达。其表现在：第一，扶植新兴地主阶级，打击豪门世族。她通过发展科举制度，大量吸收新兴地主进入政治舞台，抑制和削弱豪门对政坛的垄断。第二，奖励农桑、兴修水利、减轻徭役和整顿均田制，使社会经济不断发展，民户数不断增长。第三，破格用人，鼓励各级官吏举荐人才，并虚心纳谏，故"累朝得多士之用"。第四，加强封建国家的边防，改善与边境各族的关系。总之，武则天是一个富有政治理想和才干的人，在统治期间做过许多符合人民利益的事，发展了"贞观之治"，把历史推进一大步，并对后来"开元之治"的全盛起了承前启后的作用，其功绩难以用文字表达。

（2）武则天立"无字碑"是因为自知罪孽太大，感到还是不写碑文为好。第一，武则天以阿谀奉承的手段骗取高宗信任，从地位较低的"才人"，爬到掌握大权的皇后，最后窃据皇位。第二，培养党羽、建立宫廷奸党集团，并打着李唐"朝廷"的旗号，消灭异己。第三，任用酷吏，实行告密和滥刑的恐怖政策。第四，唐初社会经济发展呈马鞍形，而武则天当政时期处于最低处。第五，在她当政期间曾失掉了安西四镇，危害了国家的统一。因此，武则天上台是"历史的一次逆转"，她是无颜为自己立传的，只能用"无字碑"来敷衍搪塞。

（3）"武则天是一个聪明的人，'无字碑'立得真聪明，功过是非让后人去评论，这是最好的办法。"因为武则天有值得肯定的地方，同时也有应该否定的地方。武则天当政时期，贞观以来经济发展的趋势，仍在继续；在处理唐高宗去世前后复杂的局势中，她表现了不平凡的个人才干；就"纳谏"和"用人"这两点，连许多具有封建正统思想的人，也赞叹不已。但是，武则天的消极面也十分突出，她为了巩固个人的地位，任用"酷吏"，滥杀无辜，崇信佛教，奢侈浪费，特别是统治后期，朝廷政治日趋腐败，形成一批为武则天所纵容支持的新的特权贵族。武则天逝世当年已被迫交出权力，还政于唐中宗，她知道自己的一生人们会有各种各样的评价，碑文写好写坏都是难事，因此决定立"无字碑"，功过是非由后世评说。

武则天立"无字碑"为后世人出了道难题，至今人们仍争论不休，难断其故。

宋王让储

睿宗即位后，诸事还算顺利，只有立太子一事，颇费筹思。他有六个儿子，按常例，该立嫡长子成器，而且在则天后光宅元年（684）他做半年多的傀儡皇帝时，已立过成器为太子；但三子平王隆基有讨平韦氏之功，因此到底立长还是立功，睿宗一直犹豫，拿不定主意。

宋王成器知道了父皇的心事，就主动推辞储位，连续几天，流着泪，恳切要把储位让给隆基。

睿宗征询诸王及公卿们的意见，大家都说平王功大，理应成于储位，守中书舍人、参知机务刘幽求说得很干脆："能除天下之祸的，应当享天下之福。平王拯社稷之危，救君亲之难，论功没有人比他更大，论德最贤，这事没什么可犹疑的了。"

于是，睿宗立隆基为太子。授宋王成器为雍州牧、扬州大都督、太子太师。又封其他几个儿子，成义为申王、隆范为岐王、隆业为薛王、加太平公主实封万户。

章怀太子李贤之死

在陕西乾县，有座依傍着梁山，雄伟壮观的陵墓，充分显示了气度恢宏的盛唐景象，它就是唐高宗和武则天的合葬墓——乾陵。在它的东南约三公里处，有一座陪葬墓——章怀太子李贤墓。令人奇怪的是，李贤墓与乾陵另外两座陪葬墓——李贤的侄子懿德太子墓、侄女永泰公主墓相比，不仅规模小，而且形制上也要低一级。

李贤，字明允，是武则天的第二个儿子。他曾为《后汉书》作注，算得上一位颇有名气的学者。然而这位章怀太子死后虽陪葬乾陵，生前却命运坎坷——他被自己的母亲武则天废黜了太子身份并下令杀害。但是，20世纪60年代初，郭沫若在凭吊李贤墓时，却即景赋诗道："乾陵陪葬恩殊渥，母爱深浅莫漫猜。"意思是说，陪葬乾陵是莫大的恩典，不要随便猜疑武则天厚爱儿子的感情。

郭老的诗力反成说，可谓神来之笔。大家知道，郭老是主张为武则天翻案的。为此，他还在1962年创作了著名的历史剧《武则天》。但是，要为武则天翻案，诸多不便之处，须有一个合理解释。

例如，据史书记载，李贤在其兄李弘死后，一度被立为太子，并受命监国。他的才干博得了时人的称誉和高宗的褒奖。但此时，有个叫明崇俨的人，因"左道"受到武后信任，他常说"太子不堪承嗣"云云。同时,宫中又传说李贤是武后之姐韩国夫人生的。武后也一面命北门学士撰《少阳政范》《孝子传》送给李贤,一面"又数作书诮让(责问)之",弄得李贤惶惶不安。为此,李贤写过一首《黄台瓜辞》的诗:"种瓜黄台下,瓜熟子离离。一摘使瓜好,再摘令瓜稀。三摘尤尚可,四摘抱梦归。"反映了他当时惴惴不安的心情,他唯恐自己遭受其兄李弘那样的命运,因而暗示武后:不要杀光自己的儿子,否则你也不会有好处的。后来,明崇俨被杀,武后怀疑是李贤指使人干的,就借机把他废为庶人,迁往巴州。684年武后当政后,即派酷吏丘神勣去巴州杀害了李贤。李贤这样死于非命,大概也是郭老感到需要另作解释的问题之一。

果然,郭老在《我怎样写〈武则天〉》一文中说:"太子贤之死,看来别有原因,是史书上的一笔悬案。"对千余年来武后杀子一案,正式提出了相反的说法。据《资治通鉴》记载,武后派丘神勣前往安置李贤的巴州,"风使杀之"。郭老认为这是没有根据的。因为新旧唐书《章怀太子传》中都没有这四个字。而且,除了当事人以外,司马光或其他人怎么知道武后"风使杀之"的?他认为,武后派丘神勣前往巴州,其实是想召李贤回京师,重新起用。那么,是谁杀害了李贤呢?郭老根据唐人张鷟(zhuó)的《朝野佥载》推测说,李贤是死于中书令裴炎的阴谋。

但是,历史记载既没有提到武后曾准备召回并重新起用李贤,也没有提到裴炎同李贤之死有关。因此,郭老的新说一出,学术界就提出了不同意见,认为它悖于情理。武则天在嗣圣元年(684)二月初六废了中宗(李显,武后第三个儿子),她要是真想重立李贤,为什么不虚位以待?反而在初七把李旦(武后第四个儿子）立为皇帝，到初九才派丘神勣去巴州？裴炎如果真有篡位的野心，为什么不去杀住在京城的李显、李旦和武后，却要舍近求远去杀已被废为庶人的李贤？

自从郭老提出怀疑后，李贤被谁所杀就成了悬案。其实，即使这个怀疑被否定了，也还有一个问题：武后为什么要杀李贤？迄今为止，主要有四种说法：一是"谋反说"，即李贤因私藏兵器、蓄意谋反被杀。二是"母子争权说"，这是说武则天想当皇帝，故而杀了李弘、李贤兄弟。三是"身世说"，认为李贤之死与他生母是武后之姐韩国夫人有关。由于李贤不是武后亲生子，所以武后对立他为太子，本来就很勉强。而当李贤知道自己的出生秘密后，自然也就难免摆脱被废、被杀的命运。四是"遭谗说"，此说的根据除了上述明崇俨的谗言外，更重要的证据是1972年出土的《章怀太子李贤墓志铭》。它用汉武帝听信江充谗言杀害太子刘据、晋惠帝听信贾后谗言废掉愍怀太子司马通、晋献公听信骊姬谗言杀害申生的典故，暗示李贤是遭谗言构陷而被杀的。

章怀太子究竟死于何人之手？如果死于武后之手，那么她为什么要杀死自己的儿子？看来一时还难以做定论。武则天在她的墓前立了一块"无字碑"，意思是把她一生的事业功过，都付与后人评说。或许，武则天杀掉自己儿子的原因及其是非曲直，这个谜也是她立"无字碑"，想交给后人评说的内容之一吧？

太平公主权倾朝野

太平公主是武则天的女儿，在朝廷中声名显赫。

宰相张柬之等人诛杀武则天男宠张易之、张昌宗兄弟的时候，太平公主功劳很大。而后她又和太子李隆基一起诛灭了韦氏，地位更加尊崇，唐睿宗李旦经常和她商议朝中大事。朝中群臣自宰相以下，升官和贬职都由太平公主一句话决定，由她举荐而担任要职的官员更是不计其数。她的权势甚至超过了睿宗皇帝，每天都有许多人到她的府邸拜访，门庭若市。

睿宗李旦也和中宗李显一样，是个软弱无能的皇帝，他不愿与太平公主发生冲突，总是忍让。随着势力的逐渐强大，太平公主的野心也膨胀了起来，但她忌惮太子李隆基，经常在睿宗面前挑拨，让他废掉太子。睿宗生性淡泊，又喜好道术，他汲取以往宫廷变乱的教训，听了太平公主的话之后，反而打算让出帝位，以避免灾祸。

712年，唐睿宗李旦颁发制命，决定将皇帝位传给太子李隆基，李隆基上表坚决推辞。而太平公主则劝说李旦，最好在禅让之后，还亲自执掌朝政大事。同年11月，李隆基即皇帝位，是为唐玄宗，将唐睿宗遵奉为太上皇，凡涉及三品以上官员的任命以及重大的刑狱政务仍由太上皇决定，其余政务均由李隆基决断。此后，太平公主倚仗太上皇的势力，继续专擅朝政，与玄宗的矛盾日益加剧。

朝中七位宰相，有五位出自太平公主门下，超过一半的文臣武将都依附于她。太平公主与同党们开始谋划要废掉玄宗。713年，唐玄宗李隆基果断地先下了手，他亲自率领兵马除掉了太平公主的党羽几十人，将倾向太平公主的官员全部罢官废黜。太平公主逃进山寺，过了三天才出来。唐玄宗下诏赐她在家中自尽，她的儿子也被处死。他还下令将太平公主的所有财产没收充公，在抄家时发现公主家中财物堆积如山，珍宝器玩可以与皇家府库相媲美，厩中牧养的牛马和出租田宅的利息，没收后几年内都使用不尽。

随后，太上皇睿宗颁布诰命，宣布从现在开始，军政国事、刑赏教化等事情都由皇帝决定，自己移居百福殿，不再过问政事。

开元盛世

杜甫诗说："忆昔开元全盛日，小邑犹藏万家室，稻米流脂粟米白，公私仓廪俱丰实。"他用朴素的文笔为我们描绘了大唐盛世的景象。

据文献记载，天宝八年（749）全国各主要粮仓藏粮一千二百六十五万六千六百二十石，其中尤以洛阳含嘉仓最多，有五百八十三万三千四百石。1971年，我国的考古工作者发掘了含嘉仓的遗址，仓址面积达四十二万平方米，约有四百个粮窖，大的可以储粮两万多石。出土的铭砖上刻写的仓粮来源，除今河北、山东外，还包括南方的苏州、楚州、滁州。其中有苏州地名的一块，写有一次进仓糙米一万三千万多石的字样。有一个窖里，还残存炭化的谷子，正是当年仓廪丰实的见证。

手工业也发展起来。当时纺织的技术很高，如长安生产的罗非常精致，唐朝诗人把长安的罗比作天空的云彩，李商隐曾有"万里云罗一雁飞"的诗句。从新疆阿斯塔古墓出土的唐朝白地绿花罗，可以让人真实地看到当时织罗的精湛技术。这块罗的经纬线细如毫发，光洁的罗面印着翠绿的枝叶，当微风掠过，轻罗如云雾缭绕，似香烟飘浮。还有一种染色工艺，叫夹缬（将织物夹持于镂空板之间加以紧固，浸入染缸，刻板留有让染料流入的沟槽，让布料染色，被夹紧的部分则保留本色。缬，xié）。吐鲁番出土的文物中有夹缬被子，白居易诗曾提到"成都新夹缬"。所谓"新夹缬"，就是用两块镂花板把要染的织物夹起来，然后上色，上完色后，再把镂花板去掉，显露出白色镂花。

茶叶焙制技术在当时也十分发达。南北朝时期，饮茶之风主要在长江以南，到了唐朝，由于南北经济的交流，饮茶风靡全国。唐朝的名茶至少有二十多种。茶叶不仅是国内各地最畅销的商品，还有一部分远销新罗和日本，深受国际友人的欢迎。

造纸业也很发达。当时益州出产大小黄白麻纸，宜州出产细白黄状纸，此外，常州、均州也盛产各种纸张。

金银细工制作也比较发达。现在出土的唐代金银器皿十分精美，令人惊叹。现在就以1970年西安南郊何家村发现的一批器皿为例，略作说明。从这批文物看，切削、抛光、焊接、铆、镀、刻画等工艺，都已普遍使用；焊口平直，焊缝不易发现；镂刻精细，螺纹清晰。据有经验的鉴定者判断，当时已使用了简单的工作机，尽管它的动力是手摇足踏，但仍是近代机床的雏形。一只纯金的碗，四周锤打出许多花瓣，在瓣上刻出精美的叶子和各种姿态的凤凰，碗底也雕出美丽的花纹。一个镂空的银熏球，中间用两个机环架起来，转轴相互垂直，里层放置香料，生了火，不论把球体怎样转动，里层都会跟着转，不会侧转倒翻，这和现代航空陀螺仪的万向支架原理完全一样。熏球是贵族的生活用品，然而它却反映了我国古代劳动人民的智慧，可以说是今天飞机、导弹和航海上普遍使用的陀螺仪的前身。

交通运输情况也有所改善。在黄河三门峡地区，凿通了开元新河，减轻了运船通过险滩的困难。长安、洛阳一线，西到岐州，东到宋州、汴州，沿路都有客店提供食宿。店中出租驴子，供客商骑乘，叫作"驿驴"。再远一点，南往荆襄，北到太原、范阳，西南入川中，西北去凉州，路上也都有店家，供商旅歇宿。运河沿线，水运便利。运河和长江交汇点上的扬州，发展成为繁华的城市；又因海道航运活跃，大食（对阿拉伯人、阿拉伯帝国的专称；对阿拉伯、伊朗穆斯林的泛称）、波斯（今伊朗）的商人由海入江，直达扬州，它又成为海洋航线的终点。国内贸易，靠着长江本流及其支流往来不绝。远在蜀中的成都，也成为南方仅次于扬州的繁华城市。洛阳位于长安到幽州、登州、扬州的驿路汇合点上，又是南北运河的中心。江淮的粮食和绢大部分囤积在洛阳附近，然后再转运到长安等地。由于洛阳繁荣，有的皇帝就长期住在这里，武则天就是这样。

商业的发达促进了造船业的发达和航海技术的进步。当时最大的海船长达二十丈，可载六七百人，船里设备相当完善，上面有武器、药品和其他生活用品。在航海技术上，无论在印度洋还是太平洋航行，都能运用季节风。到大食、波斯的船只，"去以十、十一、十二月，就北风；来以五月、六月，就南风"（《萍洲可谈》卷二）。往返于日本的舶只，也利用季节风。

唐朝对外贸易空前发展，除了有管理陆上贸易的机构以外，更在广州设置市舶使，这是中国历史上的第一个海关机构，其职责是管理外国船只及外商的一切事务，检查外国船的商品、征收关税、保护外商、检查出港商船等。另一方面，也管理唐朝开往国外的商只，检查货物、征收关税、登记船舶起程及归程时间。日本、新罗商人在唐朝居住者甚多，广州、扬州、明州、登州、泉州、楚州、长安等地都设蕃坊，用以外商居留，并在法律上予以优待。

唐朝著名的外贸港口是广州、扬州、交州、泉州、明州等,其中以广州最大。自两汉以来,广州就是南方门户。到了隋唐时期,广州不仅是全国第一大港,而且成为世界大港,各国的商人络绎不绝。据统计,唐朝时,广州每天平均有十一只船舶到达,一年四千余只。在广州设有蕃坊,专门居住外国商人,设置蕃长、都蕃长管理蕃商事务。都蕃长除了管理蕃商事务以外,还协助唐政府招揽外商。当时在广州居住的有波斯人、天竺(对当今印度和其他印度次大陆国家的统称)人、狮子国(斯里兰卡的古代名称)人、真腊(在今柬埔寨境内,是中国古代史书对中南半岛吉蔑王国的称呼)人等共十多万。

当时出口的商品主要是各种丝织品、陶瓷、茶叶和纸张等;进口货物主要是珍珠、宝石、香料、药品、犀角、象牙等。唐朝对外贸易的范围扩大到亚洲大部和欧洲、非洲的一部分地区。

在开元年间和天宝初年,唐朝的边疆地区是安定的,唐和国内各少数民族保持着密切的联系。唐政府或对边疆地区建立直接的统治,或册封兄弟民族首领为一方君长,关系是密切的,形势是安定的。有些兄弟民族的首领曾发动过掠夺战争,如吐蕃;有的不满于唐朝地方官吏,起而反抗,如契丹,但都没有破坏总的和平形势。唐朝为了更好地控制边疆地区,又逐步建立了十个军事重镇,即所谓的十节度。十镇兵额共四十九万人,马八万余匹,这是唐极盛时控制边疆的武力状况。

“开元盛世”不仅是唐朝社会政治经济的顶点,也是中国整个封建社会在各个方面最为强盛、发达的时期。

李林甫专权

姚崇、宋璟罢相后，张嘉贞、张说、李元纮（fú）、杜暹（xiān）等相继为相。这些人虽不及姚、宋，但也各有所长，都能直言诤谏，补救缺政。吏部侍郎李林甫早就觊觎相位。李林甫原是唐廷宗室，他表面上柔和谦恭，内心却奸刁狡诈，阴险毒辣。为了做宰相，他广泛结交妃嫔宦官，探听玄宗的动静，所以每次奏对，都能迎合玄宗的心理，很讨玄宗的欢喜。

李林甫知道玄宗的宠妃武惠妃想为自己的亲生儿子寿王李瑁谋夺太子地位，就向高力士表示自己愿意出力。高力士告诉了武惠妃，武惠妃十分感激，就经常在玄宗面前替李林甫说好话，李林甫开始受宠。

开元二十年（734）五月，玄宗任命裴耀卿为侍中，张九龄为中书令，李林甫为礼部尚书，同中书门下三品，贵为宰相。

李林甫任宰相后，开始排挤左右，制造了一系列冤案，陷害忠良。但玄宗对李林甫信任不减。天宝六年十二月，玄宗命百官把各地交来的贡品都送到尚书省，既而又都赐给李林甫，可见李林甫受宠之至。李林甫更加专横跋扈，左右没有一个敢向他说"不"。

李林甫深知自己结怨甚多，常常担心别人行刺，出门则有步骑百余人为左右翼，经过的地方都要戒严，公卿都要避道。居住的地方则是重关复壁，用大石块铺地，墙壁里也要夹一层木板，如防大敌，睡觉一夜要换几个地方，就是家里人也不知他睡在哪里。

李林甫独揽朝政，堵塞言路，排斥异己，以酷吏为刀斧，残害正直的朝臣数百，致使朝野钳口（闭口），皇太子也为之恐惧。李林甫的权势日炽一日，朝政败坏也日甚一日。

天宝六年（747）正月，玄宗欲广求天下贤能之士，于是命天下通艺者均至京师测试。李林甫恐草野之士在对策中揭露其奸恶，遂命郡县长官从严从难考试，出类拔萃者，写名籍送省；然后委派尚书复试，由御史中丞监试，取其中名实相副者奏上。诸人至京师后，皆试以诗、赋、论，竟无一人及第。李林甫于是上表祝贺野无遗贤（有才能的人都受到任用）。

玄宗不识其奸，反以为能。有一天，他对太监高力士说："现在海内太平，我想安居无为，委国政给李林甫，你看如何？"

高力士为之一惊，说："天下权柄，怎能轻易给人呢?！"顿了顿又补充说："他若养成威势，一旦有变，谁还敢说个'不'字呢！"

玄宗怏怏不快。高力士连忙谢罪，说自己胡说，该死该死。

高力士本是玄宗的心腹，对于他说的话，玄宗往常是言听计从的。这时，玄宗无心于朝政，沉湎于声色，骄侈起来，连高力士的话也听不进去了。最后导致天下大乱，而玄宗始终没有醒悟。

安史之乱

唐玄宗在位时，为了加强边境防御，在重要的边境地区设立了十个军镇（也叫作藩镇），军镇的长官叫节度使。这些节度使除了带领军队，还兼管行政和财政，权力很大，地位很重要。李林甫掌权以后，不但排挤朝廷的文官，还猜忌边境的节度使。为了避免边境将领谋反，唐玄宗听从李林甫的建议，提拔了一些胡人当节度使。在这些胡族节度使中，唐玄宗、李林甫特别器重平卢节度使安禄山。安禄山通过各种手段取得唐玄宗的信任,除了范阳、平卢外,又兼了河东节度使,控制了北方边境的大部分地区。他秘密扩充兵力,组成一支精兵,准备叛乱。

没多久,李林甫病死了,唐玄宗宠妃杨玉环的同族哥哥杨国忠接任了宰相。安禄山和杨国忠两人都不把对方放在眼里,矛盾日益激化。

天宝十四年(755)十一月九日,安禄山发兵十五万,号称二十万,在范阳发动叛乱,以"奉密旨讨杨国忠"为名,挥军南

下。大队的步骑兵在广阔的河北平原上，展开了队形，尘灰蔽天，鼓噪震地，一路上竟没有人敢抵抗。十二月初二（755年1月8日），战车已在灵昌渡过了黄河。

安禄山叛乱的消息传到长安，玄宗还当是谣言。十一月十五日得到确切讯息，满朝文武无不大惊失色。那个死到临头的杨国忠却洋洋得意，自以为有先见之明，还夸口预料叛军必生内变，不过十天，安禄山必被部下所杀。玄宗于惊慌之中，听了这样乐观的猜想，正合心意，不禁释然。

当时安西节度使封常清正在长安，玄宗便派他赶往洛阳，募兵抵御。接着又在长安招了一些兵，连同原来的禁军，凑了5万人马，交给高仙芝带领，屯驻陕州。同时，派使者到朔方、河西、陇右，令各镇除留城堡成兵外，悉数内调。然而形势急转直下，河南的危局已经无法挽救了。

叛军既野蛮又残暴，他们"每破一城，城中衣服、财贿、妇人皆为所掠。男子壮者为之负担，羸病老弱，皆以槊戏杀之"。荥阳是当年刘邦、项羽相持的古战场，这时守城的却只有些文吏弱卒。守城士卒听到叛军的鼓角声，不觉纷纷从城上掉了下去。叛军占了荥阳以后，继续向东都进攻。封常清率众与叛军在武牢一战，大败，东都失守。封常清和高仙芝退守潼关。由于叛军所到之处，烧杀抢掠，在叛军的后方，掀起了反击叛军的斗争。平原太守颜真卿、常山太守颜杲卿首先起兵。河北诸郡立即响应，十七郡又重新归顺朝廷。安禄山在河北只剩下六郡之地，被迫停止进攻潼关。常山的颜杲卿起兵八天，叛将史思明便以优势兵力来攻，常山城陷，颜杲卿被俘。他被押送到东都后，大骂安禄山，慷慨就义。平原太守颜真卿，尽募勇士，十天得一万多人。

封常清和高仙芝退守潼关，以确保首都，这本来是必要的，但是宦官边令城却向唐玄宗进谗言，诬陷封常清夸大敌情，动摇人心，又说高仙芝丢失国土，扣发军饷。玄宗偏信边令城的一面之词，命令边令城在军中杀了高仙芝和封常清，以哥舒翰为兵马副元帅，将兵八万讨伐安禄山。

天宝十五载（756）正月，安禄山自称大燕皇帝，改元圣武。不久，攻陷东都洛阳。二月，颜真卿领兵联合清河、博平两郡兵马，大破叛军，攻克魏都（今河北大名）。河北唐军的声威，从此大振。同时，唐以李光弼为河东节度使，他收复了常山，打败了史思明，并夺回七县。朔方节度使郭子仪率兵在常山和李光弼会师，共有兵马十余万人，迫使叛将史思明退守博陵。河北人民为了保家，自发组织起来，大则一两万人，小则数千人，各自抵抗叛军的侵扰。唐军在河北取得主动地位。郭子仪、李光弼又大破史思明于恒阳城，斩首四万余人。史思明坠马，扶断枪逃入营中。郭子仪进攻博陵，军威大振，河北十余郡纷纷杀叛军守将，归顺朝廷。唐军的胜利，使安禄山惶恐万分，决定离开东都。

血战睢阳

至德二年（757）正月二十五日，尹子奇率妫、檀及同罗、奚兵十三万攻睢阳（今河南商丘），以便南取江、淮。睢阳太守许远向河南节度副使张巡告急，张巡自宁陵引兵入睢阳。

张巡，进士出身，博览群书，精通战阵。在守雍丘（今河南杞县）时，以千余兵力与敌数万作战，常常出其不意袭击敌人，几个月中歼敌万余，因功授为河南节度副使。

张巡带到睢阳的兵马，只有三千人，与睢阳原有守军加在一起，也不过六千八百人。这点儿人马要敌十三万叛军，在数量上处于绝对劣势，但因他指挥得当，经过十六昼夜苦战，擒敌将六十余人，杀敌二万余。许远非常钦佩张巡的指挥才能，便请张巡负责指挥作战，自己愿做后备，张巡爽快地答应了。

三月，尹子奇又调集大军再攻睢阳。张巡激励将士们说："我受国恩，为国守城，是完全应该的。但诸君为国捐躯，我却不能加赏你们，深感痛心。"将士们深受感动，纷纷请求出战。张巡便杀牛宰羊，大飨（xiǎng，用酒食招待）士卒。食毕，尽数出城作战。张巡亲执大旗，身先士卒，直冲敌阵。敌军毫无准备，往后溃退，官军奋勇厮杀，斩叛三十余，杀敌三千余，叛军溃退数十里。

张巡守睢阳，将近十个月，城中食尽，众议弃城东走，张巡与许远商议，以为睢阳是江淮保障，若弃之而去，贼必乘胜而进，且士卒都饥疲羸弱，也冲不出去，不如坐守待援。这时，城里连茶纸都吃尽了，便杀马吃；马吃尽了，又捉鸟雀和老鼠吃；鼠雀没有了，张巡将爱妾杀了给士卒吃，许远也杀了家奴给士卒吃。城中人自知必死，但没有一个叛变投降的。

至德二年十月初九，贼军登城，将士们都饥饿病弱得动也不能动了，张巡与许远等都被叛军捉住。尹子奇问张巡："听说你每战皆裂齿碎，是什么原因？"张巡说："我志吞逆贼，但恨力不从心！"尹子奇被张巡的气节所感动，不想杀他，部下都说："他是个守节之士，终不为我用。且他深得人心，还是杀了的好，以免后患。"于是把张巡与南霁云、雷万春等三十六人都杀害了。张巡临刑，颜色不变，神情如常。

收复两京

在张巡苦战的同时，肃宗接受李泌的意见，在至德二年（757）二月，移驾凤翔（旧址在今陕西雍县），以示进取。肃宗到了凤翔，果然前方士气大振，陇右、河西、安西、西域之兵都陆续到达凤翔，江淮漕运也经汉水通到洋州（今陕西西乡）、汉中（今陕西汉中），长安人听说肃宗到凤翔，纷纷逃来，昼夜不绝。

李泌请派安西及西域之兵按原定计划取范阳，肃宗坚持要先收复两京。于是各路兵马奉命进战，结果几路人马出战都不顺利，郭子仪派其子郭旰攻潼关，得而复失，败退河东；王思礼出战不利，退守扶风，叛军乘胜追击，前锋抵达太和关（今陕西岐山西北），离凤翔只有五十里。

败报一日三传，凤翔震骇，全城戒严。肃宗传令，命郭子仪速来凤翔护驾。郭子仪一到凤翔，肃宗任命他为副元帅，令兵再攻长安。郭子仪请向回纥借兵，肃宗同意，一面命元帅广平王李俶（tì）调集朔方、西域等军，一面遣使去回纥。

回纥怀仁可汗有心与唐和好，立刻遣其子叶护率精兵四千余至凤翔，肃宗当即召见，厚礼相待，并当面与叶护约定："克城之日，土地人民归唐，金帛子女归回纥。"又令广平王李俶与叶护结为兄弟。

至德二年（757）九月十二日，李俶率朔方军及回纥、西域等军十五万，号称二十万，从凤翔出发，十七日至长安西香积寺北沣（fēng）水东摆开阵势：李嗣业为前锋，郭子仪为中军，王思礼为后军。叛军十万布阵于沣水之北，叛将李归仁出阵挑战。李嗣业执长刀，身先士卒，大呼奋击，杀敌数十人。诸军齐进，奋勇杀贼。

李归仁事先在阵东埋伏一支精骑，准备袭击官军后背，被朔方左厢兵马使仆固怀恩发觉，引回纥精骑出击消灭，叛军由此气馁。李嗣业又要回纥骑兵会合，出敌阵后，与大军夹击，自午时战到酉时，斩敌六万余，叛军大败，逃进城去。

到了夜里，只听城内喧嚣之声不绝，仆固怀恩马上去见李俶，说："贼必弃城走了，请允许我率二百骑追击，必能捉住安守忠、李归仁等。"李俶说："将军疲劳了。先休息，等明天再说。"怀恩说："战事贵在神速，何必等到明天。"李俶不听，叫怀恩回营。待到天明，有探马来报，安守忠、李归仁与张通儒、田乾真都连夜逃走了。怀恩听说，叹息不已。

九月二十八日，官军进入长安。回纥叶护来见李俶，请履行前约，准予掳掠金帛子女。李俶跪在叶护马前，再拜说："今刚克西京，便行掳掠，则东京人民必助贼死战，请到东京后再遵前约。"叶护爽快地同意了，即与怀恩引回纥、西域之兵绕城而过，扎营浐水（源出陕西蓝田西南秦岭山中。浐，chǎn）之东。李俶整军入城，百姓携老扶幼，夹道欢呼。李俶留长安三日，引大军东进，留太子少傅虢王李巨为西京留守。

三十日，捷报传到凤翔，百官向肃宗祝贺。肃宗一面遣人入蜀奏禀玄宗，请他回京；一面命左仆射裴冕去京师祭祀宗庙和安抚百姓。

东进官军，在郭子仪率领下，追击叛军到潼关，斩敌五千余，连克华阴、弘农二郡，兵锋所向，直指陕州。盘踞在洛阳的安庆绪，尽发洛阳兵十五万，由严庄率领着往救陕州，与张通儒等共拒官军。十月十五日，郭子仪等抵达新店，遇叛军依山布阵，郭子仪等初战不利，正危急时，回纥精骑突然从南山击敌后背，叛军大惊，高呼："回纥兵来了！"立即溃退。官军与回纥兵两面夹击，叛军大败。严庄、张通儒连陕州也不敢进，逃回洛阳。

安庆绪见严庄败回，惊惶不安，十六日夜，杀唐将哥舒翰、程千里等三十余人，率领党徒，偷偷地出了苑门，逃往河北。

回纥兵争先拥进洛阳，大肆抢掠，可怜洛阳百姓前番已遭叛军蹂躏，这次又遇回纥兵逞凶，家家儿啼女哭，家财尽空。回纥兵足足骚扰了两昼夜，还不满足，后来南城中父老募集了罗锦万匹送给他们，方才罢休。

洛阳既复，李泌再次请求回山。在收复长安后，李泌就请求回山，肃宗问他为什么要走，李泌说："臣遇陛下太早，陛下宠臣太深，臣权太重，功太高，迹太奇，所以不可留。"肃宗说："夜深了，先睡觉，以后再商量。"李泌说："今陛下与臣同榻而眠，臣尚不敢尽言，何况他日宠衰。"肃宗问他还有什么话不敢说，李泌就说是关于建宁王李倓（tán）的事情。原来李倓因得罪了肃宗宠妃张良娣，被张良娣和宦官李辅国进谗，肃宗一怒，命李倓自裁。李泌说了李倓冤死的真相后，又举武则天杀太子李弘和雍王李贤的故事，劝肃宗不可再犯这样的错误。李泌说这番话的用意，是因为广平王李俶功高，引起张良娣的妒恨，暗中散布流言，所以特意提醒肃宗。李泌坚决要求归山，肃宗也没有办法，只好让他回衡山。

藩镇割据

安史之乱虽然平定，藩镇割据的形势却从此形成。唐代宗在战争结束之初就继续任命安史降将张忠志为成德节度使，赐姓名李宝臣，薛嵩为相卫节度使，李怀仙为幽州节度使，田承嗣为魏博节度使。安史之乱过程中及平定战乱后，唐朝军将亦几乎都授以节度使之名，内地也先后建立军区，藩镇制度因此进一步推广。遍于各地的节度使中，虽然有服从君命、臣事中央的人，但不少藩镇都具有不同程度的割据性，其中最严重的是成德、卢龙、魏博三镇，统称"河朔三镇"。淄青镇与上述三镇情况完全相同。这些节度使父死子继，自署将吏，缮（shàn，整治）邑治兵，目无朝廷，他们"喜则连衡而叛上，怒则以力而相并"，酿成了战火连年、国无宁日的局面。有的藩镇干脆不供王赋，有的则大量占有转送中央的贡赋，上供中央的赋税亦很有限。其中，中央同藩镇间发生过三次大规模的战争。第一次，唐德宗力图平藩，引起了"二帝四王"之乱；第二次唐宪宗大举用兵，平定了不少藩镇；第三次，唐武宗平泽潞。

德宗即位之初，建中二年（781）正月，成德节度使李宝臣私自向朝廷请求袭其父位，唐德宗坚决拒绝这种无理要求，于是李惟岳遂起兵反唐。七月李正已死，八月子李纳亦请袭父位，德宗不允，李纳遂反。战事日益扩大，卷进来的藩镇越来越多，其中有四人称王，两人称帝，即朱滔称冀王，王武俊称赵王，田悦称魏王，李纳称齐王，朱泚（bǐ）称秦帝，李希烈称楚帝。德宗一度逃往奉天（今陕西乾县），后又奔梁州（今陕西汉中），是为"二帝四王"

之乱。这次战争持续了五年之久，朱泚和李希烈等虽先后败死，唐朝却与其余藩镇妥协，条件是藩帅取消王号，朝廷承认他们在当地的统治权。德宗对藩镇的态度由坚决讨伐转变为姑息妥协。从此，有些节度使父死子继、兄终弟立成为惯例，割据局面进一步深化。

元和九年（814）闰八月，彰义节度使吴少阳死，其子吴元济匿丧自为留后，四出焚掠，关东震骇，乱兵直抵洛阳近郊。朝廷以淮西为心腹重地，关系江淮漕运，亟欲收复。当月，发宣武等十六道兵进讨吴元济。但先后担任主帅的严绶、韩弘都腐败无能，督战不力，加以各道兵均由宦官监军，诸将不能自主，征战不利。十二（817）年八月，宪宗以裴度为淮西宣慰处置使，命其赴前线行营督战。裴度奏罢以宦官充任的监军，诸将始得专军事，战多有功。十月，率军雪夜奇袭蔡州，活捉吴元济，淮西乱平。在这次胜利的影响下，很多潘镇相继归命，后又平定了淄青节度使李师道。宪宗虽然能够平定部分藩镇的叛乱，却不能从根本上消除产生割据的根源，因而取得的成就并不巩固。元和十五年宪宗去世后，短短的两年中，卢龙、成德、魏博、淄青、泽潞、徐泗、汴宋、浙西等镇又纷纷发生变乱或不禀朝命。

843年泽潞节度使又发动叛乱，这是唐末最后一次大的藩镇割据战争。

泽潞节度使刘从谏与朝廷素相猜恨。会昌三年（843）从谏卒，侄刘稹（zhěn）请为留后，武宗采纳宰相李德裕建议，发兵进讨朝廷平定了泽潞。武宗以后，中央再也无力与藩镇进行较量，藩镇内部骄兵逐帅日见频繁，抵消了不少力量，双方在相当长的时期中未发生重大的战争。

连续不断、此起彼伏的藩镇战争给社会经济和人民生活带来了严重的后果，人民流离失所，大片田地荒芜，而且由于唐代后期朝廷与藩镇各自扩大自己的兵力，唐宪宗元和中，朝廷直接控制的地区平均以两户资一兵，大大加重了人民的负担。节度使在本镇勾结豪强地主对人民进行横暴的统治，战争和重敛使生产遭到严重破坏。藩镇割据一直持续到唐末都没有改变。

王仙芝、黄巢起义

咸通十四年（873）秋天，唐懿宗死了，他的第五个儿子李儇（xuān）在宦官田令孜的扶持下当了皇帝。这位新登基的皇帝，就是唐僖宗。这位皇帝最喜欢的是声色犬马，斗鸡打球。他自以为是球场上的状元，曾叫田令孜的胞兄陈敬瑄（xuàn）等四人打球，来赌西川节度使的官位。后来陈敬瑄得胜，就被任命为西川节度使，简直把国家大事当成儿戏。

僖宗还常与亲王斗鹅，一只鹅的输赢是五十万钱，可见这个皇帝的昏庸腐败。

乾符二年（875）八月，有一群蝗虫从东方飞向西方，像乌云一样遮天盖地，所到之处，庄稼都被吃光，最后在长安停下。京兆尹谎报说："这批蝗虫不吃庄稼，都抱住荆棘自己死掉了。"宰相也带领百官向皇帝祝贺，说这是五谷丰登的预兆。这种自欺欺人的奇谈怪论，在朝廷里还有很多。

实际上，长期以来，由于政治腐败、水利失修，唐末自然灾害更加严重，无数百姓饿死。农民被迫揭竿而起，其中最著名的是王仙芝、黄巢领导的起义军。

黄巢是山东冤句（今山东曹县西北）人，小时就读私塾，因山东多出武林中人，他更偏爱弄枪使棒、骑马射箭，练就了一身好武艺。一年，他同众多的读书人一样到长安参加科举考试，没有考中。后来又参加武举考试，本来他可以拿头名，就因为他没有靠山，长得又黑，面貌丑陋，结果还是名落孙山。黄巢一气之下，回到旅店写了一首咏《不第赋菊》诗留在墙上，怀恨而去。这首诗是这样写的：

待得秋来九月八，我花开后百花杀；冲天香阵透长安，满城尽带黄金甲。

在这首诗里，他用菊花比喻自己，想象总有一天，在百花凋谢的时节，他要像菊花那样傲霜怒放，用冲天的香气笼罩长安，暗示了他要推翻黑暗腐朽的唐王朝统治、创建自己事业的坚定决心和英勇气概。

黄巢和王仙芝都做过私盐贩子。私盐贩子奔走各地，熟悉关塞险阻、道路等。义军初举时，王仙芝自称天补平均大将军，派人四处散发檄文，揭露朝廷官吏的贪污腐败，指出现实社会贫富悬殊的不平等，号召人民起来推翻昏庸腐朽的唐朝政府。这个号召得到了广大贫苦农民的积极响应，起义队伍迅速发展起来。起义大军转战山东、河南一带，接连攻占了许多州县。每到一处，起义军开仓放粮、严惩贪官污吏，得到广大贫苦百姓的热烈拥护。这样起义队伍越来越壮大，引起了唐朝中央政府的极度恐慌，下令各地政府组织军队前去镇压，却毫无效果，起义军的声势日益壮大。

但是，王仙芝却在这个时候动摇了，他贪图富贵，早把"平均"二字忘得干干净净了。当义军攻下蕲州（约今湖北省长江以北、

893

巴河以东地区。蕲，qí）的时候，唐政府派宦官去见王仙芝，封他为"左神策军押牙兼监察御史"。王仙芝很高兴，就想投降。起义军将士知道了，都愤怒鼓噪，黄巢也勃然大怒，痛责王仙芝，而且打伤了他的头。在众怒难犯之下，王仙芝才拒绝降唐。从此以后，他与黄巢分兵作战。他们各自带领一部分义军，兵分两路向唐朝政府进攻。王仙芝向西，黄巢向东。王仙芝还幻想弄个官当，哪有心思去打仗。他一面继续攻打州县，一面派人跟唐朝政府讨价还价。他的叛变行为引起起义军内部多数人的不满，军心涣散。最后，他率领的这支起义军在黄梅（今湖北黄梅西北）被唐军打败，他本人也在战斗中被杀。

黄巢是个很有军事才能的农民起义军领袖，他见唐朝在中原地区的军事力量比较强，决定避其精锐，选择唐军兵力薄弱的地区，带兵南下。他们顺利渡过长江，打进浙东。起义军一路上势如破竹，经过一年多的征战，一直发展壮大。

起义军在广州休整以后，掉头北上，直接进攻唐中央政府所在地长安。881年，黄巢带领六十万大军，浩浩荡荡地开进潼关。当天下午，黄巢乘坐一顶轿子，在战士的簇拥和百姓的欢迎中进入了长安城。起义军打开仓库，把粮食和物品分给贫苦百姓，百姓奔走相告，到处传扬着起义军的美德。

几天后，黄巢在大明宫登基，改国号为大齐，建立了新政权。然而，起义军没有注意巩固占领的地区，这些地方后来又被唐军重新收回。起义军进入长安后，所拥有的也不过是关中的一小部分，连洛阳都不在手里，这是个致命的错误。另外，军饷都没有来源，出现了严重的粮荒，而且起义军内部也出现了裂痕，黄巢的手下大将朱温叛变降唐了。

884 年，在泰山狼虎谷，黄巢被唐朝大军重重包围，他在突围中英勇战死。黄巢起义最后虽然失败了，但是却给了唐王朝以沉重的打击，唐王朝从此一蹶不振，直至灭亡。

唐蕃会盟

吐蕃是藏族的祖先。它是由古代羌族的一支——发羌发展而来的。6 世纪时，雅鲁藏布江流域众多的吐蕃部落开始向奴隶制社会转变。吐蕃社会已有农业、畜牧和手工业。有的部落已定居过着农业生活，有的则仍过着游牧生活。居住在雅陇河谷地区（今西藏琼结县境）的雅陇部落首先建立了国家，其首领论赞被称为赞普雄强（丈夫之意），以后成为吐蕃王的称号。论赞兼并了附近的一些部落，使雅陇部成为西藏地区最强大的势力。

藏族的祖先在唐代建立了一个王朝，称作吐蕃。7 世纪初，吐蕃的赞普（意即王）松赞干布执政，继承祖、父两代开创的基业，征服了青藏高原上的羌族诸部，建立了奴隶制国家，并把首都从琼结迁到逻些（今西藏拉萨），实现了青藏高原的统一。在统一全藏的过程中，依山而居的民众纷纷迁往平原，农业人口随之大增。吐蕃的王族和贵族是奴隶主，被剥削的劳动人民是奴隶和平民。当时吐蕃已产生了文字。

贞观八年（634），松赞干布遣使于唐，请求通婚。经过一番周折，唐太宗终于决定以宗室女文成公主和亲吐蕃。十五年（641），江夏王李道宗送文成公主赴吐蕃，松赞干布亲迎于柏海（今青海鄂陵湖），并在吐蕃为公主修建了唐式宫室。文成公主带去了第一批入藏的汉人，其中有一些是手工业工匠。同时文成公主还带去了大量物品，有锦帛珠宝、生活用品、医疗器械、生产工具、蔬菜种子，还有经史、诗文、工艺、医药、历法等书籍。这次和亲揭开了汉藏两族友好交往的序幕，具有伟大的历史意义。高宗时，吐蕃又从内地引进蚕种，唐朝并派酿酒、制碾、造纸墨的工匠到吐蕃传授技艺。唐中宗时又以宗女金城公主和亲于吐蕃的赞普赤德祖赞，又有一些工匠随公主入藏，龟兹乐亦传往吐蕃。后来，吐蕃还得到了精工抄写的《毛诗》《礼记》《左传》及《文选》等重要典籍。由于两族交往的频繁和扩大，吐蕃的马、金器、玛瑙杯和纺织品等特产也传到了唐朝。吐蕃占领河西、陇右时期的敦煌遗书中，有关禅宗的写本，是用藏文写的，这说明禅宗已经传入藏族。

吐蕃有时对唐朝发动掠夺奴隶、财物的战争。唐朝前期吐蕃势力伸向西域，双方在那里进行过长期的拉锯战，互有胜负，安西四镇数易其手，但唐朝尚能对西域进行有效的控制。安史之乱爆发后，吐蕃乘唐朝西北重兵内调的机会，攻入长安。唐代宗被迫逃亡陕州，赖关中及长安城中人民奋起反抗，郭子仪率军收复长安，皇帝才得以复还京师。此后，唐朝的河陇直至北庭、安西的广大地区，几乎全部沦于吐蕃之手。陇右各族人民不堪吐蕃奴隶主贵族的奴役和压迫，曾在汉人张议潮领导下于宣宗大中二年（848）发动起义，先后恢复了沙州（今甘肃敦煌市城西）、瓜州（今甘肃安西东南）等河西的大部分地区。频繁的战事削弱了吐蕃的国力，9世纪，吐蕃由盛转衰。长庆元年（821）吐蕃派专使到唐朝请求会盟，穆宗同意了。十月十日，令宰相崔植、王播、杜元颖等十七人与吐蕃使者会盟于长安西郊的王会寺（碑文中记载为兴唐寺），定盟立约。次年，唐又以大理卿兼御史大夫刘元鼎为赴蕃会盟使，兵部郎中兼御史中丞刘师老为副使，一行人与吐蕃赴唐会盟使论纳罗等人赴吐蕃再盟。长庆三年（823）刻石立碑，当时共立三碑，一碑立于唐都长安，一碑立于逻些，一碑立于唐蕃交界处。唐蕃会盟碑至今尚存于拉萨大昭寺。碑文中再次肯定了清水会盟划定的唐蕃的守界，商定了有关通传驿骑、交马互市及捉拿俘虏等事。规定双方按原有的交通驿道来往；交马定在将军谷；双方使差往来的供应，在绥戎栅以东为唐朝供应，清水县以西为吐蕃供给；今后不再捉拿"生口"，对所遇到的"生口"应给予衣食放回原地。盟文还回顾了唐蕃关系发展的历史，重申了永敦和好的愿望，规定了违约的处理办法。唐蕃长庆会盟是唐蕃之间最后一次会盟，基本上结束了双方长期对峙与战争的局面，为汉藏人民的和平友好往来创造了条件。

唐与吐蕃在两个世纪里虽时战时和，但友好交往是主流，从贞观八年至会昌六年的二百一十三年里，双方共遣使一百九十一次。使节往来，商人互市，促进了汉藏两族文化经济的联系。

吐蕃社会发展过程中生产力水平不断提高，同奴隶制生产关系发生了尖锐的矛盾，代表奴隶主利益的王朝走向衰落。会昌元年（842年，一说846年）赞普朗达玛被刺杀后，内部大乱。此后，阶级矛盾激化，爆发了全族规模的农民、牧民、奴隶大起义。在阶级斗争的推动下，吐蕃开始向封建社会过渡，形成了割据局面。

文成公主和亲

自打败了东突厥后，唐太宗又派李靖击败了吐谷浑。吐谷浑所辖之地是大唐通往西域的必经之路，降服了吐谷浑便打通了大唐通向西域的交通要道。西域各国纷纷和唐朝交好，甚至远在西南的吐蕃也派使者前来。

吐蕃人是藏族的先祖，唐代初期时多在青藏高原上活动。620年前后，吐蕃王朝的第三十二任赞普论赞统一了西藏各个部落。他去世之后，其子松赞干布继任赞普，把都城迁至逻些，并制定了官制和法律，建立起了强大的奴隶制政权。

640年，松赞干布派得力的大相禄东赞前往长安求婚，禄东赞带着五千两黄金、数百件珍宝以示诚意。唐太宗向禄东赞仔细询问了吐蕃的情况，并答应将美丽多才的宗室之女文成公主嫁给松赞干布。

相传，那时前往长安求婚的有五个国家的使臣，唐太宗只有一个公主可以许配，便出了几道难题考这些使臣，以便决定把公主许配给哪个国王。

唐太宗让侍从拿出珍珠和丝线来，对着使臣们讲出了他的题目："如果你们当中谁能够将这根丝线穿过这颗珍珠，我就将公主嫁给你们的国王。"这并不是普通的珍珠，而是一颗中间有弯弯曲曲小孔的九曲珍珠，丝线又软又细，要想将丝线穿过小孔谈何容易，几位使臣拿着丝线不知如何是好。禄东赞灵机一动，他捉来一只蚂蚁，把丝线拴在蚂蚁身上，再把蚂蚁放进小孔的一端，然后向小孔内吹气。借着强大的气流，小蚂蚁就顺着小孔爬到了另一端，丝线也在蚂蚁的带动下穿了过去。

见禄东赞做出一题，唐太宗又出了第二道难题。他命令马夫赶来一百匹母马和一百匹马驹，要求使臣们想办法辨认出这一百对马的母子关系。其他使臣仍旧毫无办法，禄东赞又想出了解决之道。他先把母马和马驹分别圈起来，只喂马驹草料，不喂水。一天之后，再将口渴异常的小马驹放出来，小马驹们纷纷跑到自己妈妈的身旁吃奶，由此，它们的母子关系便一目了然了。

史载641年，唐太宗派礼部尚书、江夏王李道宗护送文成公主动身入藏。松赞干布亲自率领大队人马从逻些赶到柏海迎接。为了迎接盛唐的公主，松赞干布在逻些建起了一座华丽的王宫，这座王宫便是如今的布达拉宫。在这里，二人举行了隆重的婚礼。

文成公主入藏是两族交好的象征，在吐蕃历史上是一件大事。两国的文化交流进一步加深。文成公主带去了各种谷物、蔬菜种子，以及代表大唐成就的各种工艺品、药材、茶叶及各类书籍。吐蕃本没有文字，很多事都是用结绳记事（发生在语言产生以后、文字出现之前的漫长年代里）的古老方法加以记录，或是在木头上刻各种符号。文成公主便劝松赞干布设法造字。松赞干布指令吞弥·桑布扎去研究，后来创制出了三十个字母及拼音造句的文法。从此吐蕃有了自己的文字。文字的出现，使吐蕃逐渐步入了文明世界。

650年，松赞干布去世，年仅三十三岁。之后，文成公主继续致力于两族的友好来往。680年，文成公主去世，享年五十五岁。文成公主受到吐蕃人世世代代的热爱，如生前一样，其身后亦又不少关于她的故事得以流传。

唐灭东突厥称天可汗

东突厥（又称北突厥）在隋炀帝时恢复了以往的强盛。始毕可汗利用中国内乱，招收大量中原避难者，征服契丹、室韦、吐谷浑、高昌等，拥有部众百余万人。始毕死后，处罗可汗、颉利可汗相继为主，颉利可汗立始毕之子阿史那什钵苾（bì）为突利可汗，使统领东面诸属部。武德一朝，东突厥连年入寇，攻破城邑，掳掠人口、财物，唐都长安几次受到严重的威胁，只因国力尚虚，唯有采取委曲求和、力避战事的方针。

武德九年（626）八月，太宗即位不久，立足未稳，颉利与突利乘机连兵十多万进攻泾州、武功（隶属于陕西省咸阳市），京师戒严，随后又攻高陵，直推进到渭水上的便桥。太宗亲临渭滨，与颉利谈判，同时震耀军容，以示必战。颉利也恐悬军深入，归路被断，未敢贸然进军。双方媾和（交战国缔结和约，结束战争状态；也指一国之内交战团体达成和平协议，结束战争。媾，gòu），太宗赂以金帛，突厥退兵。

自此以后，东突厥内部也陷于分崩离析的混乱状态。颉利可汗为了扩大自己的权力，信任汉人赵德言，采用了一些封建专制的措施，遭到属部的反对，原来归附的薛延陀、回纥、拔野古各部族相继叛离，转而降附于唐。颉利派突利出兵讨伐，反被诸部击败，颉利迁怒于突利，致使突利怨恨，上表请求入朝。当时突厥国内连年有灾，牲畜冻死，民众饥寒。外忧内患使突厥的力量大为削弱，客观上为唐灭突厥创造了极好的时机。

为了消灭东突厥，太宗做了一系列准备。薛延陀是原突厥属部中力量较强的一支，叛离突厥的各部都拥立薛延陀酋长夷男为可汗。太宗册封夷男为真珠毗伽可汗，使薛延陀成为归附唐朝并可与突厥对峙的漠北大国，进而孤立颉利可汗。又乘突厥自顾不暇，无力援助梁师都时，举兵平定了梁师都，蚕食了突厥羽翼下的力量。在国内，太宗致力于恢复经济，增强国力，秣马厉兵，积草屯粮。待时机成熟后，于贞观三年（629）冬开始对东突厥作战。

太宗以李世勣为通汉道行军总管,李靖为定襄道行军总管,柴绍为金河道行军总管,薛万彻为畅武道行军总管,合兵十多万,分兵出击。贞观四年(630)正月,李靖率领骁骑三千从马邑进屯恶阳岭,夜袭定襄,大破突厥。李世勣兵出云中,与突厥交兵于白道。颉利兵败,逃入铁山,遣使谢罪,情愿举国内附。太宗派鸿胪卿唐俭慰抚,又以李靖率兵前往迎接。李靖与世勣合议,乘大雾突然袭击,在阴山大败颉利,颉利所统部落或北附薛延陀,或西奔西域,归降唐廷的有十万之多。颉利逃遁,为行军副总管张宝相俘获,送至长安,东突厥亡。

唐将东起幽州,西至灵州的原突利故地分置顺、祐、化、长四州,以都督府统辖。对颉利控制的地区分置六州,以定襄、云中两都督府统辖,将大量的东突厥降众安置于此,并以突利和阿史那思摩为都督,统领所部。东突厥的酋长拜官在五品以上的有百余人,入居长安的近一万家。

平定东突厥的胜利,使唐朝声威远震,西北各部君长纷纷诣阙(赴京都),请求尊太宗为"天可汗",即普天下皇帝之意。天可汗制度从此确立。天可汗作为各依附国共同的盟主,如遇各国间发生纠纷,则当为之裁判解决;如有侵略他国者,则以天可汗名义调遣各国兵马讨击,依附各国有义务受征于天可汗平乱;如有君主死亡,嗣君继立,须由天可汗下诏册立,以示承认;自贞观朝始建的天可汗制度,历高宗、武后、玄宗,相沿未替。太宗至高宗显庆初西突厥平定止,参与诸国以联结唐廷,防范突厥为目的。而后,天可汗于西域十六国与昭武九姓各国设都督府及诸州,以各国首领为都督、刺史,实为一种军事上的联防,至天宝十一载(752)为大食击败,其间九十年间,参与各国的意向在于抵御吐蓄、大食的侵凌。自安史之乱之后，唐王朝在西域各国的声誉日渐减弱，天可汗制度遂无形解体。

玄奘通西域

玄奘是长安大慈恩寺的和尚，原名陈祎，洛州缑氏（今河南偃师缑氏镇。缑，gōu）人。十三岁那年，他出家做和尚，就认真研究佛学。后来他到处拜师学习，精通佛教经典，被尊称为三藏（三藏是佛教经典的总称）法师。他发现原来翻译过来的佛经错误很多，又听说天竺这个地方有很多的佛经，就决定到天竺去学习。

629年（一说627年），他从长安出发，到了凉州（今甘肃武威）。当时，朝廷禁止唐人出境，他在凉州被边境兵士发现，叫他回长安去。他逃过边防关卡，向西来到玉门关附近的瓜州（今甘肃安西）。

玄奘在瓜州打听到玉门关外有五座堡垒，每座堡垒之间相隔一百里，中间没有水草，只有堡垒旁有水源，并且由兵士把守。这时候，凉州的官员已经发现他偷越边防，发出公文到瓜州通缉他。如果经过堡垒，一定会被兵士捉住。

玄奘正在束手无策的时候，碰到了当地的一个胡族人，名叫石槃（pán）陀，愿意替他带路。

玄奘喜出望外，变卖了衣服，换了两匹马，连夜跟石槃陀一起出发，好不容易混出了玉门关。他们在草丛里睡了一觉，准备继续西进。哪想到石槃陀走了一程，就不想再走了，甚至想谋杀玄奘。玄奘发现他不怀好意，就把他打发走了。

以后，玄奘单人匹马在关外的沙漠地带摸索前进。走了八十多里，才到了第一堡边。他怕被守兵发现，白天躲在沙沟里，等天黑了才走近堡垒前的水源。他正想用皮袋盛水，忽然一支箭射来，几乎射中他的膝盖。玄奘知道躲不过，索性朝着堡垒喊道："我是长安来的和尚，你们别射箭！"

堡中的人停止射箭，打开堡门，把玄奘带进堡垒。幸好守堡的校尉王祥也是信佛教的，问清楚玄奘的来历后，不但不为难他，还派人帮他盛水，送了一些饼，亲自把他送到十几里外，指引他一条通向第四堡的小道。

第四堡的校尉是王祥的同族兄弟，听说玄奘是王祥那里来的，也很热情地接待他，并且告诉他，第五堡的守兵十分凶暴，叫他绕过第五堡，到野马泉去取水，再往西走，就是一片长达八百里的大沙漠了。

玄奘离开第四堡，又走了一百多里，迷了路，没有找到野马泉。他正要拿起水袋喝水，哪知一失手，一皮袋的水都泼翻在沙土上了。没有水，怎么越过沙漠呢？玄奘想折回第四堡去取水，走了十几里，忽然想起临走的时候，他曾经立下誓言，不到达目的地，绝不后退一步。想到这里，他拨转马头，继续朝西前进。

大沙漠里一片茫茫，上不见飞鸟，下不见走兽，有时一阵旋风，卷起满天沙土，像暴雨样落下来。玄奘在沙漠里接连走了四夜五天，没有一点水喝，口渴得像火烧一样，终于支不住昏倒在沙漠上。到了第五天半夜，天边起了凉风，把玄奘吹得清醒过来。他站起来，牵着马又走了十几里，发现了一片草地和一个池塘。有了水草，人和马才摆脱绝境。又走了两天，终于走出大沙漠，经过伊吾（今新疆哈密），到了高昌（今新疆吐鲁番东）。

高昌王麴（qū）文泰也是信佛的，听说玄奘是大唐来的高僧，十分敬重，请他讲经，还恳求他在高昌留下来。玄奘坚持不肯。麴文泰没法挽留，就给玄奘准备好行装，派了二十五人，随带三十匹马护送；还写信给沿路二十四国的国王，请他们保护玄奘过境。

玄奘带领人马，越过雪山冰河，冲过暴风雪崩，经历了千辛万苦，到达碎叶城（在今吉尔吉斯斯坦北部托克马克附近），受到西突厥可汗的接待。打那以后，一路顺利，通过西域各国进入天竺。

天竺是佛教的发源地，有很多佛教古迹。玄奘在天竺游历各地，朝拜圣迹，向高僧学经。有一次，他在乘船渡恒河的时候，碰到一群强盗。他们迷信妖神，每年秋天都要杀个人祭神。船中的强盗看中玄奘，要把他杀了祭神，玄奘再三向他们解释也没有用，只好闭着眼睛念起经来。说也凑巧，这时正好起了一阵狂风，河里浊浪汹涌，差一点打翻了船。强盗害怕起来，赶快跪下忏悔，把玄奘放了。

这件事很快传开了，当地的人都还以为玄奘真有什么佛法保护呢。

天竺摩揭陀国有一座古老的大寺院，叫作那烂陀寺。寺里有个戒贤法师，是天竺的大学者。玄奘来到那烂陀寺，跟着戒贤法师，学了五年，把那里的经全部学会了。

摩揭陀国的戒日王是个笃信佛教的国王，听到玄奘的声名，在他的国都曲女城（今印度北方邦境内卡瑙季）为玄奘开了一场隆重的讲学大会。天竺十八个国的国王和三千多高僧到会。戒日王请玄奘在会上讲学，还让大家辩论。大会开了十八天，大家对玄奘的精彩演讲十分佩服，没有一个人提出不同的意见。最后，戒日王派人举起玄奘的袈裟，宣布讲学成功。

戒日王接见玄奘的时候，说起他早就听说中国有个英武的秦王。玄奘告诉他，秦王就是现在的大唐皇帝。

玄奘的游历，不但在佛学上取得很大成功，而且促进了东西方的文化交流。645年，他带了六百多部佛经，回到阔别十多年的长安。

玄奘和尚百折不挠的取经事迹，轰动了长安。正在洛阳的唐太宗，十分赞赏玄奘的壮举，在洛阳行宫接见了玄奘。玄奘把他游历西域的经历向太宗做了详细的汇报。

在这以后，玄奘就定居下来，专心翻译从天竺带回来的佛经。他还和他的弟子一起，编写了一本《大唐西域记》。在这本书里，他把亲自到过的一百一十个国家和听到过的二十八个国家的地理情况、风俗习惯记载下来，成为重要的历史和地理著作。

由于玄奘取经这件事本身带有传奇色彩，后来，民间流传了许多关于唐僧取经的神话，说他在取经路上，遇到许多妖魔精怪，这当然是虚构出来的。到了明朝，小说家吴承恩根据民间传说做了艺术加工，写成优秀的长篇神话小说《西游记》，在我国文学史上占有很重要的地位，但那里面的故事跟真正的玄奘取经事迹已经离得很远了。

怀恩之反

铁勒部人仆固怀恩，原是郭子仪的部将，在平定安史之乱中，功勋卓著，后来郭子仪受宦官鱼朝恩、程元振的排挤，被免去朔方节度使的职务，怀恩被任命为朔方节度使。

史朝义既平，怀恩护送回纥登里可汗回国，途经太原，河东节度使辛云京担心怀恩与登里可汗勾结，趁机袭击太原，便关了城门，既不迎送也不犒军。怀恩大怒，回到驻地，就写了一道奏章向代宗告状，结果，好久没有回音。怀恩便率朔方军数万屯于汾州（今山西汾阳），遣儿子仆固玚（yáng）领兵万人屯驻榆次（今山西榆次），裨将李光逸等屯祁县（今山西祁县），李怀光等屯晋州（治所在今山西临汾），张维岳等屯沁州（治所在今山西沁源），威胁太原，以示抗议。

怀恩激愤难平，又上书自称犯有"六大罪"：其一，昔日同罗叛乱，被臣平定了；其二，臣儿仆固玢被同罗俘虏去，后来逃了回来，被臣斩首示众；第三，臣有二女，都远嫁外族，为国和亲；第四，臣与子仆固玚拼死为国效命；第五，河北新附，其节度使都握强兵，臣安抚他们，以防复叛；第六，臣说服回纥，使他出兵，协助官军平定史朝义。有这"六大罪"，臣理当受诛。

代宗看了怀恩这一番牢骚话，于广德元年（763）九月二十二日，遣同平章事裴遵庆为使去汾州抚慰怀恩，同时察看他的动静。

裴遵庆到了汾州，怀恩一见，就抱住他的双脚号啕大哭，倾诉自己蒙受的冤屈。裴遵庆好言安慰了一番，暗示怀恩入朝觐见皇上，以表明自己的心迹。怀恩当时答应了。

怀恩送裴遵庆到馆驿后回来，副将范志诚忙来见怀恩，说："郭令公（郭子仪）如此功高，尚遭疑忌，你去长安，恐怕就回不来了！"怀恩听了，不禁犹豫起来。次日，怀恩见裴遵庆时，以担心被杀害为由，请令一子入朝，裴遵庆也同意了。可是后来怀恩又听信了范志诚的话，又不肯遣儿子去了，裴遵庆再三劝说无用，只好回朝复命。

裴遵庆向代宗奏报了出使经过，代宗只想求得太平，见怀恩不肯入朝也就算了。到了十月，吐蕃入寇，一直打进长安。代宗逃往陕州，诏令儿子李适为关内元帅，起用郭子仪为元帅。经过两个月的苦战，唐军才把吐蕃军逐出长安，代宗又回到长安。

代宗逃到陕州时，检校刑部尚书颜真卿曾劝代宗颁诏仆固怀恩起兵勤王，代宗没有同意。到了广德二年（764）正月初八，代宗方命颜真卿去宣慰朔方，劝说怀恩入朝。颜真卿说："当初陛下在陕州时，臣以忠义劝他赴难，他还有可来的理由；今陛下已经还京，他进不能勤王，退不能释众，怎么肯来！况且说怀恩反的，只有辛云京、骆奉仙、李抱玉、鱼朝恩四人，其余群臣都认为他冤枉。陛下不如以郭子仪代怀恩，可不战而服。"代宗听了，又犹豫起来。

事情真如颜真卿预料的，怀恩因吐蕃攻陷长安时，朝廷没有召他领兵勤王，就认为朝廷果真不信任他，不会再用他了，越发对朝廷不满，便一面加紧操练兵马，一面欺骗将士，说郭子仪已被鱼朝恩害死，要发兵为郭子仪报仇。朔方将士一向敬爱郭子仪，听了这话，都热烈响应。于是怀恩与河东都将李竭诚秘密商议，准备里应外合袭取太原，不料被辛云京发觉了，先下手杀了李竭诚，登城固守。等到怀恩遣子仆固玚领兵来攻太原时，辛云京早有准备，一场大战，杀退仆固玚。仆固玚撤离太原，围攻榆次。

安庆绪弑父

新春到来之际，意外的事变打乱了肃宗与李泌商定的东征计划。原来安禄山盘踞洛阳以后，纵情酒色，荒淫无度，弄得满身病痛，双目失明，性情更加暴戾，大臣、侍从稍不如意，重则杀头，轻则鞭打。侍监李猪儿经常被打得死去活来。

安禄山的宠妾段氏估计安禄山活不长了，要让自己的亲生儿子安庆恩代安庆绪为嗣。安庆绪听到风声，惊恐万状，求严庄给他想个办法。严庄也受过安禄山的鞭打，一直怀恨在心，便劝安庆绪杀了安禄山自立，并要他赶快行动，免得错过时机。安庆绪欣然同意，只是派谁去行刺呢？严庄说可以找李猪儿。

安庆绪马上把李猪儿秘密叫来，严庄先问："你前后挨打，还记得清次数吗？"李猪儿回答："已记不清了。"严庄又说："照你这么说，不死还是侥幸的。"李猪儿连连点头。严庄见火候已到，便把自己的计划告诉了他，并说："不行大事，死期就不远了！"李猪儿满口应承。

这天夜里，严庄和安庆绪手执刀剑来到安禄山的寝所。侍卫见安庆绪、严庄满脸杀气，不敢阻挡。李猪儿手持利刃直入帐中，先把安禄山枕边的宝刀抽出来，狠命朝安禄山肚皮上砍去。安禄山伸手摸枕边的宝刀，没有摸到，摇着帐竿说："一定是家贼谋逆！"话刚说完，肚肠已经流出来，就在床上滚了几滚，气绝身亡。严庄命左右抬开卧床，掘地数尺，用毡子把安禄山的尸体裹好，埋在床下，告诫宫中人不准泄露。

次日早晨，严庄向百官宣布，安禄山病危，立安庆绪为太子，隔了几天，又宣布安禄山把帝位传给安庆绪，自己做了太上皇；再过几天，又宣布安禄山死了，然后发丧。从地下掘出来的尸体，已经腐烂，只好草草入殓了事。

遣唐使来唐

公元630年，日本舒明天皇派遣以犬上三田耜（sì）为首的第一批遣唐使，他们于舒明四年（632）循北线（从山东启航，途经朝鲜半岛）返回日本，唐使高表仁随船同行去日本。

孝德天皇于白雉四年（653）组织遣唐使团，以吉士长丹为大使，吉士驹为副使。使团还有入唐学生、学问僧以及船员、工匠、射手等一百二十一人，同乘一条船赴唐。同行的还有以高田根磨为大使的一百二十人遣唐使团，他们所乘之船在海上遇难，未能到达中国。吉士长丹等于第二年返回日本。继第一批两个使团之后，孝德天皇紧接着于白雉五年又任命高向玄理为押使，河边麻吕为大使，药师惠日为副使，组成遣唐使团，分乘两只大船赴唐，使团第二年返回日本。

齐明天皇时派遣过一次遣唐使，齐明五年（659）出发，坂合部石布、津守吉祥分任大使、副使，分乘两船赴唐，其中一艘漂流失航遇难，另一艘沿北线到达，两年后返回日本。

天智天皇时期曾三次遣使来唐，但都不是正式的遣唐使团，其目的是礼送唐朝使节回国。

日本文武天皇时期及至孝谦天皇时期，正值唐王朝中宗、睿宗、玄宗极盛之时，日本为了学习、借鉴中国的文化、典章制度，扩大遣唐使团的规模，其组织也更严整有序，一般在押使或执节使下设大使、副使、判官、录事等。使团人员包括有知乘船事、造舶都匠、译语、主神、医师、阴阳师、画师、史生、射生、船匠、挟抄等，并有相当数量的留学生、学问僧同行。

文武天皇于大宝元年（701）正式组建遣唐使团，任命粟田真人为执节使，天皇举行仪式授其节刀（是日本历史上，天皇当政的律令制时代，御赐给出征大将或谴唐使节的武士刀，象征权力和荣耀），颁布诏书；又任命了大使、副使、判官等。大宝二年使团从日本筑紫出发，循南线（在我国长江入海口附近的苏州、明州登陆）来唐，随行有学问僧道慈等。庆云地年（704）执节使返回日本，大使、副使因故数年后才返回日本。道慈在中国求法十七年，回日后成为日本三论宗第三代祖师，他按照唐长安西明寺的规模，在日本平城京修建了大安寺。

元正天皇于灵龟二年（716）组建起庞大的遣唐使团，任命多治比县守为押使，颁赐节刀。另任命大使、副使、大小判官、大小灵事等，一行有五百五十七人之众，分乘四条大船，于养老元年（717）从日本难波出发，沿南线来唐，使节于第二年返回日本。同行的学生吉备真备在长安学习经史达十八年之久。返日时带去《唐礼》一百三十卷，《火衍历经》一卷，还有测影铁尺、铜律管、射甲箭等。他与同行来唐的大和长冈在日本共同删定律令，并使我国僧一行创立的新历，于淳仁天皇天平宝字七年（768）在日本实行。随使团来唐的学问僧玄昉（fǎng），在唐研习法相宗十八年，返日时带走经论五千余卷，他后来成为日本法相宗第四代祖师。

圣武天皇于天平四年（732）组织了五百九十四人的遣唐使团。任命多治比广成为大使，造船四艘，次年从难波出发来唐。天平六年（734），使团的第一舶返回日本，天平八年（736），第二舶到达日本。另外两艘船在中途遇难。随此团来唐的僧人荣睿、普照欲迎接鉴真大师到日本，五次渡海未成，荣睿死于端州（今在

910

广东肇庆）。普照在中国先后二十一年，天平胜宝五年与鉴真大师乘遣唐使船返回日本。

孝谦天皇于天平胜宝二年（750）任命藤原清河为大使，大伴古麻吕、吉备真备为副使，于天平胜宝四年举行了朝拜仪式，天皇授大使节刀并赐宴饯行，还为其赋诗。使团成员分乘四艘大船从难波出发。大使藤原清河所乘第一舶漂流到安南（今越南），历尽艰辛才到达长安，后在唐朝任官。第二舶于天平胜宝六年（754）返日，随行的有鉴真大师及其第二十四名弟子。第三、第四舶也分别于天平胜宝五年、六年返回日本。吉备真备曾在唐留学多年，他取楷体汉字偏旁制定了片假名（日文的一种）。

淳仁天皇时期，曾于天平宝字三年（759）派遣判官、录事等九十九人乘船来唐迎接藤原清河返日。天平宝字五年（761）、六年（762）又曾两度任命遣唐大使，但均未成行。

日本光仁天皇至仁明天皇时期，正是安史之乱以后唐王朝的后期，日本仍组织大规模的遣唐使团，不过随行来唐的留学生、学问僧在唐的时间大大缩短了，一般为一至两年。

光仁天皇于宝龟六年（775）任命佐伯今毛人为大使，同时建造大船四艘。第二年，遣唐使团出发，因未赶上信风（又称贸易风，指的是在低空从副热带高压带吹向赤道低气压带的风），中途而返。宝龟八年，天皇以节刀授副使小野石根，授权其行大使事。使团乘船沿南线至扬州，第二年启航回国，在途中，第一舶遇难，小野石根及唐使赵宝英等六十三人溺死。这一年，光仁天皇为送唐使孙兴进回国，任命了送唐客使，宝龟十年（779）从难波出发，两年后返日。

桓武天皇于延历二十年（801）任命藤原葛野麻吕为大使，并

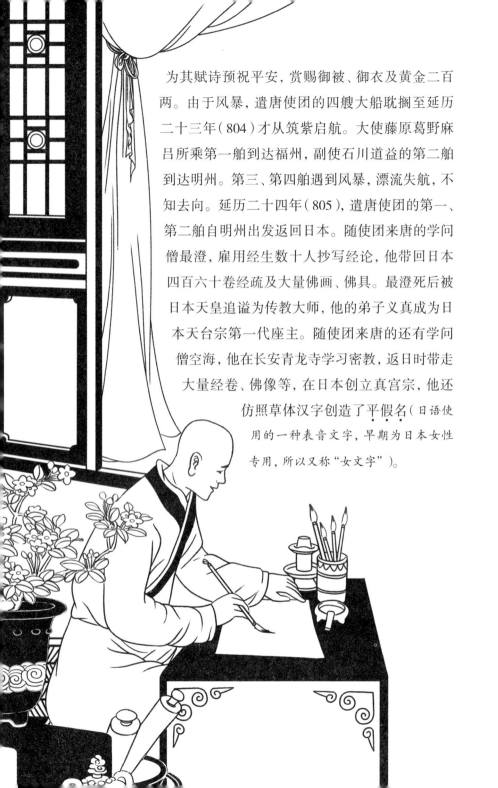

为其赋诗预祝平安，赏赐御被、御衣及黄金二百两。由于风暴，遣唐使团的四艘大船耽搁至延历二十三年（804）才从筑紫启航。大使藤原葛野麻吕所乘第一舶到达福州，副使石川道益的第二舶到达明州。第三、第四舶遇到风暴，漂流失航，不知去向。延历二十四年（805），遣唐使团的第一、第二舶自明州出发返回日本。随使团来唐的学问僧最澄，雇用经生数十人抄写经论，他带回日本四百六十卷经疏及大量佛画、佛具。最澄死后被日本天皇追谥为传教大师，他的弟子义真成为日本天台宗第一代座主。随使团来唐的还有学问僧空海，他在长安青龙寺学习密教，返日时带走大量经卷、佛像等，在日本创立真宫宗，他还仿照草体汉字创造了平假名（日语使用的一种表音文字，早期为日本女性专用，所以又称"女文字"）。

仁明天皇承和元年（834）任命藤原常嗣为大使，小野篁·（huáng）为副使，组建了六百五十一人的遣唐使团。天皇赐宴，并赏赐衣绢、黄金等物，又亲临神社为使团祈祷平安。由于风暴，承和三年、四年两次启航均未成行，第三舶还被风暴摧毁。直到承和五年（838）其余的三艘船才出发来唐。第二年，遣唐使团原乘第一、第四舶的人员，因船有损破，于是在楚州分乘新罗船九只返回日本。第二舶在返回途中遇到风暴，漂流到南海，幸存者几经艰难于承和七年（840）返回日本。随此团来唐的有学问僧圆仁，他在中国求法九年，先后在扬州、五台山、长安等地研习天台法华显教和真宫密教，后携佛经论、章记七百九十四卷以及法门道具返日，著有《入唐求法巡礼记》。

宇多天皇于宽平六年（894）组织了最后一次遣唐使团，任命营原道真为大使，后因得知唐朝国内动乱，未成行。

日本前后共派遣遣唐使十九次，但其中有的未成行，有的是为了迎送唐使，实际上以遣唐使名义出使唐朝并成行的，只有十三次。日本派遣唐使来唐意在观摩汲取中国的典章制度、科技文化。日本天皇亲自任命押使、大使、副使，举行隆重的送行仪式。遣唐使到达长安，一般将受到唐王朝的优礼，大唐天子在延英殿或瞵（lín）德殿召见他们，设宴款待并颁赐赏品，有的还被授予唐朝的官职。遣唐使一般逗留数月即回国，随行的留学生、学问僧则一般要停留相当长的时间，少则一两年，多则二三十年。遣唐使回到日本，将举行上还节刀的仪式，天皇对其论功行赏，不少遣唐使回国后位列公卿，如吉备真备、粟田真人、多治比县守、多治比广成、藤原葛麻吕等。他们参与国政，使唐朝的文化制度在日本得到传播推广。

大　食

　　大食是伊朗部族之称，也是中国唐、宋时期对阿拉伯人、阿拉伯帝国的专称和对伊朗语地区穆斯林的泛称。

　　早自 7 世纪中叶起，唐代文献已将阿拉伯人称为多食、多氏、大寔；10 世纪中叶以后的宋代文献多作大食。辽宋时期文献中的大食一般仍指阿拉伯，在有些场合下则指喀喇汗王朝。《辽史》所载可老公主出嫁之大食（喀喇汗朝），请婚的王子册割是卡迪尔汗之子察格里特勤。辽与喀喇汗朝和亲的背景是双方政治经济往来的需要，和亲加强了这种联系。五代之后，宋朝肇兴，宋朝史书所述的"大食"多指喀喇汗王朝（葛逻禄人建立），盖因当时喀喇汗王朝依附于大食帝国（阿拉伯帝国）之故。

　　阿拉伯人的大食帝国与中国的唐王朝大致建立于同时，两国人民都创建了光辉灿烂的文明，从 7 世纪后半期起，交往日益频繁。在唐代西域，唐、吐蕃、突骑施与大食之间，屡次发生错综复杂的冲突。751 年，唐朝将领高仙芝对中亚的石国（今乌兹别克斯坦塔什干一带）用兵。石国乞援于大食，大食派吉雅德·本·萨利赫东来。高仙芝败于萨利赫。这次战役，大食兵掳走大量中国俘虏，其中有织匠、金银匠、画匠等，中国多种工艺技术因而西传。对于中外文化交流产生深远影响的是，中国造纸技术通过这些被俘工匠广泛传播于西方。俘虏中的杜环旅居西域十二年，归国后写出《经行记》一书。唐末到宋初，商旅行人大量聚居于广州、泉州、洪州（今江西南昌市）、扬州等地，多者达数万人，均以大食之名见称于汉籍。大食商人都是伊斯兰教徒，随着他们的经商活动，伊斯兰教也从大食传到了唐朝。泉州有北宋时代建立的中国最早的伊斯兰清真寺，城外有宋元以来大食人的墓石群。南宋周去非撰《岭外代答》，收录有关波斯、阿拉伯等地记载多条，进一步增进了中国对大食情况的了解。理宗时赵汝适撰《诸蕃志》，增补了周去非书之不足。

　　和中国不断了解大食的情况一样，大食也对中国情况有着日益具体的了解。851年，阿拉伯商人苏莱曼写下了东来中国的行记，此书被纳入阿卜·札伊德撰写的《中国印度行记》之中。苏莱曼和札伊德对中国典章制度、工艺制品有生动描述。此外，许多阿拉伯地理学家留下了大食方面关于中国的珍贵记载。

　　1259年，奉蒙古国蒙哥之命而西使的常德所记载的行记，亦即元世祖中统四年（1263）经刘郁记录而成的《西使记》提及"天房"，这是汉籍直接记载麦加城之始。此后汉籍更多使用"天方"一词指阿拉伯本部。随着人们认识到阿拉伯人、波斯人、穆斯林三者的区别，大食的含义开始受到限制，逐渐专指伊朗东北部的穆斯林居民，这大概就是帕米尔高原塔吉克族的族名来源。

唐代的丝绸之路

　　丝绸之路，是指古代从中国西北出发，横贯亚洲，进而联结非洲、欧洲的古代陆路交通线，由于中国古代以丝和丝织品为主要商品，因此这条贸易通道被称作"丝绸之路"，简称"丝路"。

　　丝绸之路在张骞通西域之前既已存在，但由于张骞的"凿空（开通道路）"之功，丝绸之路从此更为畅通，东西文化的交流不断加强，早在汉时，丝绸之路就有三条道路，据《隋书·裴矩传》记载，这三条路为：

（1）北道：从今哈密穿越天山北达巴里坤，然后由此向西经吉木萨尔、乌鲁木齐，通过伊犁盆地，从锡尔河附近前往东罗马帝国。

（2）中道：沿天山南侧经哈密、吐鲁番盆地、焉耆、库车、喀什，然后越过帕米尔经费尔干纳、索格底亚那（撒马尔罕、布哈拉等）进入伊朗的波斯帝国。

（3）南道：沿罗布泊沙漠南边西行到达于阗，然后从哈尔噶里克、塔什库尔干，翻越帕米尔，通达瓦罕溪谷到达阿姆河河畔，再由此通往印度北部。

唐代的丝绸之路发展到了一个新的时期，实行"关中本位政策"的唐政府一直致力于西北地区的开发。唐朝初期，西域虽大都在西突厥的控制之下，但西域各国国王都曾派人或亲自到长安，表示归附，因此唐初很快恢复了丝路交通。武德年间，高昌国进献"拂菻狗"，引起了唐朝对拂菻的兴趣。

贞观四年（630），伊吾城主归附于唐，唐于此设伊州，控制了西域北道。这时，在西域地区拥有较强政权的高昌为了垄断丝绸贸易，高昌王麹文泰封闭了西域南部进入中原的通道，商贾均需取道高昌，并纳商税。贞观六年（632）大碛（qì）路恢复开通后，高昌王与西突厥联合阻拦、抢掠西域其他地区商贾使者，阻止其进入中原，同时还发兵攻打伊吾、焉耆，掠夺其他城镇。贞观十四年（640）唐政府派侯君集带兵平定了高昌，在高昌设西州，置西州刺史，西州的户口记账等申报，一如中原地区。不久，又在这里设安西都护府，屯驻军队，镇守整个西域地区。在平定高昌的同年，驻守于可汗浮图城（今吉木萨尔以北）的西突厥叶护归唐，唐政府在这里设庭州，置庭州刺史，唐又将伊州、西州、庭州划入陇右道，加强了对这一地区的管理。

随着唐政府对丝路的开发，唐与中亚诸国的联系不断增强。贞观十四年（640）粟特人（生活在中亚阿姆河与锡尔河一带操古中东伊朗语的古老民族）将制造葡萄酒的技术传入中国，大批犹太商人拥入中国，丝路上的通使及商业往来活跃起来。贞观十五年（641），摩揭陀国（发源于印度恒河以南的一个大国）的使者、商人来到长安，在他们返回时，唐太宗派云骑尉梁怀璥（jìng）随同前往，受到摩揭陀国的热烈欢迎。贞观十七年（643），拂菻（叙利亚或拜占庭）王波多力遣使献赤玻璃、绿金精等物，唐太宗回赐了大量的绫绮等丝织品，至于其他国家的商人往来，更是不胜枚举。

贞观十九年（645），四十四岁的玄奘结束了他春秋寒暑十七年、历尽艰难曲折的数万里跋涉，将西行所得经像送入长安弘福寺。玄奘沿途经历了一百多个城邦，由玄奘口述，门徒辩机笔录的《大唐西域记》，翔实地记载了玄奘西行的经历、见闻，成为一部闻名世界的历史地理名著，也成为一部丝绸之路上中西交流的历史见证。玄奘还将印度的因明学（在古印度发展的逻辑学）传入中国，推动了我国逻辑学的发展，并启迪了日本法相宗的传承。继玄奘之后，咸亨四年（673）义净又赴印度求法取经。玄奘、义净的不懈努力，推动了佛教在中国的发展及兴盛。

中国僧人西行求法的同时，中亚僧人也不断前往中国，将本国之教在中国弘扬。延载元年（694），波斯国人拂多延（古波斯语"知教义者"）持《二宗经》来到中国，摩尼教（明教的正式名称）开始在中国传播开来。天宝三年（744），大秦国僧佶（jí）和不远万里，东来中土，促进了已在中土流传的景教（即唐代正式传入中国的基督教

917

聂斯脱里派，也就是东方亚述教会）向最盛时期的发展。佛教、祆教、摩尼教、景教等宗教的传播，正是仰赖了丝绸之路，这些宗教在中国产生了很大影响，有些已成为中国文化的一部分。丝绸之路，成为联系东西文化交流的纽带。

天宝十载（751），中国与阿拉伯发生了怛罗斯之战（是唐朝安西都护府的军队与阿拉伯帝国的穆斯林、中亚诸国联军在怛罗斯相遇而导致的战役。怛，dá），阿拉伯抓获一些中国的造纸及丝绸工人，中国的造纸术开始传至西方；同时，中国的植物品种、漆器、冶铁、水利灌溉技术、火药等也随之传入西方；再加上商人的频繁往来，丝路上的商品交流极为活跃，丝绸之路成为举世闻名的商路。

阿倍仲麻吕

阿倍仲麻吕于公元 689 年生于日本本州大和，他父亲名叫阿倍船守，在日本中央政府中担任中务大辅（相当五品官）。阿倍仲麻吕性聪敏，好读书，他少年时代是在本国度过的。早在他出生前五十多年，日本便开始进行"大化革新"，政治、经济、文化等全面模仿唐朝。当时设立了大学寮（liáo），教授《春秋》《尚书》《札记》等典籍。大学寮定员四百人，招收正五品以上子弟入学。根据阿倍仲麻吕的家世，他本来应当在国内入大学寮学习，因为他对中国文化有一定的基础，因此被选拔入唐朝留学。

开元五年（717）十月，阿倍仲麻吕随日本遣唐使到达长安。与阿倍同时入唐的，还有著名学者吉备真备等人。

阿倍到长安后，唐政府分配他到太学学习，这里的学生都是五品以上官员子弟。太学的教师主要是各种经典的博士，是全国的知名学者。太学的课程有《礼记》《左传》《公羊传》《穀(gǔ)梁传》《尚书》《诗经》《周礼》《仪礼》《礼记》等必修课,另外还有《孝经》《说文》和时务策等。由于唐朝科举考试要考诗赋,太学中也学作诗赋。太学的修业时间是九年,在九年期间,学生至少要精通两种以上经典,经考试合格以后,由太学推荐,参加礼部举办的科举考试。

阿倍仲麻吕在著名专家的指导之下,经过九年的勤奋学习,不仅精通几种经典,而且善作诗赋。这期间,他由于热爱中国,改姓名叫"朝衡"(或晁衡)。

大约在开元元年(713),他担任了左右春坊司经局的校书郎(从九品),专门校理图书。从这时候开始,阿倍仲麻吕便正式参加了唐朝政府工作,长达四十年之久。

早在太学学习期间,他便结识了储光羲。储光羲是唐代山水田园诗人,阿倍仲麻吕经常和他一起唱和,感情十分融洽。日本第十次遣唐使到达长安时,储光羲风闻阿倍仲麻吕准备回国,特为他写了《洛中贻朝校书衡》一诗,表达对朝衡的惜别之情。但是这一年他并未能成行。

开元十七年(729)阿倍仲麻吕转任"补阙"(从七品),属于门下省。"补阙"是皇帝侍从,对皇帝和中央政府工作中的问题,有权提出批评建议。地位虽不甚高,但接触中央高级官员的机会较多,所以职务相当重要,是中央政府内的清贵官职。在这一时期,阿倍仲麻吕结识了赵骅、魏万等人。魏万号称"王屋山人",是唐朝进士,和阿倍仲麻吕的关系非常密切,他有一件衣服就是用仲麻吕送的日本衣料做的。魏万很喜欢这件衣服,经常穿着。

四年以后,阿倍仲麻吕离开门下省,担任仪王"友"。这个仪王就是唐玄宗第十一子李登。"友"是一种官职,据《唐六典》记载,亲王府设置"友"一名,从五品下。"友"的职务是陪伴亲王,和亲王共同学习、游乐,并以封建道德教育亲王。从此阿倍仲麻吕可以在贵族和高级官员中活动,是唐政府信任的官员。

正在这个时候,大诗人李白应唐玄宗的邀请来到长安,担任"翰林供奉",是皇帝文学词章顾问侍从。李白在长安居住两年多的时间里,除结识了贺知章等人以外,还结识了阿倍仲麻吕。两人经常在一起痛饮醑歌,高谈阔论。正因为他和李白具有深厚的友情,天宝年间,传说阿倍仲麻吕归国途中在海上遇难,李白听到这个噩耗,极为伤感,写诗悼念他的挚友:"日本晁卿辞帝都,征帆一片绕蓬壶。明月不归沉碧海,白云愁色满苍梧。"李白以明月殉海喻人之遭劫难,足见诗人对晁衡的高度赞美。至今在日本史籍中仍然记载着这首诗。

阿倍仲麻吕在海上获救,天宝十二年(753)从交趾辗转回到长安,任秘书监(国家图书馆馆长),从三品。这一时期,他除了和魏万、赵骅交游以外,又和诗人王维、包佶等人结成了亲密朋友。阿倍仲麻吕回国时,王维送他到海边,写了《送秘书晁监还日本》的五言诗,抒发惜别之情。

"积水不可极,安知沧海东。九州何处远,万里若乘空。向国惟看日,归帆但信风。鳌身映天黑,鱼眼射波红。乡村扶桑外,主人孤舟中。别离方异域,音信若为通。"

从这首诗可以看出王维与晁衡的深厚友谊,在"向国惟看日,归帆但信风。鳌身映天黑,鱼眼射波红"的诗句里,王维心随神往地写出阿倍仲麻吕东渡的艰险,具有安危与共的至诚情感。

阿倍仲麻吕在担任唐政府官职以及和中国文人交游的过程中，逐渐成为中日两国友谊的桥梁。他虽然是唐朝官员，实际上执行日本大使的任务。每当日本"遣唐使"到达长安，他都主动协助使团，与唐政府接洽有关事务。例如，天宝十二年，日本第十一次"遣唐使"到达长安以后，阿倍仲麻吕即引领日本使团会见唐玄宗。会见以后，唐玄宗令阿倍仲麻吕带使团参观唐中央政府的府库和三教殿等。由于阿倍仲麻吕的疏通，唐玄宗授予日本大使藤原清河以"特进"(正二品散官)，授副使大伴古麻吕以银青光禄大夫卫尉卿(从三品)，从而加深了中日两国的友好关系。

大历五年(770)，阿倍仲麻吕在中国与世长辞，终年七十二岁。

科举制度的完备

唐代科举制在隋代的基础上得到进一步发展。科举分常举和制举二种。制举主要是试策，由皇帝临时定下名目考选。制举名目繁多，有直言极谏科、贤良方正科、文辞清丽科、博学通艺科、武足安边科、军谋越众科等百数十种。这是一种网罗非常人才的考试，平常人和官吏都可以应考。考中者，原是官吏的立即升迁，未入仕的由吏部授予官职。唐文宗以后，制举始实际停废。常举每年举行考试，分为秀才、明经、进士、明法、明书、明算等科。唐初，秀才科等级最高，唐太宗以后，士人趋向开始转向明经和进士二科，尤以进士科为重。在贞观二十三年中，进士共二百零五人，在高宗、武则天统治的五十五年中，据不完全记载，进士有一千余人，平均每年录取的人数较贞观时增加一倍多。玄宗以后，进士科的地位更加突出，官僚虽位极人臣，但如果不是进士科出身，"终不为美"。

各科考试内容不同。明经主要试帖经，即选择考生所习之经掩其两端，中间仅露一行，用纸遮盖部分字句，测试其背诵经书的能力。这种考试比较容易。进士科在隋代仅试策，唐太宗时曾加试经史，唐高宗末年又加试诗赋杂文，天宝年间始专试诗赋。考试成绩分上中下三等，上等、中等为及第，下等即落第。每年应考者或八九百人或一两千人不等，能及第者少则十余人，多则三十余人。由于考生多而录取名额少，所以考中进士非常不易。一旦及第便名闻士林（学术界、知识界），号称"登龙门"。明法科试律令，明算试《九章》《夏侯阳》《周髀》等数学著作，明书科试《说文》《字林》等字书。这三种科目是为选择专门人才而设，考生被录取后只能在和专业有关的机构任职。秀才科仅试策。取消了隋代加试的杂文。由于录取标准异常严格，及第者屈指可数。此科渐渐成为一种虚悬的科目。武则天长安二年（702），又创立武举科。州县以下习艺者每年被推举至兵部课试，所试科目有长垛（远射）、马射、步射、平射、筒射等，又有马枪、翘关、负重、身材之选。考试通过者，兵部即除官（授官）给禄。唐代武举亦属常举，但不重要。

参加科考者有两种来源：一种是国子监和州县学的生徒，由学馆荐举至尚书省参加考试；另一种是不在学馆，直接来自州县者，称为乡贡。乡贡首先自己在州县报名，即所谓"怀牒（文书、证件）自列于州县"，经州县考试合格后，再举送至尚书省参加考试。允许考生自由报考，这是唐代科举制较之隋代更加完备的一个重要标志。

考官在不同时期也有变化。唐初由吏部的考功郎中主持科考，贞观以后，由考功员外郎主持。开元二十四年（736）玄宗以员外郎位望较轻，遂改由礼部侍郎主持科考，后成为定制。开元中，礼部考试通过后送中书、门下详覆（详议审察）。宰相如果不同意，可以改动。详覆之制屡兴屡废。礼部考试是取得出身资格的考试，考中者仅取得进士及第或明经及第的资格，尚不能正式做官，只有再通过吏部铨试（通过考试进行选拔），才能释褐（脱去平民衣服，喻始任官职）除官，故吏部试亦称"释褐试"。吏部铨选的主要标准是身、言、书、判。身指体貌丰伟，言指言辞辨正，书指书法遒美，判指文理优长。

唐穆宗、敬宗都曾下令科考及第者免徭役。唐武宗明确规定进士科出身的称"衣冠户"，有免除差科（指差役和赋税）色役（即由官府佥派人户去各级品官和官衙担任仆役的一种差役）的特权。

礼部考试一般是正月考试，二月发榜。及第进士称主考官为"座主"，自称"门生"，同时及第者称"同年"。

唐朝入仕的途径除科举制外，还有门荫和流外入流（即未被编入正式官职，任满一定年限之后，经过考试合格，可以到吏部参加铨选，授予执事官或散官，进入流内）。唐初，由此二途入仕的官员远比科举出身的人多，以后进士出身的宰相逐渐增加，到德宗、宪宗之际，由科举入仕的宰相及高级官吏才占了多数，科举制成为向地主政权输送官吏的主要渠道。这是选官制度的一个进步，在削弱门阀士族等级特权、扩大唐政权的社会基础，提高官吏文化水平诸方面，科举制都发挥了重要作用。唐以后，历经宋元至明清，虽考试内容、方法有所变化，但科举制度本身一直相沿不替。

科举制在实行中也存在某些弊端，曾出现冒名顶替、泄露考题等舞弊现象。尤为严重的是座主、门生、同年结为朋党，相互援引，宦风由此败坏。牛李竞争中，牛党领袖李宗闵和牛僧孺就是同年进士，牛党骨干令狐楚、萧浣与皇甫镈（cuān）亦有同年之谊。他们主张选用官吏以词彩（词章的文采）居先，其党人经常"为举选人驰走取科第，占员阙（官职空缺）"。他们通过进士科举结成势力雄厚的私党，往往一门父子兄弟都从进士起家，住居显要，成为新兴的进士贵族。由此，科举制为中小地主广开仕途的作用也大大降低。这些弊端到宋代因糊名（把名字给盖起来改卷，称为糊名法）、誊录等新规定的实施才得到克服。

唐募兵制

募兵制是中国古代兵制之一。自唐五代以后，募兵制取代征兵制，为封建时代兵制的一大变革。宋朝不论禁兵、厢兵，还是南宋的屯驻大军等，一般都采用招募的办法。灾年招募流民和饥民当兵，是宋朝一项传统国策。统治者认为，将壮健者招募当兵后，老弱者就不可能揭竿反抗，这是防止灾年爆发农民起义的对策。招募军伍子弟，也是宋朝的重要兵源。此外，壮健的罪犯也刺配当兵，特别是充当厢兵。在兵源枯竭的情况下，统治者也往往强行抓夫，给民间造成很大的骚扰和痛苦。

春秋吴起简募良才，以招募而不是传统的征发形式组建了列国的第一只特种精锐部队——武卒。从前，春秋时代，征兵工作主要面向城市户口，随着战争规模的扩大，农村征兵工作也有声有色了，但征来的人没工资，还得自己解决武器和粮食的问题。有时候打仗打到半道，天转冷了，还得自己写信给老家，让老娘

中华上下五千年

第六篇 隋唐·五代十国

给做冬衣，让老爹给送过来，真是赔本又赔命啊。打完仗，征来的兵员摸摸脑袋如果还在的话，就各回各家继续从事乡间劳动。战场上的事，好像梦一场，只想把那黄沙战血染过的武器藏在地窖里，希望再也不要拿出来用它。吴起改革了传统的征兵制，他以苛刻的筛选标准招募士兵，一旦入伍吴起就发给他们工资，成为职业军人，而不是临时征发打完仗就回家。这些人放下手中的农活出来扛戟，相当于找到一份长期工作，不但拿薪水，还"一人入伍，全家光荣"：全家免去徭役赋税，还赐给土地房屋。

这种"募兵制"的选兵标准很高，要求全副三层衣甲——"上身甲""股甲""胫甲"。当时没有裤子，人们下身是裙子——对于军人来说就是裙状的皮革"股甲"。裙子里边光着大腿，从膝盖以下有半截裤筒似的胫衣（套裤）套在小腿上——胫衣是由从前远古时代的绑腿进化来的，未来将继续向上扩张成为裤子（但当时还没有裤子，只是小腿上的胫衣），对于军人来讲小腿上的胫衣就是皮革的"胫甲"。穿好这上身甲、股甲、胫甲三层衣甲，脑袋上再着胄（青铜头盔），操十二石之弩，挎箭五十枚，荷戈，带剑，裹三日之粮，负重奔跑，由拂晓至日中，能奔跑一百里者，才能应征入伍。当时的一百里相当现在的 41.5 公里，等于全程马拉松赛，要求半天跑完，而且这些大兵背了那么多兵甲武器，可不是背心裤衩呀。我们由此也可以判断，先秦人在身高、体能和耐力方面，都比现代人出色！

自唐五代以后，募兵制取代征兵制，为封建时代兵制的一大变革。唐玄宗为了增强军事力量，实行募兵制。募兵制由国家招募丁男当兵，供给衣食，免征赋役。这就减轻了农民的兵役负担，节省了府兵往来与路途的消耗，有利于生产的发展，封建国家也得以建立一支强有力的军队。不过，募兵制的士兵以当兵为职业，将领长期统率一支军队，兵将之间有了隶属关系，导致军阀形成。

唐均田制与租调制

唐代仍然实行"均田制"，是北魏以来均田制的延续，从武德年间起到开元末年止，曾三次颁行诏令，根据新情况对前代"均田制"略加调整，成为唐前期的基本土地制度。

唐初，在多年战乱之后，社会经济破坏严重，人民流离失所，政府财政困难。整顿田制和赋税制度，成为安抚流亡，恢复经济，保证财政收入，巩固政权的当务之急。

唐高祖在武德元年（618）十二月下令实行给内外官职分田制度：京官一品十二顷，二品十顷，三品九顷，四品七顷，六品四顷，七品三顷五十亩，八品二顷五十亩，九品二顷；雍州牧及外州官二品二十顷，三品十顷，四品八顷，五品五顷，七品四顷，八品三顷，九品二顷五十亩。

武德二年（619）二月十四日，高祖下令征收租税：每丁租二石，绢二丈，绵三两。

武德七年（624）三月二十九日，唐政府首次颁行均田及赋税制度，其内容是："凡天下丁男给田一顷，笃疾废疾给四十亩，寡妻妾三十亩（若为户者二十亩）。"老男亦给田四十亩。所授田以二十亩为永业田，其余为口分田。授田人亡故，他名下的永业田转授给他的承户人，而口分田则由官府收回另行授给他人。是为均田之制。赋税制度是："每丁岁入粟二石；调则随乡土所产：绫

926

绢勔各二丈，布加五分之一；输绫绢勔者兼调绵三两，输布者麻三斤。凡丁岁役二旬，若不役则收其庸，每日三尺。有事而加役者，旬有五日免其调，三旬则租调俱免。通正役不过五十日。若夷獠之户皆从半税。凡水旱虫伤为灾，十分损四以上免租，损六以上免（租）调，损七以上课役俱免。"但武德田令中没有一般妇女授田的内容，这在现存可见的均田制资料中是最早的。

武德七年（624）田令还包括给官永业田和给道士田的内容。受官永业田的限额是：亲王百顷，职事官一品六十亩，郡王及职事官从一品五十顷，国公及职事官正二品四十顷，郡公及职事官从二品三十五顷，县公及职事官正三品二十五顷，职事官从三品二十顷，侯及职事官正四品十二顷，伯及职事官从四品十顷，子及职事官正五品八顷，男及积事官从五品五顷，职事官六品七顷二顷五十亩，八品九品二顷；勋官上柱国三十顷，柱国二十五顷，上护军二十顷，护军十五顷，上轻骑都尉十顷，轻骑都尉七顷，上骑都尉六顷，骑都尉四顷，骁骑尉飞骑尉八十亩，云骑尉武骑尉六十亩；散官五品以上授田限额与职事官相同。五品以上各类官须在宽乡受官永业田，六品以下的则在本乡受之。道士给田三十亩，女官、僧尼可与之相同。

武德田令以本地耕地可以满足给田定额的地方为宽乡，反之则为狭乡。在宽乡可以按照全额授田，在狭乡则要减半。同时，对于耕种一年休耕一年的瘠薄耕地加倍给授，对于宽乡的耕种一年休耕两年的耕地则再加一倍给授。

由上可以总结出唐代均田制的特点：第一，扩大了授田的种类和范围，凡属老、小、笃疾、废疾、寡妻妾、工商户和僧尼道士都分给一定的土地。由于寺院经济的不断发展和商贾占有大量土地，所以在均田令中把这一事实合法化，保证僧侣地主和商人地主的既得利益。第二，"杂户"授田同于百姓，"官户"半给，奴婢、部曲和一般妇女不给田。这种情况，反映了隋末农民战争后社会阶级关系的变化，"杂户"身份有所提高，待遇同于百姓。大量奴婢、部曲获得解放，数量日益减少，已无授田必要。官僚地主通过"均田"普遍获得大量土地，用前代通过奴婢或牛来授田的办法，已无必要。第三，均田令中规定授田遵循"先课后不课，先贫后富，先无后少"的原则，这对缓和社会阶级矛盾有一定作用，既能维持唐朝财政收入，又有可能防止无地农民逃亡，将农民固定于土地之上，维持社会生产。第四，唐令规定："谓永业田家贫卖供葬，及口分田卖充宅及碾口邸店之类，狭乡乐迁就宽乡者，准令并许卖之。"允许买卖永业田或口分田，这是我国封建社会土地私有制的发展和均田制即将崩溃的反映，它给土地兼并开了方便之门。

均田制以关东地区最高，关中地区最低，长江流域居中。均田制的实施，把自耕农束缚在土地上，使政府有了较为稳定的财政收入和力役、兵役来源。

和前代相比，在唐代的授田对象中，增加了杂户、官户、工商业者和僧道。这是因为自南北朝后期，杂户、官户以及工商业者的身份都有所上升，唐代统治者不得不多少改变过去对他们的歧视政策，对他们也进行授田。南北朝以后，寺观获得了很大发展，唐政府对僧道进行授田，是为了肯定寺观对土地的所有权。唐代取消对妇女的授田，反映了妇女地位的进一步降低，也说明当时大量土地日益集中于各类地主手中，国家掌握的均田土地越来越少，因而取消了对妇女的授田。至于取消对奴婢、部曲的授田，这是与他们的大量解放以及士族地主的没落相适应的。

唐代的均田制调动了农民的积极性，促进了农业生产的发展和恢复，在唐初期起到积极作用。但是唐朝推行的均田制和从前一样，并没有触动地主官僚的私有土也，对农民的授田只限于无主荒地。不仅如此，唐代对贵族官僚进行授田的规定比以前更为完备，而且授田的数额也很高。唐代对土地买卖的限制也比较松弛，法令上允许买卖口分田是以前所没有的。这都给大土地所有制的发展提供了方便。

均田制是唐前期的基本土地制度，与之伴行的租庸调制是该时期的基本赋税制度。均田的目的是要向得授田者收取赋税劳役。从武德时起的百余年中，唐政府的主要财政收入来自租庸调。

武德二年（619）二月，唐王朝规定：丁男，每年缴租粟二石、绢二丈、绵三两。武德七年三月，颁布《田令》，实行均田制度。与此同时，颁布《赋役令》，规定：丁男，岁人粟二石，谓之租。桑蚕产地，缴绢（或绫、绝）二丈、绵三两；麻产地，缴麻布二丈五尺、麻三斤，谓之调。丁男每年服徭役二十日；若不出役，则每日缴绢三尺，布则三尺七寸五分，谓之庸。总括谓之租庸调制。租庸调是国家对均田农民的三项主要剥削，它的内容是：丁男每年向国家缴纳粟二石，称作租。缴纳绢二丈、绵三两或布二丈五尺，麻三斤，称作调。每丁每年服徭役二十天，如不服役，每天输绢三尺或布三尺七寸五分，称作庸，也叫"输庸代役"。官僚贵族享有蠲免（免除。蠲，juān）租庸调的特权。租庸调剥削是以均田制的推行为前提的，均田制规定每个成丁的农民都授田一百亩作为财产。唐代的租庸调制承袭隋代而来，不过有些变动。唐代租庸调的征收只以成年男子为对象，妇女、老小、残疾并不征收。贵族和九品以上官员有免课役的特权。

唐代的剥削制度不同于前代的是"输庸代役"的出现。庸始于隋，到唐代成为一项普遍的制度。输庸代役制度的推行，使农民有较多的时间来进行生产，具有积极意义。

唐前期除租庸调以外，还有户税和地税两种税收。户税是根据财产多少而确定的户等进行征收。唐初民户按资产分为三等，不久又改为九等，户等高则多征，低则少征。王公、百官之家都要征收。唐玄宗开元年间，户税征收进入了主要阶段，当时规定：凡天下诸州税钱，各有准常。其率一百五十万贯；每年一、税，其率四十万贯，以供军国、传驿及邮递之用。每年又别税八十万贯，以供外官月料及公廨之用。这说明至开元年间，户税已经制度化，而户税又区分为大税、小税和别税。由于唐初百姓授田较多，所承担的赋役尚能承受，加之输庸代役制度的实行，农民有较多的时间进行生产，因而有利于唐初农业的恢复和发展。

租庸调制在唐长期占统治地位，直到均田制末期的天宝年间（8世纪中期），租庸调的收入仍占唐政府全部财政收入的百分之六十左右，对巩固中央集权国家作用巨大，是唐代重要的财政来源之一。但随着地主经济的逐渐成熟和唐朝统治集团的不断腐败，土地兼并日益加剧。到了开元初年（8世纪20年代），土地兼并使大量均田农民破产逃亡，唐政府不得不一方面实行括户（登记户口）以防租庸调收入过快下滑，另一方面则反复强调官僚贵族的占田限额以减缓土地兼并的速度。但这些都非治本之计。从高宗朝起，政府就日益重视户税和地税，使之由补充租庸调发展到与之并行。天宝年间，均田制迅速弛坏，租庸调制随之下落。安史之乱及随后的河北藩镇割据终于使实行了三百年的均田制、租调制退出历史的舞台，让位给租佃制和以户地税为先导的、按财产田亩计征的两税法。

两税法

中国唐代后期用以代替租庸调制的赋税制度。武周过后均田制受到破坏，唐代开国初期的租庸调法早已不适用，唐德宗建中元年（780）开始实行两税法。

两税法是由唐朝宰相杨炎所创。由于土地兼并迅速发展，失去土地而逃亡的农民很多。农民逃亡，政府往往责成邻保（邻居）代纳租庸调，结果迫使更多的农民逃亡，租庸调制的维持已经十分困难。与此同时，按垦田面积征收的地税和按贫富等级征收的户税逐渐重要起来。安史之乱以后，赋税制度非常混乱，赋税制度改革势在必行。大历十四年五月，唐德宗即位，宰相杨炎建议实行两税法。到次年（建中元年）正月，正式以敕诏公布。两税法的主要原则是只要在当地有资产、土地，就算当地人，上籍征税。同时不再按照丁、中的原则征租、庸、调，而是按贫富等级征财产税及土地税。这是中国土地制度和赋税制度的一大变化。从此以后，再没有一个由国家规定的土地兼并限额。同时征税对象不再以人丁为主，而以财产、土地为主，而且愈来愈以土地为主。具体办法：将建中以前正税、杂税及杂徭合并为一个总额，即所谓"两税元额"。将这个元额摊派到每户，分别按垦田面积和户等高下摊分。以后各州、县的元额都不准减少。每年分夏、秋两次征收，因此被称为两税。无固定居处的商人，所在州县依照其收入的三十分之一征税。租、庸、杂徭悉省，但丁额不废。

两税法的主要内容是：

（一）取消租庸调及各项杂税的征收，保留户税和地税。

（二）量出制入，政府先预算开支以确定赋税总额。实际上，唐中央是以 779 年（大历十四年）各项税收所得钱谷数，作为户税、地税的总额分摊给各州；各州则以大历年间收入钱谷最多的一年，作为两税总额分摊给各地。因此，户税、地税全国无统一的定额。

（三）户税是按户等高低征钱，户等高的出钱多，户等低的出钱少。划分户等，是依据财产的多寡来进行的。户税在征收时大部分钱要折算成绢帛，征钱只是很少一部分。

（四）地税按亩征收谷物。纳税的土地，以大历十四年的垦田数为准。

（五）无论户税和地税，都分夏秋两季征收，夏税限六月纳毕，秋税限十一月纳毕。因为夏秋两征，所以新税制称为两税法。

（六）对不定居的商贾征税三十分之一（后改为十分之一），使其与定居的人负担均等。

两税法把中唐极端紊乱的税制统一起来，在一定程度上减轻人民的负担，但是实行中的弊病也不少：长期不调整户等，不能贯彻贫富分等负担的原则。两税中户税部分的税额是以钱计算，因政府征钱，市面上钱币流通量不足，不久就出现了钱重物轻的现象，农民要贱卖绢帛、谷物或其他产品以交纳税钱，增加了负担。两税制下土地合法买卖，土地兼并更加盛行，富人勒逼贫民卖地而不移税，产去税存，到后来无法交纳，只有逃亡。于是土地集中达到前所未有的程度，而农民沦为佃户、庄客者更多。由于没有更好的税制来代替，这种税制就成为后代封建统治者所奉行的基本税制了。

两税法的作用在于：使唐朝中期以来极端混乱的税制得到统一，在一定时期内，保证了国家的财政税收；改变了自战国以来以人丁为主的赋税制度，而"唯以资产为宗，不以丁身为本"，表明封建政府对农民的人身控制有所放松。两税法规定贵族、官僚、商人都要交税，这就扩大了税源，增加了政府的财政收入，也相对减少了农民的负担。实行两税法，是我国封建社会赋税制度的一次重大改革和进步。

佛教在唐代的发展

唐代是中国佛教臻于鼎盛时期。唐朝帝王虽然自称是道教教祖老子的后裔，尊崇道教，但实际上采取道佛并行的政策。唐代继隋代之后，很重视对于佛教的整顿和利用。高祖武德二年（619），在京师聚集高僧，立十大德，管理一般僧尼。太宗即位后，重兴译经事业，使波罗颇迦罗蜜多罗主持。又度僧三千人，并在全国"交兵之外"建立寺刹。贞观十九年（645），玄奘从印度求法回来，朝廷为他组织大规模译场，他以深厚的学养，作精确的译传，给予当时的佛教界以极大的影响。高宗即位后，在帝都和各州设官寺，祈愿国家安泰；武则天利用《大云经》，为其夺取政权制造依据，随后在全国各州建造大云寺，又造白司马坂的大铜佛像。玄宗时，由善无畏、金刚智等传入密教，得玄宗的信任。终唐世，佛教僧人备受礼遇，赏赐有加。武则天曾封沙门法朗等为县公，又授怀义为行军总管等；不空和尚曾仕玄宗、肃宗和代宗三朝，出入宫门，封肃国公；入寂后，代宗废朝三日，以示哀悼。中唐以后，国家历经内战，徭役日重，人民多借寺院为逃避之所，寺院又乘均田制度之破坏，扩充庄园，避免赋税，在经济上与国家利益矛盾日深，故从敬宗、文宗以来，政府渐有毁佛的意图。会昌五年（845），武宗下令大规模禁断佛教，没收寺院土地财产，毁坏佛寺、佛像，淘汰沙门，勒令僧尼还俗。据《唐会要》记载，当时拆毁的寺院有四千六百余所；招提、兰若等佛教建筑四万余所，没收寺产，并强迫僧尼还俗达二十六万零五百人。佛教受到极大的打击。

唐代译经基本上由国家主持，成绩颇为可观。以贞观三年（629）始，设置译场，历朝相沿，直至宪宗元和六年（811）才终止。前后译师二十六人，即波罗颇迦罗蜜多罗、玄奘、智通、伽梵达摩、阿地瞿多、那提、地婆诃罗、佛陀波利、杜行顗、提云般若、弥陀山、慧智、宝思惟、菩提流志、实叉难陀、李无谄、义净、智严、善无畏、金刚智、达摩战湿罗、阿质达霰（xiàn）、不空、般若、勿提提犀鱼、尸罗达摩。这些译师中有好几个中国僧人、居士。在译籍的数量和质量方面也超过前人，把当时印度大乘佛教的精华基本上介绍过来。有唐一代译出的佛典，总数达三百七十二部、二千一百五十九卷。在隋代所编佛经目录的基础上，唐代陆续编成佛经目录多种，其中影响最大的是智升所撰《开元释教录》，入藏目录共收一千零七十六部，五千零四十八卷，成为后来一切写经、刻经的准据。

唐代佛学义理的蓬勃发展，促成大乘各宗派的建立。最先为隋代智顗所创，灌顶弘传的天台宗，入唐有智威、慧威、玄朗、湛然相次传承。会昌毁佛，天台宗声势渐衰。此外还有隋代已具雏形的三论宗，其祖师吉藏晚年在长安受到唐高祖礼遇，被立为十大德之一。吉藏门人中最杰出的为慧远，另有智拔、乌凯、智凯、智命、硕法师、慧灌等。稍后贞观年间有元康，著《三论疏》。唐代此宗逐渐不振，其中修习禅法的渐与禅宗合流。唐代玄奘和窥基创立了法相宗，玄奘门人慧沼、智周相继阐扬，使此宗达于极盛。但因其理论过于繁细，难以通俗，终归衰落。其次，道宣、法砺和怀素分别创立了律宗（发源地是陕西西安净业寺，因着重研习及传持戒律而得名），称为南山宗、相部宗和东塔宗，他们对于《四分律》的运用和解释，见解不同，长期得不到统一，最后还是南山宗畅行，余宗衰落了。此外义净一家也讲求律学，他曾费时二十五年，经历三十余国，留心实行戒律的各种做法，写成记录寄回国内，即称《南海寄归传》。法藏所创华严宗（中国佛教八宗之一），由弟子慧苑、澄观、宗密等传承。宗密融合禅教，贯彻华严圆融的精神，向后此宗即朝此趋向发展。由印度相继来唐的善天畏、金刚智本来分别传承胎藏界（谓佛性隐藏于众生身中；或理性摄一切诸法，具一切佛功德，犹如子藏母胎，故名）和金刚界的法门，来华后互相授受，融合成更大的组织，后经过一行、不空的阐述，充实了内容，别创密教一宗。不空以后，经惠果义操、义真等数传，宗势逐渐衰颓。由北魏昙鸾开创，隋代道绰相继，唐代善导集大成建立了净土宗（汉传佛教十宗之一），其后怀感、少康等相承不绝。此外还有慧日亦宣传净土教，别成一系，还有迦才、承运、法照等也致力于净土的宏传，遂使净土宗信仰得以普遍流行。最后还有禅宗，弘忍的弟子神秀和慧能分别创立的禅宗（不是汉传佛教，又不离汉传佛教，是中国化后的佛教），是为北宗和南宗，在唐中叶后又陆续出现"禅门五家"，即沩仰宗、临济宗、曹洞宗、云门宗和法眼宗。此外，隋代信行禅师创立的三阶教延续到唐代，初唐一度很兴盛。从武后证圣元年

（695）起，三阶教一再遭到官方禁绝，到唐末此宗派绝迹。

唐代佛教信仰深入民间。除了通过各宗派教义传教外，还有直接与群众生活联系的传教活动。如岁时节日在寺院里举行的俗讲，用通俗的语言或结合故事来讲解佛经，所讲的经有《华严》《法华》《维摩》《涅槃》等，这些讲经材料大都写成讲经文或变文（古代说唱文学体裁）。又有化俗法师游行村落，向民众说教。有时也由寺院发起组织社邑，定期斋会诵经。而使社僧为大众说法。有些寺院平素培植花木，遇到节日开放以供群众观赏，或约集庙会，这都起了间接传教的功效。

唐代佛教的急速发展，使其与道、儒两家在政治思想上冲突加剧。在道教方面，唐初有傅奕向高祖七次进言，抨击佛教。沙门法琳及其弟子李师政分别作《破邪论》和《内德论》，反驳傅奕。接着有道教徒李仲卿、刘进喜响应傅奕，贬斥佛教。法琳再作《辨证论》，予以反击。这次冲突以法琳被发配益州结束。此后朝廷时常举行佛道的对论。后来武宗禁断佛教，虽由于国家与寺院经济上矛盾不可调和而致，但佛道两教的冲突也是原因之一。在儒家方面，韩愈写《原道》一文攻击佛教，认为佛教教人无为而徒食，无益于国家，又佛教乃外来夷狄之法，与儒教相违。他主张驱使僧尼还俗，焚毁佛经，改寺院为民舍。他的辟佛议论给后世很大影响。佛教在与道、儒思想冲突的过程中，三教进一步融和。天台宗湛然写《止观统例》一文，将佛教修止观说或与中国旧说穷理尽性一样，止观法门在于恢复人性之本。这种复性之说易为儒者所接受。韩愈门人李翱结合禅宗的无念法门和天台宗的中道观，写成《复性书》，即隐含着沟通儒佛两家思想之意。这种倾向在唐末五代时期发展成为一股三教合一的社会思潮。

唐代佛教在文学、艺术等方面，建树很大，丰富了中国民族文化艺术宝库。在文学方面，由于俗讲流行，创作了变文等作品。在艺术方面，佛教建筑、雕刻、绘画都有很大发展。始建于北魏的洛阳龙门石窟，高宗、武后时期又大加营造，雕造了奉先寺大佛，并于西山遍筑佛窟，且续开东山各窟。唐代造像在龙门而外，还于山西太原天龙山、甘肃天水麦积山、敦煌莫高窟、山东历城千佛崖、四川广元千佛崖等处开凿石窟，雕塑佛像。其中敦煌诸窟彩塑佛像，柔和生动，尤有特色。随着变文的发达，创造了多种多样的经变图画，现今犹存于敦煌石窟的有弥陀净土变，药师净土变，弥勒净土变，《维摩》《法华》《报恩》《天请问》《华严》《密严》等经变。唐代佛教建筑殿堂遗构在五台山有南禅寺、佛光寺之大殿。塔的形式则始创八角形结构，如玄宗时在嵩山会善寺所建的净藏禅师墓塔等。另外经幢的制作极多，其形式常为八面，后更发展有数层，还雕刻了佛像等。

唐代佛教的发展在国外产生了影响。当时新罗和日本的学僧络绎来华得到各宗大师的传承，归国开宗，中国高僧也到日本传教，如此相承不绝。新罗来唐僧人有义湘、太贤、道伦、惠日、法朗、信行、道义等，他们分别在国内传华严、法相、密宗、禅宗之学，禅宗还蔚成禅门九山，极一时之盛。日本学僧入唐求学之风尤盛，来华日僧道昭、智达、智通、智凤、玄方学法于法相宗，归国后分为南寺、北寺两传法相之学，而成立专宗。又先有道璿赴日讲《华严》等经，继而新罗审详从贤首学法，授之日僧良辨，而成华严宗。又日僧道光先入唐学南山律，后鉴真赴日传戒，成立律宗。这些宗派都建立于日本奈良时代，连同先前传入日本的三论宗、成实宗（中国十三宗之一，日本八宗之一），又附法相学传入的俱合宗，并称奈良六宗。在平安时代又有最澄入唐从天台宗道璿、行满受学，归国创天台宗。又空海从惠果受两部秘法，归国创真言宗，于是日本佛教备具规模。

瑰丽的唐诗

文学和艺术是物质世界的反映，是客观现实社会忠实的写照。繁荣富强的唐朝，人民的物质生活与文化生活是丰富多彩的。尤其是贞观、开元年间的繁荣与富庶，是前所未有的。印度文明和中亚文明又不断给华夏文明注入新鲜血液。所以，唐代的文学光辉灿烂，唐诗便是在物质极丰盛的土壤上所开出的异彩纷呈的花朵。

中国是诗的国度。秦汉以后，诗由四言发展为五言、七言。六朝时有了"四声八病（齐梁时期发现并运用于诗歌创作的声律要求，"四声"是平上去入四种声调，是声律论提出的前提和基础；"八病"指作五言诗时,在运用四声方面所产生的弊病)"之说,诗的形式更加完整,随之产生了"永明体",亦称"新体诗"。隋承齐、梁之旧,成就不大,相传只有薛道衡写出一句精彩的"空梁落燕泥",却又为隋炀帝所妒,借此杀了他。其实他的诗也只纤巧而已,并无过高的才华。唐代的诗歌,无论内容之广泛,艺术之精湛,数量之繁多,都是我国诗歌史上的最高的,是我国文化史上一颗光辉灿烂的明珠。仅清人编的《全唐诗》所录就有两千三百多位诗人和四万八千余首诗歌。

唐诗的发展一般可分为初唐、盛唐、中唐、晚唐四个时期。

初唐九十多年是扭转齐梁以来浮艳的诗风,使唐诗走向健康发展的时期。初唐前期流行的是虞世南、上官仪的作品,仍然是齐梁的诗风。王勃、杨炯、卢照邻、骆宾王等所谓初唐四杰,始转变了这种诗风。他们虽没有完全摆脱旧的传统,然而毕竟写出了意境阔大深沉的作品。"落霞与孤鹜齐飞,秋水共长天一色"是王勃《滕王阁序》中的名句。"请看今日之域中,竟是谁家之天下!"骆宾王的《讨武氏檄》不失为富有煽动力的文章。后来的宋之问、沈佺(quán)期虽然也写了不少宫体诗(产生于宫廷的、以描写宫廷生活为基本内容的诗歌,风格通常流于浮靡轻艳),但他们却完成了七言古诗和五言、七言近体诗的转变,对唐诗的发展做出了一定贡献。陈子昂积极提倡建安风骨,批判齐梁诗风,高举诗歌革新的大旗,并且在自己的创作实践中恢复了我国浪漫主义和现实主义的诗歌传统,奠定了唐诗健康发展的基础。"前不见古人,后不见来者。念天地之悠悠,独怆然(悲伤)而涕下。"陈子昂这首诗,一千多年来一直为人们所喜爱。

盛唐指从开元元年到大历五年的五十多年间,这时是诗歌的黄金时代。伟大的浪漫主义诗人李白和伟大的现实主义诗人杜甫同时出现在诗坛。诗人辈出，犹如群星灿烂，各种体裁的诗争芳斗艳。岑参、王昌龄、王之涣、王翰、崔颢等，成为浪漫主义潮流中的主要诗人。他们的诗主要是反映将士们从军报国的英雄气概和不畏艰苦的乐观精神。如王昌龄的《从军行》写道："秦时明月汉时关，万里长征人未还。但使龙城飞将在，不教胡马渡阴山。"另一群是田园隐逸派诗人王维、孟浩然、储光羲等，他们的作品主要描写山水田园生活，艺术上很有成就。王维的诗里洋溢着诗情画意，人与自然融合为一，使读者仿佛也置身于他所描述的境地当中。《红楼梦》的作者曹雪芹借香菱之口，盛赞"大漠孤烟直，长河落日圆"（《使至塞上》）一联，指的就是这种特色。

值得一提的还有张若虚，他只有两首诗传世。张若虚的歌行体名篇《春江花月夜》，把我们引入了浪漫、优美的诗的园地。尽管作者抒写的感情没有跳出悲欢离合、人生无常的圈子，然而"滟滟（yàn yàn，水浮动貌）随波千万里，何处春江无月明。江流宛转绕芳甸，月照花林皆似霰"等句，却写出了风光明媚的春夜景象，预示出诗坛一片蓬勃的生机。

安史之乱以后从大历六年到唐文宗大和末年的六十多年，诗歌进入中唐时期。这一时期，社会各种矛盾激化，人民的苦难在诗歌中有了更多的反映，现实主义的作品得到极大的发展。从这个时候开始，反映人民疾苦成了优秀诗歌突出的主题。最突出的是以白居易为首的新乐府（指的是一种用新题写时事的乐府诗）派，其中主要代表人物是张籍、李坤、王建、刘猛等。新乐府诗主要揭发统治阶级的骄奢淫逸、残酷剥削，同情人民的疾苦。这些诗在当时及后代都产生了广泛而深远的影响。此外，中唐诗歌的风格流派比盛唐更加丰富。中唐前二十年，大历年间刘长卿、韦应物的山水诗，李益、卢纶的边塞诗，是盛唐诗的余韵。后期诗人李贺，吸收楚辞、乐府的浪漫主义传统，写出他精神上的苦闷和追求。韩愈、孟郊的诗追求奇险，这些名家都创造了自己独特的风格，取得了显著的成就。

到了晚唐（唐文宗开成初到唐亡），伴随着国势的衰微和社会动乱，诗的风格发生很大变化。杜牧、李商隐的诗歌在艺术上有一些新发展，但在残酷的政治斗争中他们却无所作为，感伤情绪成为他们诗歌的基调。

唐诗是中国文学史上一颗永远灿烂的明珠，散发出瑰丽的光芒。

雕版印刷术和火药

唐朝经济的繁荣，为文化的发达奠定了坚实的基础。科学技术取得了伟大成就，雕版印刷术的发明，就是其中之一。

雕版印刷术的形成，是一个漫长的历史过程，它的始祖应该说是图章，也就是印信。但印上的字不管是铸的或者刻的，都是反文，印出的才是正文。印刷术的第二个来源是石刻，石刻的历史也像印章一样源远流长。汉朝的石刻比较发达，凡是记事文字需要久传的，都用石碑刊刻（雕刻）。人们把纸铺到石碑上刷墨、捶打，就出现了黑底白字的碑文。石刻就这样为雕版印刷创造了经验。

石刻十分费力，而木刻却比较简便。到了唐朝初年，由于社会经济文化的发达，于是发明了雕版印刷术。

到了唐末，全国印刷业已相当发达，印刷中心主要分布在成都、淮南、洛阳等地，印刷了大量佛经、历书等。

众所周知，印刷术被称为"文明之母"，其重要性尽人皆知。唐朝发明的印刷术后来流传到国外，推动了世界各国文化的发展。

唐代另一项发明是火药。

火药的发明和方士炼丹药有密切关系，它的产生，也经过了漫长的岁月。远在战国秦汉时期，历代帝王总想长生，于是就有一些人投其所好，自称能炼出长生不老的药来。这些炼丹家在崇山峻岭采花草，探金石，在深山古洞里炼黄金，制造长生药。而火药就是他们无心插柳的结果。

唐初孙思邈就有"饮硫黄法"，用硫黄、硝石各 2 两，研粉，用皂角三个引火，使之燃烧，火熄后再用生熟木炭 3 斤炒到炭消亡1/3 为止。9 世纪初清虚子的"伏火矾法"，也用硫黄、硝石，另外则加马兜铃（多年生的缠绕性草本植物，因其成熟果实如挂于马颈下的响铃而得）。马兜铃和皂角都含碳元素。他们的目的是用燃烧的方法，去掉药物的毒性。但是以硫黄、硝石和炭三样东西造成火药的方法，却从这里产生出来了。古人常有丹房失火的说法，实际上就是稍不小心，火药就会爆炸。人们正是从炼丹时多次发生爆炸的事实，逐渐形成对火药的正确认识。这个认识形成的正确时间，应该是在唐朝中叶以后。最初用火药制造的武器叫作"火箭"，在晚唐和五代的战争中已经发挥了威力。

火药是我国古代四大发明之一。唐时，中国的炼丹术经海路传入阿拉伯国家，阿拉伯人称硝为"中国雪"，波斯人叫"中国盐"。13 世纪时，火药从中国经过印度传给阿拉伯人。欧洲人的炼丹术和火药都是从阿拉伯人那儿学习的。

翰林学士的设置

唐代的翰林学士发端于李世民秦王府的文学馆。李世民非常重视笼络天下有识之士，在秦王府开设文学馆，擢房玄龄、杜如晦等十八人以本官兼任学士，"给五品珍膳，分为三番更直，宿于阁下，讨论坟典（三坟、五典的并称，泛指古书）"，时人称之为"登瀛洲"。贞观初年，李世民即位后，置弘文馆学士，于听朝之隙引入大殿内讲论文义、商较时政，弘文馆学士于禁中内参谋猷（计谋、谋略），多延引讲习，很多人成为三省长官的主要人选。所以，从文学馆发展到贞观初年的弘文馆是翰林学士的雏形阶段。

高宗乾封以后，出现了北门学士，朝廷奏议及百司表疏，皇帝均密令参决，以此分宰相之权。他们中有刘懿之、周思茂、元万顷等。大致在玄宗时正式出现了翰林院。时院址设于宫内麟德殿之西，较中书舍人院更接近于寝宫内殿。翰林院内供职的有词学、经术、僧、道、卜、祝、术、艺、书、弈、炼丹等各种技能之士，称待诏，备皇帝随时召见使唤。玄宗以中书舍人草诏难以保守密命和应付急需，遂选朝官有词学识者入居翰林院供奉，以备起草急诏，当时常以中书舍人等兼任，如中书舍人吕向、谏议大夫尹惜首充待诏，他们虽有密近之殊，然尚未定名，中书舍人张九龄、中书侍郎徐安贞也迭居其职，皆被恩遇，与集贤学士分掌诏制。开元二十六年（738），又于原址之南另建翰林学士院，专供草拟诏制者居住，依旧称翰林待诏或供奉，时以太常少卿张泊、起居舍人刘光谦首居其职。有时是翰林学士与供奉二名兼称。翰林学士只是差遣职，本身无品秩，都带本官。初置时无员额，少则一两人，多则五六人，后来依据中书舍人之例置学士六人，选一人资历深者为"承旨"。翰林学士在玄宗时的职务主要是草拟表疏（泛指奏章）批答（批示答复），检视王言，以备顾问（执政者对于近臣的谘询）。安史之乱以后，天下军事频繁，深谋密诏，皆从中出，翰林学士权任由此加重。

翰林学士的设置，客观上侵夺了中书省的部分职权，削弱了三省制度。学士院与中书舍人院有着明确的分工。学士所起草的诏敕，主要是皇帝的特殊文告，如任命将相大臣，宣布大赦，废立及征伐等事，称为内制，以白麻纸书写。中书舍人所起草的则是一般性的文告，以黄麻纸书写。合称"两制"。德宗以后，对翰林学士礼遇日隆。奉天之乱时，翰林学士陆贽（zhì）从幸奉天，专知制诰。兴元元年（784）诏令翰林学士开始朝服班序，加知制诏衔，如中书舍人例。时虽有宰相，但大小国事德宗必与陆贽商议，时人称赞为"内相"。不仅是中书舍人闲而无事，连宰相参谋密计之权也被分割。宪宗即位，创设承旨，为承旨者多至位宰相，经德、顺、宪三朝，翰林学士已成定制。

诗圣杜甫

杜甫，字子美，曾自称少陵野老，因做过工部员外部，被人叫作杜工部。他亲自经历了安史之乱这场大变乱，饱经丧乱，也经受了丰富的锻炼。他用诗歌记实事，发议论，画出一幅幅流亡图，深刻地表现了这个时代。后人把杜诗叫作诗史，其实他写得比许多史家更丰富、更生动。

杜甫出生在河南巩县一个衰落的世族家庭里。他在文学上用过苦功，"读书破万卷，下笔如有神"是他的经验之谈。他有一番抱负，希望"致君尧舜上，再使风俗淳"。然而唐朝政治正在走下坡路，杜甫受权臣排挤，找不到出路，在愁苦的生活中，他的眼光越来越注意社会政治生活中的不合理现象，开始写出一批反映现实比较深刻的作品，如诉说农民沉重的兵役负担的《兵车行》；批判天宝年间一些不义战争的《前出塞》；斥责杨家豪门奢侈荒淫的《丽人行》；而在《自京赴奉先县咏怀五百字》中，更直率地指出"彤庭（宫廷）所分帛，本自寒女出。鞭挞其夫家，聚敛贡城阙（宫殿）"，批评豪门贵族随便耗费农民的血汗，写出了传诵了一千二百余年的名句"朱门酒肉臭，路有冻死骨"。由此可见，在安史之乱以前，杜甫已经在写诗史了。

叛乱爆发时，杜甫刚到奉先（今陕西蒲城）探望家属，随即移居白水（今陕西白水南）。潼关失陷后，诗人带着全家，流亡道途，备尝艰辛。他把家口安置在鄜州（今陕西富县）的羌村（今名"大盛号"）。只身出门，想到灵武见肃宗，中途被叛兵捉住，送往长安。这时诗人不过 45 岁，但形容憔悴，不像个官儿，才没有被加上伪职。

他在长安住了八个月光景，听到叛军到处窜扰屠杀的消息，精神非常痛苦；又不知家属安危，忧虑不安。这些见闻感受，都熔铸在真挚动人的诗篇里。"国破山河在，城春草木深"（《春望》），是这时期的代表作。

至德二年（757）四月，杜甫逃出长安，西奔凤翔。他朝见肃宗时，衣破露肘，脚穿麻鞋，老瘦不堪。肃宗任命他做左拾遗，那是个"从八品上"的官，以对政事提意见为职责。不久，皇帝就讨厌他喜欢批评朝政的作风，以给假探亲为名，逐出朝廷。

这位白头拾遗穿了一领青袍，徒步回家。一路上所见所闻，都写在七百字的五言诗《北征》中间。《北征》是叙事诗，也可以说是篇奏议，在杜集中也属于罕见的名篇。

阡陌之间，人烟萧瑟，所见多半是呻吟流血的伤兵难民。深夜经过战场，又看到很多惊心触目的景象。史家没有忠实地记录这场变乱造成的残败景象，更讳而不言人民遭受的苦难，诗人却绘影绘声地刻画出来了。

他称赞马嵬驿事变（随行将士处死宰相杨国忠，并强迫杨玉环自尽，史称"马嵬驿兵变"），"桓桓陈将军，仗钺奋忠烈"，态度十分明朗。他反对用回纥兵，"官军请深入，蓄锐可俱发"，婉转地提出单用官军便可破敌的意见。

他记了史事，发了议论，又写出来艺术性极高的诗，这是极大的成功。

唐军收复长安后，杜甫仍旧做左拾遗，但是不久又被贬到华州（今陕西华县）做司功参军，管理祭祀学校等工作。这表示皇帝把他完全丢开了。

乾元二年（759），相州城下九节度使大军溃败，杜甫恰巧因事往来于洛阳、华州之间，亲眼看到兵荒马乱的景象，于是写出了《三吏》《三别》等名篇。这些诗篇反映了人民的惨痛遭遇，也是对那些制造祸乱、残害人民的封建统治者的鞭挞。

连年战乱，人口减少，能当兵的青壮年尤其不多。统治阶级不顾人民的死活，把老弱妇孺都抓去服役。《新婚别》说："暮婚晨告别，无乃太匆忙"，拉走的是刚结婚的新郎。新安县是"县小更无丁"了，官府却把未成年的"中男"拉去当兵。"白水暮东流，青山犹哭声"，这就是诗人在新安道上的感受。"子孙阵亡尽"（《垂老别》），老头子只得挺身去上战场，"老妻卧路啼，岁暮衣裳单；孰知是死别，且复伤其寒；此去必不归，还闻劝加餐"，这是什么情景！甚至一个打了败仗的散兵，回到故乡，刚想"荷锄灌畦"，县吏已经来征发他入伍了。他的家属一个也没有了，"存者无消息，死者为尘泥"，无家可别，然而内心的沉痛，更甚于有家可别的人。在《石壕吏》中，诗人写的县吏半夜抓人的情景。这户人家，三个儿子都在军中，其中两个已在相州阵亡，家中除两老之外，只有个带着乳婴的媳妇。县吏不顾这些，只要抓人当差。老头跳墙逃走，老妇只得跟着县吏到军队里去烧饭，第二天作者只好"独与老翁别"了。

诗人写了惊心动魄的流亡图，对政治的黑暗有了进一步的认识，不久便弃了官职，当一个"野老"了。

诗人浪迹天涯，访求一个容身的小天地。他先到秦州（今甘肃天水），继又南下同谷（治所在今甘肃康县），经栈道，穿剑门入蜀，于十二月到成都，才定居下来。他一路上写了许多诗，记行踪，绘江山，也反映了社会现实。《盐井》云："自公斗三百，转致斛六千。"史书所载盐价，以每斗三百七十钱为最高的数字，据此两句，可知转贩的售价，每斗高达六百。杜诗真是信史啊！

杜甫在成都花溪西，临近锦江的地方，建了所草堂。这所著名的杜甫草堂，历劫犹存，新中国成立以后，受到党和政府的重视，定为全国重点文物保护单位之一，经过妥善的整修，把总面积扩大到三百亩左右。面貌焕然一新。

但是杜甫在世的时候，在草堂不过住了几年，后来又为生计所追，沿江东下，在夔州（今四川奉节）、江陵、潭州（今湖南长沙）、衡州（今湖南衡阳）等地，漂泊多年。他的生活越来越贫困，身体状况越来越恶劣，竟于大历五年（770）病死在岳州（今岳阳）附近的客船上。

杜甫的诗反映了人民的苦难，坚决反对安史的叛乱，批判权奸豪门。他对于"西戎外甥国"（吐蕃）乘人之危，破坏唐蕃和好，流露出忧虑的心情。他对政府无力抗拒吐蕃贵族的侵扰，感到痛心和愤慨，在《诸将五首》等诗中谴责了大臣将领的无能。他拥护平定军阀叛乱的战争，也毫不犹豫地斥责平叛官军杀掠人民的罪行。"闻道杀人汉水上，妇女多在官军中"（《三绝句》之三），就是一个例子。

当然杜甫的思想有时代和阶级的局限性。他同情人民，但仍旧劝人民忍受。"况乃王师顺，抚养甚分明。送行勿泣血，仆射如父兄。"（《新安吏》）封建王朝军队中的将帅和士兵怎会如此和谐呢？然而我们也不能因此过分责备杜甫，因为一个古代地主阶级的诗人能够像他那样深刻地反映社会实际，毕竟是难能可贵的。

人民的诗人白居易

继李白、杜甫之后，唐朝另一个伟大的人民诗人是白居易。他吸收了前人的成果，在诗歌创作上达到了新的高峰。

白居易（772—846），下邽（今陕西渭南。邽，guī）人。字乐天，号香山居士。他生活在一个动荡不安的年代里，唐德宗贞元十六年，进士及第，五年以后当了周至尉，开始登上政治舞台。县尉是封建王朝的下级官员，在这个岗位上，一方面对上级官员要奔走逢迎，另一方面对其属下人民要进行压迫和剥削。这样的官场生活，白居易当然是不乐于久居的。但是在那近两年的县尉生活里，他却有了一些意外的收获。白居易由于亲眼看到下层人民生活的疾苦，丰富了他诗歌的创作源泉。从这时起，白居易写出不少名篇。元和二年（807）冬天，他被调到长安，又经过一次考试，当了翰林学士。元和三年任左拾遗，他除了写一般的启奏外，更有意识地以诗歌来表达自己的政治主张。在这些诗里，他尖锐地揭露了贵族官僚的巧取豪夺，以及他们穷奢极侈、荒淫无耻的生活。他的诗歌在当时就有相当的影响，使达官显贵们大为不满。不久，便遭受一连串的排斥和打击。元和十年（815），被贬为江州司马，这件事是白居易的政治生活和文学生活的转折点。从此以后，他虽然并没有从根本上放弃改革政治的主张，但是，他再也没有青年时代那种锐气了。长庆二年（822），出任杭州刺史，这是诗人多年的夙愿，所以他非常高兴。他得到任命以后，急忙整顿行装，十月初便到达目的地。到杭州后，本着"勤恤人庶，下苏（解救、拯救）凋瘵（diāo zhài，困穷之民或衰败之象）"的精神，事无巨细，他都亲自动手。当时杭州人民最大的困难就是饮水问题，李泌在杭州时，曾开凿六口井，白居易"复浚李泌六井，民赖其汲"（《新唐书·白居易传》）。白居易又组织力量增设湖堤，加高数尺，以蓄水灌田，从此濒湖十万多亩土地解除了旱涝的威胁，使杭州人民的生活得到一定程度的改善。他在杭州三年，于长庆四年转任苏州刺史。在苏州两年多，后又担任刑部侍郎、河南尹。会昌六年（846）八月卒，终年75岁。

　　白居易的晚年生活陷于"兼济天下"和"独善其身"的矛盾之中。这种矛盾是从贬谪于江州开始的。当时他察觉通过皇帝实现"兼济天下"之志是不可能的。良心促使他对人民的苦难又不能熟视无睹，所以只能在个人职权范围内替人民做点好事。诗人在忠州、杭州、苏州任职期间，不同程度地为人民解除了一些痛苦。从苏州病免郡事以后，他发现牛李党争日益激烈，看出政治改革更难了，便决定走"独善其身"的道路。在当时恶劣的环境里，他不向权贵低头，不为党争所累，保持了人间的正义和自身的高洁，这种精神是高尚的。

元和二年（806），白居易写出几首名篇，其中有《观刈麦》和《宿紫阁北村》二首。他在《观刈麦》一诗中写道：

"田家少闲月，五月人倍忙。夜来南风起，小麦覆陇黄。妇姑荷箪食，童稚携壶浆。相随饷田去，丁壮在南冈。足蒸暑土气，背灼炎天光。力尽不知热，但惜夏日长。复有贫妇人，抱子在其旁。右手秉遗穗，左臂悬敝筐。听其相顾言，闻者为悲伤。家田输税尽，拾此充饥肠。今我何功德，曾不事农桑。吏禄三百石，岁晏有余粮。念此私自愧，尽日不能忘！"

这首诗反映农民在炎夏从事繁重体力劳动的情景，看！一个农民，顶着烈日，在拼命地干活儿。他忘记了疲劳，忘记了炎热，只知道珍惜夏日白天时间长！在他旁边有一个贫妇人，她一手抱着孩子，一手提着破筐，艰难地拾地上丢掉的麦穗。因为她家里剩下的麦子，已经拿去交税，现在为了活命，只能靠拾一点麦穗度日。诗的最后一段，诗人把农民的饥饿生活和自己的优裕生活做了对比，因此，感到不安，并谴责自己。正因为这样，诗人的思想感情和人民群众的距离缩短了。从而使诗人的创作，逐渐走向新天地。

在元和三年以后的几年里，诗人白居易写了《秦中吟》和《新乐府》，充满了战斗激情，现在列举几篇有代表性的作品介绍一下。

在《卖炭翁》里，生动地反映了一个手工业者的悲惨遭遇，诗人写道：

"卖炭翁，伐薪烧炭南山中。满面尘灰烟火色，两鬓苍苍十指黑。卖炭得钱何所营？身上衣裳口中食。可怜身上衣正单，心忧炭贱愿天寒。夜来城外一尺雪，晓驾炭车辗冰辙。牛困人饥日已高，市南门外泥中歇。翩翩两骑来是谁？黄衣使者白衫儿。手把文书口称敕，回车叱牛牵向北。一车炭，千余斤，宫使驱将惜不得。半匹红纱一丈绫，系向牛头充炭直。"

唐朝后期的宫市，实际是以给皇帝购买生活必需品为名，公开掠夺长安工商业者的财物。白居易借着这样一个具有代表性的故事，大胆地揭露了这种强盗制度。诗人首先用"满面尘灰烟火色，两鬓苍苍十指黑"，形象地描写了一个卖炭老人的外貌，然后指出"卖炭得钱何所营？身上衣裳中口食"，老人就靠这一车炭维持生活。这可怜的老人，"身上衣裳单"，又加上"夜来城外一尺雪"，因此他是不会不希望天气能暖和一些的。但是，他为生活所迫，却"心忧炭贱愿天寒"，希望天再冷一些，希望炭价再高一点。这个反映卖炭翁内心矛盾的细节刻画，更加突出地写出了那时劳动人民的悲苦，深刻揭露那个社会的罪恶本质。叫人愤怒的还不止于此，这车炭却被宦官及其随从白白地抢走了，换来的只是不值多少钱的"半匹红纱一丈绫"，这是多么残酷的暴行啊！

元和四年（809）正月，南方大旱，当时受灾面积很广，波及浙东、浙西、荆湖、襄鄂等地，灾情惨重，人民饥馑。到了三月，长安一带也发生旱灾，农民生活极端困难。但是地方官仍然催租逼税，逼得农民破产。诗人在《杜陵叟》一诗中写道：

"杜陵叟，杜陵叟，岁种薄田一顷余。三月无雨旱风起，春苗不秀多黄死。九月降霜秋早寒，禾穗未熟皆青乾。长吏明知不申破，急敛暴征求考课。典桑卖地纳官租，明年衣食将何如？剥我身上帛，夺我口中粟。虐人害物即豺狼，何必钩爪锯牙食人肉！不知何人奏皇帝，帝心恻隐知人弊。白麻纸上书德音，京畿尽放今年税。昨日里胥方到门，手持敕牒榜乡村。十家租税九家毕，虚受吾君蠲免恩。"

这首诗说明农民在旱灾袭击下，缺吃少穿，倾家荡产。皇帝虽然下了免税的诏令，但"十家租税九家毕"，免税的诏令不过是一纸空文。这是一方面，诗人又注意另一方面。长安的贵族官僚却是骄奢淫逸，挥霍无度。这些现象使白居易非常愤慨，他以沉痛的笔调写下具有强烈讽刺意味的诗篇——《轻肥》：

"意气骄满路，鞍马光照尘，借问何如者？人称是内臣。朱绂（fú，古代系印组的丝绳，亦指官印）皆大夫，紫绶（一种丝质带子，古代常用来拴在印组上，后用来拴勋章）悉将军。夸赴军中宴，走马去如云。樽罍（léi，古代盛酒的容器，与樽合用，指饮酒）溢九酝，水陆罗八珍。果擘洞庭橘，脍切天池鳞。食饱心自若，酒酣气益振。是岁江南旱，衢（qú）州人食人！"

诗人在这里无情地揭露了人民和统治集团尖锐的矛盾，白居易的爱憎感情表示得多么鲜明！从这里可以看出，他的思想感情和人民群众越来越近了。

白居易的作品，不仅通过个别历史现象揭露封建统治者的荒淫无耻生活，而且还能抓住当时社会的主要矛盾，从根本上戳穿唐朝后期阻碍历史发展的主要症结，进行控诉和批判。他在《重赋》一诗中写道：

"厚地植桑麻，所要济生民。生民理布帛，所求活一身。身外充征赋，上以奉君亲。国家定两税，本意在爱人。厥初防其淫，明敕内外臣。税外加一物，皆以枉法论。奈何岁月久，贪吏得因循。浚我以求宠，敛索无冬春。织绢未成匹，缲（sāo，同"缫"）丝未盈斤。里胥迫我纳，不许暂逡巡。岁暮天地闭，阴风生破村。夜深烟火尽，霰雪白纷纷。幼者形不蔽，老者体无温。悲喘与寒气，并入鼻中辛。昨日输残税，因窥官库门。缯帛如山积，丝絮似云屯。号为羡余（封建时代地方官吏向人民

勒索来定期送给皇帝的各种附加税）物，随月献至尊。夺我身上暖，买尔眼前恩。进入琼林库，岁久化为尘。"

唐朝皇帝为了挥霍享乐，除了国库以外，还另设私库，储藏群臣供奉的财物。节度使秉承皇帝旨意，在正税以外，又巧立名目，给皇帝进贡。因为进贡得到皇帝的欢心而擢升官职的人很多。但是在广大人民方面，由于被榨取这些"羡余"物，则造成"幼者形不蔽，老者体无温"的结果。而最高统治者并不珍惜这些从人民身上剥夺来的财物，他们挥霍不尽时，放在仓库里烂掉，化为尘土。这里诗人把讽刺的锋芒仅仅指向"贪吏"，他不敢直接指出是皇帝的罪过，并且还美化皇帝，这是白居易自身所具有的阶级局限性，不应当过分苛求。

白居易的诗不仅有很高的思想性，而且有很高的艺术性。他掌握了现实主义的创作方法，描写了无数典型形象。白居易的现实主义创作是自觉的，具有鲜明的目的性，他力求高度地概括纷繁复杂的社会现象，选取最典型的事件人物，运用一系列方法来创造多种典型形象，全面地反映社会本质。

另一方面，诗人善于进行细节刻画，用对比抒情和叙事相结合等一系列艺术手法来塑造典型形象，使之鲜明突出。他无论写一个人物和一件事，都能感动读者，痛苦得令人流泪，愤怒得令人发指。读了白居易的诗，使我们感到文学作品的艺术魅力。

从白居易的全部作品来看，他的语言通俗易懂，明白流畅，但同时又是经过千锤百炼，做了大量的艺术加工。

正因为白居易诗有很高的思想性和艺术性，所以他的诗歌对当时和后世，都产生了巨大影响。白居易的诗在唐朝就被广大群众所喜爱。他对元稹说："自长安抵江西，三四千里，凡乡校、佛寺、逆旅（客舍、旅店）行舟之中，往往有题仆读者，士庶儒徒孀妇处女之口，每每有咏仆诗者。"不仅如此，他的诗还被"缮写（誊写、抄写）模勒（仿照原样雕刻）街卖于市井，或持之以交酒茗者，处处皆是"（《白氏长庆集》序）。上至王公贵族，下至市民百姓，雅俗共赏，至于乐工歌伎，则更相兢习，所以元稹感慨地说："自篇章以来，未有流传如是之广者。"（《白氏长庆集》序）特别是他的《长恨歌》和《琵琶行》，更是被很多人传诵。一个诗人的作品能这样密切地和人民的生活联系一起，是古典文学中所没有的事。

白居易的讽喻诗，对后代的影响最深远，唐后期的张籍、王建、元稹、李绅等，围绕白居易形成一个以新乐府为中心的现实主义诗歌高潮。到了晚唐，皮日休等现实主义诗人，就是受白居易的理论和创作的深刻影响，写出了具有强烈战斗性的诗篇，给诗歌发展开辟了新途径。唐朝新乐府的精神和艺术风格，被历代进步作家广泛地学习模仿，用以指责当代的政治弊病，反映人民疾苦，并且和单纯追求辞藻格律的形式主义艺术流弊进行尖锐的斗争。宋朝的王禹偁（chēng）、陆游等人的现实主义作品，都受其影响。王禹偁说："本与乐天为后进。"除了著名作家以外，历代学习白居易的人还有很多。

白居易诗在国外也广泛流传。李商隐说："姓名过海流入鸡林、日南（在今越南中部地区）有文字国。"日本、新罗诸国也家有传写。日本的嵯（cuó）峨天皇曾经抄写许多白居易诗，藏之秘府，暗自吟诵。可见当时白居易诗已经获得很高的国际声誉。不少外国读者通过白居易的诗，和中国人民结成了文字因缘，促进了中外友好关系的发展。

药王孙思邈

孙思邈（581—682），京兆华原（今陕西耀州区孙家塬村）人，是我国隋唐时期伟大的医药学家，后世尊之为"药王"。孙思邈的医学造诣很高，是隋唐时期医药界的佼佼者。宋代林亿称道："唐世孙思邈出，诚一代之良医也。"

孙思邈出身于一个普通的农民家庭。他自幼聪颖好学，敏慧强记，7岁时每天能背诵一千多字，人称神童。他幼年多病，家中为他治病几乎倾家荡产。他经常见到老百姓生病没有钱医治而死去，加上自己的切身体会，他10岁时已决心要当一名医生。他花了整整10年来刻苦攻读医书，钻研医学，20岁时已能给亲朋邻里治病，他本人所患的疾病最后也由自己治愈。

30岁时，孙思邈离开家乡，长途跋涉到太白山隐居，边行医采药，边研究炼丹术。这期间他成功地炼成了太一神清丹。孙思邈用它来治疗疟疾，疗效非常好。后来这种方法经阿拉伯传入欧洲，引起较大反响。40岁时，孙思邈在切脉诊候和采药制丹等方面已经卓然成家，医术也日臻成熟。

在民间治病救人的同时，晚年孙思邈主要从事著书立说。70岁时，孙思邈积50年医疗实践之经验，编写了《千金要方》，30年后，又写成《千金翼方》。《千金要方》和《千金翼方》相辅相成，成为中医学史上极有实用价值的医学手册。除此以外，孙思邈还著有《枕中素书》《福禄论》《会三教论》《老子注》《庄子注》《明堂图注》《孙真人丹经》《龟经》《玄女房中经》《摄生真录》《千金食治》《禁经》等。

孙思邈一生淡泊名利，隋文帝、唐太宗、唐高宗多次请他出来做官，他都托病辞而不受。他一生大部分时间生活在农村，为百姓治病。病人来向他求医，不论其贫富贵贱，亲近生疏，他都能做到一视同仁。遇到患传染病的危险病人，他也不顾个人安危，及时为病人诊治。他高尚的医德颇受世人敬重，当时的大学士宋含文、名士孟诜（shēn）和初唐四杰之一的卢照邻等均以"师资之礼"待他。擅长针灸的太医令谢季卿，以医方针灸著名的甄权、甄立言兄弟，长于药性的韦慈藏，唐初名臣魏徵，都是他的好友。

《千金方》是孙思邈的代表著作，书名取自"人命至贵，有贵千金；一方济之，德逾于此"之义。《千金方》是《千金要方》和《千金翼方》的合称。《千金要方》又称《备急千金要方》，共30卷，分医学总论、妇人、小儿、七窍、诸风、脚气、伤寒、内脏、痈疽（yōng jū，毒疮）、痔漏、解毒、备急诸方、食治、养性、平脉、针灸等法，总计232门，收方5300个。《千金翼方》是对《千金要方》的补编，也是30卷，其中收录了唐代以前本草书中所未有的药物，补充了很多方剂和治疗方法。这两部书，收集了大量的医药资料，是唐代以前医药成就的系统总结，对学习和研究我国传统医学有重要的参考价值。后人称《千金方》为"方书之祖"。

《千金方》首创"复方"形式，是医学史上的重大革新。孙思邈在《千金要方》中发展为一病多方，灵活变通了张仲景《伤寒论》中一病一方的体例。有时两三个经方合成一个"复方"，以增强治疗效果；有时一个经方分成几个单方，以分别治疗某种疾病。

《千金方》把妇科列为临床各科之首，为中医妇科和儿科的发展做出了重要的贡献。

《千金方》在食疗、养生、养老方面也做出了巨大贡献。《千金方》还谈到了系统的养生问题，提出去"五难"（名利、喜怒、声色、滋味、神虑）和"十二少"（思、念、欲、事、语、笑、愁、荣、喜、怒、好、恶），以及按摩、调气、适时饮食等。《千金方》是我国现存最早医学百科全书，在中药学上有很高的价值。

谪仙李白

李白生于武周长安元年（701），死于唐肃宗宝应元年（762）。他诞生于安西的碎叶（今吉尔吉斯斯坦）。他父亲李客，是一个富商。在他 5 岁的时候，李客便携带全家从碎叶搬到绵州彰明县青莲乡。李白从此就在蜀中生活，直到二十多岁。开元十三年（725），诗人为了寻找机会展现自己的抱负和才能，便离开绵州，开始了漫游生活。

李白离开四川以后，大约游历了三年光景，到 27 岁时，来到湖北安陆，在这里，他和高宗时的宰相许圉（yǔ）师的孙女结了婚，便暂时定居在安陆。从此以后，直到 35 岁，在近十年的时间里，他虽然仍在各地漫游，但大体上一直住在安陆。大概在他 35 岁的时候离开安陆，北游到山西太原。

李白是夏天到太原的。他在元参军家做客，游览了周围的名胜。大概在这年秋天就离开太原了。

接着他就东游齐鲁，最常住的地方是任城、沙邱（今山东的济宁和莱州），而且在沙邱安了家，在那里住了很长时间。这时他和孔巢父、韩准、裴政、张叔明、陶沔五人共同隐居在泰山南边的徂徕山，常常一块饮酒酣歌，当时人称为"竹溪六逸"。

离开山东以后，他南下漫游江苏、安徽、浙江等地。经过了十余年的社会磨炼，他对当时的政治现实认识得比较清楚了。

唐玄宗听说李白才华出众，于天宝元年（742）召他进京。李白虽然游历十余年，但并没有到过长安。现在皇帝下诏征召，他当然非常高兴。他认为这次进京，可能有机会施展自己的才能，为苍生谋幸福。李白入宫，玄宗却只让他当了一个翰林供奉，这是一种以文学辞章被顾问的侍从职务，不是实际官职。这时李白除了在宫内侍从之外，在长安结识了不少朋友，最著名者有贺知章、崔崇之、晁衡等。这些人的地位虽然各有不同，但都有那种放浪不羁的性格。他们经常饮酒，酒后则高谈阔论，表示不受现实社会的羁绊。

李白在长安三年，后被放还。在以后的十年中，他到过的地方很多，东西南北行踪不定，除了常回到任城家中以外，他经常留在梁宋一带。在他54、55岁的两年中，他经常往来于广陵、金陵、宣城（今江苏、安徽）等地。56岁的时候，他在庐山被永王璘召为幕僚。就在这一年，永王璘和他哥哥唐肃宗争夺帝位。第二年，永王璘兵败，李白受到株连，被逮捕后囚在浔阳（今江西九江市）。后来虽经别人营救出狱，但仍被流放到夜郎（今贵州桐梓），当时他58岁。第二年，在流放途中遇赦，才得回来。62岁死于当涂县（隶属于安徽省马鞍山市）。

李白是我们民族史上伟大的古典诗人之一，李白诗歌最明显的特点是充满着激昂向上、疾恶如仇的精神。

李白很自负，他觉得自己不仅有诗才，而且有很大的政治才能，他经常自比周公、张良、韩信、诸葛亮、谢安等人，当他发觉自己的才能无处施展时，便愤慨极了。他说自己是杂草中的孤芳、群鸡中的凤凰。他极端蔑视邪恶势力，有许多诗是直接揭露腐败的统治阶级的。如《古风》五十一：

"殷后乱天纪，楚怀亦已昏。夷羊满中野，菉（lù）施盈高门。比干谏而死，屈平窜湘源。虎口何婉娈（luán），女媭（xū）空蝉娟。彭咸久沦没，此意与谁论。"

在这首诗里，诗人把后期的唐玄宗比作残暴昏庸的殷纣王和楚怀王，而且把整个社会都和殷纣楚怀时期相比，对昏庸的皇帝和依势的佞臣进行了无情的抨击。

李白对一些封建社会的旧传统观念也持怀疑的、蔑视的态度。当时，孔夫子在一般知识分子心目中是最神圣的。李白有时却以孔子自比，甚至在高兴的时候，随便拿孔子开玩笑，并不把孔子看得高不可攀。在封建社会，"万般皆下品，唯有读书高"，读书人是最受尊重的。李白却常常嘲笑那些死读经书的儒生，大胆提出"儒生不及游侠人"的观点。当时多数知识分子参政都是通过科举，唐朝诗人绝大多数都赴京应考，李白始终没有去参加考试。他虽然热心政治活动，但从来不愿意卑躬屈膝，追求官职。李白对束缚人的礼教观念进行了大胆的批判，他身上很少有历来读书人的那种迂腐、伪善。因此在许多士大夫心目中，李白简直是不可理解的。有人说他是"谪仙（原指神仙被贬入凡间后的一种状态，引申为才情高超、清越脱俗的道家人物，有如自天上被谪居人世的仙人）"，也有人说他是"狂士"。李白自己也感到和社会习俗冲突，不为社会所容，所以他也自称是"狂人"。

李白的诗歌还注意反映各阶层人民的苦难生活，为人民鸣不平。在李白的诗歌中，人物形象非常多，其中却很少有达官贵人，绝大多数是村女、征人、宫女、弃妇、歌伎、卖酒的老叟等社会下层人民。李白很了解这些人，对他们具有真实的感情。在《丁都护歌》里，描写了纤夫的劳动场面：

"云阳上征去，两岸饶商贾。吴牛喘月时，拖船一何苦。水浊不可饮，壶浆半成土。一唱都护歌，心催泪如雨。万人凿磐石，无由达江浒。君看石芒砀，掩泪悲千古！"

这首诗是在长江下游写的。当地政府在山上采取大石，用拖船搬运，天旱水浅。千万个劳动者用力牵拉，也很难到达江边。但是监督的官员（都护）却限令极严，使劳动者无时喘息。李白想到这些石头使人民长期从事苦役，不禁感叹说："君看石芒砀，掩泪悲千古！"《丁都护歌》是乐府旧曲，相传是"其声哀切"，李白用以歌咏新事，就更加悲恻感人了。从这里可以看出诗人对于劳动人民的态度和人道主义精神。

正因为李白同情人民群众，当他看到战争给人民带来痛苦时，总是坚定地站在人民一边，反对非正义战争。他写了不少反对战争的诗，如《古风》第三十四首说：

"羽檄如流星，虎符合专城。喧呼救边急，群鸟皆夜鸣。白日曜紫微，三公运权衡。天地皆得一，澹然四海清。借问此何为？答言楚征兵。渡泸及五月，将赴云南征。怯卒非战士，炎方难远行。长号别严亲，日月惨光晶。泣尽继以血，心摧两无声。困兽当猛虎，穷鱼饵奔鲸。千去不一回，投躯岂全生。如何舞干戚，一使有苗平？"

这首诗写的是如下一段史实：

天宝年间，杨国忠组织进攻南诏的战争，当时百姓不愿当兵，杨国忠派御史带着刑具分道抓丁。"于是行者愁怨,父母妻子送之,所在哭声振野。"这支军队不战而败,杨国忠反而掩藏败状,虚报战功。天宝十三年(754)六月,又出征云南,结果在西洱河全军覆没,二十万人无一生还。从这首诗里不仅可以看出当时战争的紧急情况,同时更反映了人民被迫服役的惨痛情景。另一方面,"三公运权衡"和"如何舞干戚,一使有苗平",从这几句可以看出李白对朝廷的讽刺和谴责,这是代表人民群众发出的正义呼声。

但是,李白并不是无原则反对一切战争的,他反对的是以人民的生命财产来满足统治阶级少数人野心的非正义战争。当安史之乱爆发后,他渴望能消灭安禄山的叛军,而且反对唐玄宗的逃跑主义。后来他参加永王璘的队伍,写了不少抗战的诗。

李白还有许多诗歌,热情歌颂了祖国的美好河山。在李白的诗中,有浩浩荡荡的长江,有奔腾怒吼的黄河,有峥嵘的剑阁,有喷射百丈的瀑布,有恬静幽寂碧波荡漾的洞庭湖,有孤直的松柏,有清涟水面的芙蓉,有茫茫的柳絮,有摧崩百川的大鹏,有能使人垂泪的猿啼,有悲哀的杜鹃,有翻飞万里的苍鹰,有引人深思的月光,更有闪电雷鸣等。所有这些,都为人民所喜爱,成为脍炙人口的杰作。李白笔下的大自然,是具有民族特色的。从李白的诗里,可以听到中国大自然的音响,可以看到中国山河的美丽图画。

李白诗歌的艺术特点主要表现在他所塑造的形象上。在李白的诗里,我们往往感触到一种超越现实的艺术形象,这种形象是由作者运用丰富的想象和大力夸张创造出来的。夸张比喻的手法在李白诗中随处可见。例如,他极言侠客的重义,便写出"三杯吐然诺,五岳倒为轻,捧土塞黄河"等名句;本来是根本不可能的事,而诗人却写出"黄河捧土尚可塞,北风雨雪恨难裁",以反衬战死者妻子悲恨的深重;要肯定文章的有力,则写"兴酣落笔摇五岳";为了否定功名的价值,则写"功名富贵若常在,汉水亦应西北流";为了表现自己的才能,则写"为君谈笑静胡沙";形容安禄山叛军势焰之盛,则写"呼吸走百川,燕然可摧倾"。在这些诗句当中,李白用夸张比喻的手法,把两种轻重显然极不相称的事物对举起来,以突出所要表达的意义,因此它所体现的感情及所发出的感人力量特别强烈。毫无疑问,假如诗人没有不可抑遏的激情和异乎常人的想象力,这是不可能的。

李白诗篇另一个艺术特点,就是它的艺术形象所概括的生活现象具有极大的广阔性。他形象地抓住许多难以直接联系的事物,构成一副完整的形象。例如《行路难》,诗人的笔从酒肴案前忽然跃到黄河、太行、碧溪,以至沧海。再如《将进酒》,这首诗的中心思想是要及时行乐以消除胸中郁积的惆怅。为了强调要及时,首先指出人生时光之易逝而不可复返。但对这一概念,诗人并不是抽象地叙述出来,而是以壮阔的自然界现象——黄河奔流的形象来比喻大量时光之如逝水,一去不复返,并把人生相当漫长的岁月转变缩短到朝暮之间,这样给人的时光消逝迅速之感便特别强烈。

李白的诗歌,是我国优秀的古代文化遗产,在文学史上起了很大的作用。

从南朝齐梁以来,颓废淫靡的形式主义文学曾经泛滥一时,宫体诗就是它的代表。初唐的文坛,仍然蒙受着这种恶劣的影响,阻碍了文学的健康发展。陈子昂在唐代第一个提出了鲜明的战斗主张，对这股形式主义的逆流进行了正面的抨击。他反对"采丽竞繁"，提倡"汉魏风骨"和"风雅""兴寄"。这也就是要求文学家关心现实的重大课题，正视并反映现实，要求作品写得清新和刚健。陈子昂虽然在他的创作中贯彻了自己主张，然而他的作品却还存在着干枯、板滞等特点。当然，要彻底清除这种影响，也并不是一个人的力量所能达到的，要取得全面胜利，还有待于后人的不懈努力。

李白继承了陈子昂的理论，他把批判的矛头指向建安以后的形式主义文学，揭露了他们"绮丽不足珍"的实质，并且把恢复发扬古代诗歌的优良传统，作为自己义不容辞的责任。李白的诗就是他的理论和实践在创作上的光辉成就。过去陈子昂所没有做到的，李白做到了。陈子昂所没有完成的，李白完成了。陈子昂成为李白的先驱，李白继承和发展了由陈子昂开始的斗争，取得了很大的胜利。李白的诗歌在文学史上的地位和作用具体表现在以下几方面：

李白全面地、创造性地继承了汉魏以来乐府民歌的丰富遗产。汉魏乐府中对社会生活规律的深入探索，两晋乐府中对幻想中美好世界的强烈追求，南朝乐府中人民的纯真爱情，北朝乐府中的英雄气概和边塞景色，三调杂曲之类的豪唱狂歌，这一切，都对诗人具有深刻的影响，诗人通过自己的创作，熔炼成一个全新的风格。这是文学评论家一致承认的。

其次，李白对于汉魏以来乐府民歌遗产的继承，一方面忠实于民间文艺的优良传统，另一方面，又充分发挥了他的创造性。最突出的例子就是他那些直接用乐府古题为题的诗篇，在同一题目之下，乐府古词的妙处，往往正因为李白的新词而更加鲜明。

汉魏以来，诗人拟作的乐府很多，其中达到很高艺术水平的也不少，但是像李白这样的创造性的充分发挥，却是前所未有的。文学史证明，正是这样高度创造性地继承，才能把乐府民歌中的优良传统真正发扬出来。

李白的诗不但对当时的文学界起了巨大的作用，而且对以后文学也产生了深远的影响。李白和杜甫被后人推崇为"诗仙""诗圣"，成为后人学习的榜样。李白的诗由于被人们所喜爱，所以流行很广。像《静夜思》《蜀道难》这样的诗更是家喻户晓。他的诗中那鲜明的个性，豪放的气魄，朴素的形式，浪漫主义的格调，是千秋万代也不会泯灭的，会永远在诗坛闪耀着奇光异彩。在李白以后一千多年的封建社会里，他的诗仍然影响和哺育一代代诗人，甚至到了近代，我们仍然可以从龚自珍等人的诗中看到李白的影响。

唐本草

《唐本草》又称《唐新修本草》，是唐高宗显庆四年（659）编修成功的第一部国家药典，也是世界历史上第一部药典。《唐本草》由《本草》20 卷、《本草目录》1 卷、《药图》25 卷、《药图目录》1 卷、《图经》7 卷构成。《本草》部分共收载药物 844 种，对每味药物的性味、产地、采制、功用和主治都做了详细介绍。《药图》是描绘药物的形态，《图经》是配合药图的说明文字。《图经》和《药图》早已失传，《本草》现在也只有残存的卷本，但是其中的内容绝大部分都保留在后代的药物学著作中。

鉴真东渡

鉴真是唐代有名的高僧，俗家复姓淳于，扬州人。他出生在一个信仰佛教的商人家庭，14岁出家，对佛教律宗深有研究。

鉴真曾在扬州大明寺讲律传戒，听他讲经和由他受戒的弟子达到四万多人。那时，他已经是学识渊博、威望很高的佛学大师了。

当时的中国既是世界文化中心，也是佛学中心。日本国经常派"遣唐使"到中国学习文化。天宝元年（742），日本兴福寺的荣睿和大安寺的普照两位僧人来到扬州，邀请鉴真东渡，弘扬佛法，宣传文化。当时去日本的海路十分艰险，但鉴真却毫不犹豫地说："为了佛法，何惜身命。"

由于天气等各方面的原因，鉴真的前五次东渡都以失败而告终。有一次，船只出海后遇到飓风被击破，鉴真等人冒着严寒，修好船只，继续前行。但是中途又触到暗礁，船只沉没了，所幸船上人员大多幸免于难。鉴真等人登上一座荒芜的小岛，在饥渴中等了三天三夜，才等来一批海上渔民将他们救回。虽然经过这么多次失败，但是鉴真并没有气馁。后来日本留学生阿倍仲麻吕来到中国，再次热情地邀请鉴真东渡日本讲经。天宝十二年（753），鉴真终于在历尽无数艰难险阻之后到达日本九州。当时鉴真已经年近七旬，而且双目失明。

鉴真踏上日本国土后，立即受到各界欢迎。日本还专门为他在奈良修建了一座唐招提寺，请鉴真做住持。鉴真这次去日本，带去并宣讲了天台经书，奠定了日本天台宗的基础。天台宗在日本平安时期迅速发展，对日本平安时代的文化起了很大作用。鉴真虽然双目失明，但能凭记忆校对佛经。他还精通医学，能够凭嗅觉辨认草药，为人治病，并留下一卷名为《鉴上人秘示》的医书，为日本医药学的发展做出了贡献。他带到日本的中国佛经印刷品和书法碑帖对日本的印刷术、书法艺术都有很大影响。763年，鉴真在日本招提寺内圆寂，寺内至今还保留着鉴真的坐像。

飞　钱

飞钱始于唐宪宗元和初年，有两种形式：一是官办，商人在京城把钱交给诸军、诸使或诸道设于京城的"进奏院（地方行政机构的驻京办事处）"，携券到其他地区的指定地方取钱；二是私办，大商人在各道或主要城市有联号或交易往来，代营"便换"，以此牟利。这种汇兑方式一方面减低了铜钱的需求，缓和钱币的不足，同时商人前往各地进行贸易活动时，亦减轻了携带大量钱币的不便。

"飞钱"出现于唐代中期（唐宪宗年间），当时商人外出经商带上大量铜钱有诸多不便，便先到官方开具一张凭证，上面记载着地方和钱币的数目，之后持凭证去异地提款购货，此凭证即"飞钱"。"飞钱"实质上只是一种汇兑业务，它本身不介入流通，不行使货币的职能，因此也不是真正意义上的纸币。

"颜筋柳骨"

在中国民间说起学习书法，往往称道"颜筋柳骨"，当作为学书者的楷模。"颜筋柳骨"，分别指书法家颜真卿（709—785）和柳公权（778—865）的艺术特色。

先谈"颜筋"。颜真卿的书法，雄强浑厚，韧若筋带，世称"颜体"。俗话说："书如其人。"欲识颜书，得先知其人品。

那是天宝末年，叛将安禄山在渔阳敲响了战鼓，铁骑南犯，河北郡县望风披靡。唐玄宗闻乱叹道："河北二十四郡，难道无一忠臣吗？"不久，即闻平原太守首举义师，屡挫贼锋，河北十七郡起而响应，共推其为盟主，聚兵二十万临敌，致使安禄山叛军首尾不能相应，既不敢南向江淮，又不敢急攻潼关。这时，唐玄宗遂又惊喜道："朕不知平原太守何许人也，竟能若是！"

这位堪称中流砥柱的平原太守，就是书法家颜真卿，时年46岁。

正是这一年，颜真卿在平原（今山东属县）写下了《东方朔画像赞碑》。碑书笔笔凝重，字字磐石，筋强骨硬，严正峻峭。书法家将其誓死御敌的浩然正气倾注到笔端，化作其艺术风格了。

28年后，颜真卿已是74岁的老人了。他又奉旨去劝谕叛迹已昭然若揭的藩镇李希烈部，这是他的政敌为他设下的陷阱。他明知是险途，仍凛然就道。既至，李希烈养子千人，拔刀横目，汹汹欲试。颜真卿精神矍（jué，年老而有精神）铄，举止自若，色不少变。叛军未敢贸然动手。

李希烈欲称帝号，胁迫颜真卿为其宰相。颜真卿守节不从，斥贼为逆，正气浩然，叛将为之失色。李希烈遂拘禁颜真卿，并挖下方丈大坑，传言说："若不从，即坑之。"颜真卿视死如归，岿然曰："死生有分，不用啰唆！"李希烈亦束手无策。

后来，王师势振，李希烈虑有不测。又命架薪浇油，点起大火，告之曰："若再不从，立遭火焚。"颜真卿愤然举身投火，后被救下。

早在这之前，颜真卿度贼势难久，而自身亦难免，遂给朝廷写下遗表。又自己撰就墓志、祭文，并指寝室西壁下说："此吾葬身之处也！"

果然，最后叛军情势危急，遂将颜真卿勒死，时年 76 岁。

颜真卿一生，刚正不阿，忠贞不渝，临死不屈。他为人的品格同其书法的风格一样，浑厚坚韧，正大方严。

颜体书风没有初唐书风（以欧阳询、虞世南等为代表）的清丽秀媚，却有着盛唐雍容伟壮的风姿。

人们谈起颜书，多指出它最明显的特色是"蚕头燕尾""横轻竖重"。

何谓"蚕头燕尾"？颜体横、竖笔的起端，下笔时均运用藏锋，而后顿转，故起端形若"蚕头"。它的每一捺笔末端，临终则着力顿挫，再起笔轻轻挑出捺锋，其状若"燕尾"。

何谓"横轻竖重"？即书写横笔时，用力较轻，笔画也略细，而书写竖笔时，贯注全力，笔画也较重。

前者给人以力透纸背（形容书法刚劲有力，笔锋简直要透到纸张背面）的感觉，造成了笔力千钧的艺术效果。后者字字都给人以厚度感，具有浮雕美的艺术特色。

颜书碑帖流传至今的有七十多种，近年还有新的发现。颜体楷书的代表作有《千福寺多宝塔碑》《东立朔画像赞碑》《麻姑仙坛记》《颜帷贞家庙碑》等。行书名作有《祭侄季明文稿》《争座位帖》《刘中使帖》等。这些都是千余年来学书者争相临摹的范本。

谈及颜书在中国书法史上的地位，清人王文治有诗曰："曾闻碧海掣鲸鱼，神力苍茫运太虚，间气古今三鼎足，杜诗韩笔与颜书。"作者认为,古往今来,其作品犹如大海搏鲸,神力冲天的,只有三家:杜诗、韩文、颜书。

在中国书法史上,自王羲之创新以来,王体统治书坛达数百年。唐初书法名家辈出,但皆袭晋人笔意,无所建树。至颜真卿出,始创新书体,体现了盛唐的时代风格,唐代方可言有书法。而后,宋初书家学颜体,犹如唐初争学王体一样,故宋人有"学书当学颜"的诗句。

次谈"柳骨"。柳公权，字诚悬，是唐代与颜真卿齐名的大书法家。故世人如同称"李杜""韩柳"一样，并称其为"颜柳"。

柳公权书法，初学王羲之，继学颜真卿，并兼采历代书家之长，熔为一炉，自成一体，即"柳体"。柳体间架严谨，风骨挺拔，故有"柳骨"之谓。柳书的代表作有《玄秘塔碑》和《神策军碑》。

柳公权 29 岁才中进士，初做地方小吏，世不知名。四十几岁时，唐穆宗李恒在寺庙中偶然见到柳公权笔迹，甚为赞赏，思慕其人，柳公权方拜为京官，成为皇帝身边的人。柳公权活了 88 岁，历仕 7 个皇帝。为官五十余年，官至太子少师。

史载，柳公权的为人品格，颇似其书风，字字严正，笔笔铮骨。

相传，唐穆宗在位，荒唐放纵，臣下少有敢谏者。有一次，穆宗问书法运笔如何才能恰到好处，柳公权借机回答说："用笔在心，心正则笔正。"穆宗听出了弦外之音，气得脸色都变了。这就是世传的"柳学士笔谏"的佳话。

唐敬宗李湛，目光短浅，禀性猜疑，无甚作为，却喜颂扬。有次，他在便殿召对六位学士，当谈到西汉文帝崇尚节俭时，就举起袖子说："朕这件衣服已浆洗过三次了！"学士们纷纷称颂他节俭美德，唯独柳公权一言不发。敬宗遂问他为何不说话，柳公权说："主宰天下的君主，应该进用贤良，斥退不肖，赏罚分明，能听得进各种不同意见。陛下穿件洗过的衣服，同治国安邦的大功大德相比，这只不过是件区区小事啊！"在场的大臣听了都吓得发抖，柳公权犯颜直陈，却毫不畏惧。

柳公权刚正不阿的品格与其风骨峻峭的书法相表里，均为时人所推崇。公卿王侯们常常以重金聘他书碑。谁家为先人立碑如得不到柳公权的手书，就会被人讥为不孝。外国人来中国贡纳、贸易，也往往另备一份重金，叫作"购柳书"钱。

柳公权因此家富巨万。他把大宗金银财宝都交给家奴去管，经常被窃去，也不在意。有一次一金银酒器又被家奴盗用。柳公权知道了，也只笑笑说："银杯化羽逸去了。"不予追问。然而，柳公权的笔墨纸砚、图册书籍，都亲自保藏，家人也不得与闻。

〔五代十国〕

朱温篡唐

自唐中和四年（884）黄巢起义失败以后，唐朝名义上还存在了二十余年。但早被削弱了的朝廷威权这时更加衰微，新旧藩镇林立，战争不休，国家分裂的倾向日益明显。

光启元年（885）正月，在这一片纷扰混乱中，僖宗从成都出发，三月十一日，返回长安。只见城中建筑十焚六七，宫阙破残，荆棘满城，狐兔纵横，破败不堪。十三日，僖宗御宣政殿，宣布大赦，改元光启。可这时李昌符割据凤翔，王重荣割据蒲、陕，诸葛爽割据河阳、洛阳，孟方立割据邢、洛，李克用割据太原、上党，朱温割据汴、滑，秦宗权割据许、蔡，时溥割据徐、泗，朱瑄割据郓（yùn）、齐、曹、濮，王敬武割据淄、青，高骈割据淮南八州，刘汉宏割据浙东，都自擅兵赋，迭相吞噬，废置不由朝廷。江淮转运路绝，两河、江淮赋税都不输供长安。朝廷号令，只行于河西、山南、剑南、岭南数十州，"王业于是荡然"。

在这些新旧割据的势力中，以秦宗权势力最强大。他派部将四处攻略，烧杀抢劫，无恶不作，攻陷许多州县。秦宗权在进攻汴州、陈州时，便开始了与朱温旷日持久的兼并战争。

光启元年十月，在城外八角镇，秦宗权大败朱温。光启二年（886）五月，朱温在尉氏（今河南尉氏）南战败秦将秦贤。秦宗权自以为兵力是朱温的十倍，竟然被他战败，就在光启三年（887）

正月，倾全力来攻汴州。秦宗权部署张晊屯兵汴州北郊，秦贤屯兵城西板桥，各有兵力数万，列三十六寨，连延二十余里；卢塘屯兵万胜（今河南中牟县境），夹汴水筑营，断绝汴州粮路，要一举吞灭朱温。

朱温因汴州兵少，派大将诸军都指挥使朱珍为淄州刺史，去淄青招兵万余，买马千匹。四月，朱珍还大梁。他召集诸将说："敌人不知朱珍已到，一定还以为我们兵少畏敌，应出其不意，先发制人。"于是他自引兵攻袭秦寨，士兵们鼓勇而进，踊跃争先，连拔四寨，斩万余级，秦兵大败。

听说围城秦兵大败，秦宗权率精兵从郑州赶回，会合张晊，进攻汴州。朱温不敌，向朱瑄（guǎn）求救，朱瑄（xuàn）、朱瑾弟兄率兖、郓兵赴救，义成军也同时赶到。朱温合四镇兵反攻，在汴州北郊边孝村大败秦宗权，斩首两万余级，一直追击秦宗权到汴州西北九十里的郑州阳武桥才奏凯还师。秦宗权弃了郑州，逃回蔡州。其余占据东都、河阳、许、汝、怀、虢的秦将也弃城焚舍而去。

从此，秦宗权势力日益衰落。朱温崛起中原，举足轻重。他野心勃勃，常想外掠，扩展地盘，吞并邻道，因感兵力不足，而四境又都是割据的藩镇，时常郁然不快。馆驿巡官敬翔探知他的心事向他献计说："明公想图大事，可一有举动必为四境乘机入侵。如今只要指使麾下将士假叛逃到邻道，然后明公奏告朝廷，传告四邻，以自伐叛徒为名就可出兵并吞邻道了。"朱温大喜说："真是天降奇人来帮助我了。"从此，他就依计而行，不断攻袭邻道，攻城夺池，在兼并战争中，朱温势力日益发展。

僖宗文德元年（888）二月，僖宗以朱温为蔡州四面行营都统，诸镇兵都受他节度，实际上赋予了朱温征伐吞并邻道的合法权利。888年五月，昭宗加朱温兼侍中。这时襄阳守将赵德湮估计秦宗权必败，举山南东道投降了朱温。朱温大举进攻蔡州，在城南大败秦宗权，889年，朱温献秦宗权到长安处斩。三月，昭宗加朱温兼中书令，晋爵东平郡王。朱温军势大盛，取代了秦宗权而成为中原最大的割据势力、唐朝廷最大的威胁。

昭宗在位期间，朱温在朝廷中有奸相崔胤做他的内应，专事东吞西并。到乾宁四年（897）二月，朱温灭朱瑄。900年十月，朱温自率军攻定州（今河北定县），于是河北诸镇都表示服从朱温。举目天下，已无人能独力抗衡朱温了。

900年十一月六日，神策军左右中尉刘季述、王仲先等率禁兵千人把昭宗禁闭在少阳院，矫诏称昭宗为上皇，发动宫廷政变。十日，拥立太子。宰相崔胤向在定州行营的朱温告难，要他发兵问罪。朱温还师大梁，正好刘季述派养子希度和供奉官李奉先送到矫诏，还许诺把大唐社稷送给朱温。朱温犹豫不决，召将佐商议。有人认为："朝廷大事，不是藩镇所应当参与的。"天平节度副使李振主张出兵靖难，认为这实在是建立霸业的最好机会。朱温正想挟天子以令诸侯，于是大悟，囚了使者，派亲吏蒋玄晖到长安与崔胤共谋平乱。天复元年（901）正月初一，昭宗复位，在长乐门楼接受百官朝贺，董彦弼、周承海捉了刘季先等大宦官，押到楼前受审，乱杖打死。昭宗论功行赏，任孙德昭同平章事、充静海节度使，崔胤进司徒，进封朱温东平王。

朱温野心更大了，存心要夺取唐王朝的江山，开始积极谋划，不断与李克用发生冲突，为其篡夺皇权创造了条件。

朱温伙同其死党宰相崔胤建议昭宗尽诛宦官。当时，凤翔、昭义节度使李茂贞也有挟天子以令诸侯之意。李茂贞镇处关中，侧近长安，又和左神策中尉韩全海勾结，政治地理形势较为有利。李茂贞得知朱温和崔胤的打算，指使禁军对昭宗控诉崔胤减损禁军冬衣。昭宗不得已，解除了崔胤的盐铁使，夺了崔的财政大权，并迁居凤翔。四月冬至，韩全海与凤翔扩将李继海陈兵殿前，纵火烧了后宫院，挟持昭宗与皇后、妃嫔、诸王百余人，直趋凤翔。

这时朱温已得知消息，立即于十月二十日率四镇兵七万清君侧。朱温挥师西进，直抵凤翔，屯兵城东。李茂贞挟天子命朱温还镇，又诏河东李克用发兵进攻河中。二月初一，李克用在平阳（山西临汾）取胜的消息传来，朱温还军河中，调兵遣将迎击李克用，取慈、隰、汾三州。从此，李克用连续多年不敢与朱温相争。

五月，朱温应崔胤之劝，自率精兵五万从河中进军凤翔。凤翔人畏之如虎，都逃入城中。朱温在虢县大败李茂贞，重抵凤翔城下。九月，朱温采纳了高季昌的诱兵计，命一支骑队诈逃，李茂贞果然中计，倾巢而出。朱温在中军指挥，鼓声一作，百营俱出，纵兵大杀，凤翔兵被杀伤殆尽。李茂贞走投无路，被迫与朱温议和，可他马上又反悔了。

到十二月，关中州镇都被朱温占领，凤翔成了孤城，城中粮食又缺乏，连诸王妃嫔也只能一日食粥，一日食汤饼。李茂贞只好谋诛宦官，向朱温求和。

天复三年（903）正月二十二日，昭宗亲自到朱温大营，朱温素服待罪，顿首流涕。昭宗也不禁哭泣，说："宗庙社稷，赖卿而安；朕与宗族，赖卿再生。"亲解玉节带赐朱温。二十七日，朱温杀了数百宦官，只留下了三十名小黄门（汉代低于黄门侍郎一级的宦官，后泛指宦官）在宫中服杂役。并以崔胤兼判之军十二卫事，典掌禁军。二月，加封朱温守太尉，充副元帅，晋爵梁王。从此唐朝的军政大权全归朱温掌握，昭宗成了朱温的傀儡。

朱温并吞关中，威震天下。天祐元年（904）正月，朱温又迫使昭宗迁都洛阳。朱温命亲将宫苑使张廷范毁坏长安宫室百司及百姓庐舍，拆取了木材，浮渭河而下。长安从此成了一片废墟。

闰四月，朱温尽杀宦官，把内廷的小黄门二百多人也全杀了，统统用汴州兵代替。于是，昭宗左右都是朱温的人。十日，昭宗被强迁入洛阳。

昭宗被朱温劫持，天下大惊。李克用、李茂贞等天下藩镇相互移檄联络，要兴复唐室。朱温担心朝中生变，谋划另立幼君，以便禅位给自己。天祐元年（904）八月十日夜，昭宗酒后宿在皇后的椒殿。蒋玄晖派龙武牙官史太等百人叩宫，称有急事要面奏。夫人裴贞一开门见黑压压兵临宫门，大惊说："急奏为什么要带兵？"史太二话不说，挥杀了她。蒋玄晖带兵冲入，大声问："至尊在哪里？"昭仪李渐荣临轩高呼："宁杀我们，勿伤大家（皇帝）！"昭宗闻声急起，披了件单衣，绕柱而逃。史太紧追不放。李昭仪以身掩护昭宗，也被史太一刀杀了。昭宗终于被史太追上并杀害，年三十八。

第二天一早，蒋玄晖矫诏，声称李渐荣、裴贞弑逆，被诛，立辉王祚为皇太子，更名李柷（chù），在枢前即位，年十三，改元天祐，是为昭宣帝，又称哀帝。

朱温立幼主后更加拥兵自重，皇帝成为朱温的傀儡。唐天祐四年（907）正月，哀帝被逼下诏，定于二月禅位。三月，哀帝正式降御禅位于梁王。四月，梁王朱温更名朱晃，服衮冕（即衮衣和冕，是古代皇帝及上公的礼服和礼冠），即皇帝位，史称后梁太祖。

改元开平,国号大梁,以汴州为开封府,称东都。废唐西京长安,改称大安府置佑国军。以哀帝为济阴王,第二年将哀帝杀死。开平元年(907)四月后梁建立,各地割据势力纷纷效仿,建立地方割据政权。中国的社会历史进入五代十国的割据混战时期。

白马驿之祸

朱温于天复三年(903)引兵入关,并打败了李茂贞,抢到昭宗,迁至洛阳。随后又在天祐元年(904),杀了昭宗,立昭宣帝,并控制了唐朝政权。自此后,唐室衰微,朝臣官僚仅备员而已。同时,一些旧臣百官见所倚之主备受凌辱,因而阴私悲愤之志,又对那些新发迹的官僚看不起,朱温为了打击旧日的高门望族,扫清妨碍他篡唐称帝的社会势力,一方面培养自己的心腹,另一方面也想要清除朝内旧臣。

旧臣柳璨,进士及第后四年不到便官至宰相,他性格倾巧(狡诈)轻佻,竭力曲意奉承,是朱温的心腹要人,当时,同为宰相的裴枢、崔远、独孤损自命朝廷宿望、清流高族,有意轻慢他,使柳璨感到不快。当时有位叫张廷范的,原来是戏子,因为受到朱温的宠幸而提升为太常聊,裴枢以为张廷范是有功之臣,既然得到了方镇,就不应再授以掌礼乐的太常卿的官职,朱温听后很不高兴,说:"我常常以为裴枢器识(器量与见识)真纯,不会加入浮躁的党争之中,听到他这番议论,可知道他的本性了!"柳璨趁机到朱温处污蔑裴枢,以致使裴枢、崔远、独孤损被贬除宰相之职。当时正好有天空星变,占卜的人以为"君臣俱灾,宜诛杀以应之"。柳璨又列出他平时不满意的旧臣,到朱温那里谄告,说:

"这些人聚众议论时事，满心的怨望，可以用他们来预防突变。"朱温的谋臣李振，因为屡考进士不中，因此对那些高门学士们非常嫉妒。他只要一到洛阳，就必然会有些人被他赶下官位，时人称他为"鸱（chī）鸟"。他遇见那些朝廷人士总是颐指气使，一副目中无人的样子。这时，他也在朱温面前进言说："朝廷长期得不到治理，是由于这些衣冠浮薄之徒扰乱纲纪，他们都属于朝中难以制服的人，大王你如果想图大事，不如将他们彻底清除。"于是，朱温将独孤损、裴枢，崔远三人贬为地方刺史，不久又将他们贬为地方司户。

李振等对此还不甘心，就进言说："这帮人常自谓清流，宜投入黄河，使为浊流！"朱温笑着答应了他的建议。天祐二年（905）六月，朱温假敕赐裴枢、独孤损、崔远、陆扆（yǐ）、王溥、赵崇、王赞等自尽，将这些朝中官员三十余人集中在滑州白马驿，在晚上将他们全部杀死，并把尸体抛入黄河。当时，朱温与僚佐、游客们一同坐在大柳树下，朱温一人独自言语道："这株柳树适宜于做车毂（gǔ，车轮中心，有洞可以插轴的部分）。"众人没有响应的，只有几个游客起身说："适宜做车毂。"朱温勃然大怒，严厉地说："书生之辈喜好顺口附和以玩弄人。车毂必须用榆木制作，柳木岂能制作！"让左右人将那些说话的游客全拉去打死。柳璨还想进一步迫害旧臣文士，直到张文蔚力劝才止。

白马驿之祸是对唐廷旧臣一次较彻底的清除，也以此而结束了绵延多年的唐朝官僚集团的党争。

大梁之战

同光元年（923）十月，后唐主李存勖攻克大梁，后梁末帝朱友贞自杀，（后）梁在立国17年后，宣告灭亡。

该年四月，李存勖即位后，便开始对（后）梁发动更大规模的进攻，企图一举将其消灭，首先攻占了梁郓州。后梁大惊，廷遂采纳敬翔的建议，任命老将王彦章为北面招讨使，段凝为副使。王主军之后，后梁士气大振，乘唐守将不备，连克德胜南城和潘张、麻家口、景店等地，扩大了声势。五月，梁以10万兵力攻晋杨刘，堑垒重重，切断内外联系。在此关头，梁将康延孝因不满梁末帝朱友贞而临阵投降，并将梁军虚实部署尽告于李存勖。李存勖亲自往前线指挥，经苦战保住杨刘重镇，形势逐渐好转。七月，唐军夺回德胜城并屯兵于此。

这时，梁廷内部矛盾激化，为了防御唐军，竟在滑州（今河南滑县东）决开黄河，使河水东淹曹、濮、郓诸州，以阻唐军西进攻汴州，并决定调王彦章领兵收复郓州，西命董璋攻太原，霍彦威攻镇定，准备于十月大举发兵攻唐。而唐更有西部泽潞之叛，北部契丹扰边，众将领颇有议和之意。但李存勖采纳康延孝建议，在郭崇韬、李嗣源等支持下，决计乘梁兵力四出，都中空虚之机，直捣大梁。

九月底，李存勖命将士送家属返兴唐府，准备与梁决战。十月，后唐大军自杨刘渡河，一战而败梁军，俘王彦章，乘胜进取大梁。大梁城内只有禁军数千，主力正在黄河以北，无法救援。朱友贞见大势已去，举家自杀。唐军进占梁都班，梁亡。后梁主力大军降唐。

柏乡之战

开平四年（910），河东晋王（后唐）李存勖与后梁朱温为争夺河北，在柏乡（今河北柏乡）发生的一次重要战役。

唐王朝在以黄巢为主的农民大起义的打击下，已风雨飘摇，濒于灭亡。各地的割据势力经过不断兼并，形成势力最强的两大对立集团：一是据有汴州（今河南开封）等地的梁王朱温（后称帝建立后梁），一是据有河东等地的晋王李克用（其子李存勖建立后唐）。

朱温是黄巢起义军的降将，降唐后被任命为左金吾卫大将军、河中行营副招讨使，赐名全忠。中和三年（883）三月，又被任命为汴州刺史、宣武（治所在汴州）节度使。此后，他以汴州为基地，不断扩张势力。唐昭宗天复三年（903），朱温击败凤翔节度使李茂贞，挟天子以令诸侯，被封为梁王。天祐四年（907）四月，朱温废唐哀帝称帝，国号梁，史称后梁，改元开平。

朱温称帝后，其最大的威胁是河东的李克用，李克用原是西北沙陀族的首领。李克用父子以拥有一支剽悍善战的沙陀骑兵而著称。因助唐镇压黄巢起义军有功，于唐僖宗中和二年（882）被任为河东节度使，封晋王。从此李克用以河东为基地，经营扩展，逐步占有山西大部地区，成为割据势力中又一个实力最强的集团。朱温称帝后，李克用打着"匡复唐室"的旗号，联络其他割据势力反对朱温，成为后梁的劲敌。

其子李存勖亦颇有才略。他继承王位后，采取了"举贤才，黜贪残，宽租赋，抚孤穷，申宽滥，禁奸盗"等一系列稳定社会的措施，并着力整饬军纪，练兵备战。在短短的几年内，使晋"境内大治""士卒精整",为而后"兼山东,取河南"奠定了基础。

河北西倚太行,东临大海,南襟（屏障于前）黄河,北接大漠,战略地位非常重要。对梁、晋双方来说,谁控制并占有了河北,就可以形成钳击对方的极为有利的态势。于是河北就成为梁晋拉锯争夺的一个重要地带。

当时,河北有成德（治所镇州,今河北正定）节度使、赵王王镕,义武（治所定州,今河北定县）节度使王处直,卢龙（治所蓟县,今北京西南）节度使、燕王刘守光三种割据势力。其中,刘守光的力量最强。开平四年（910）十一月,刘守光出兵屯于涞水（今河北涞水）,企图南下进攻镇、定二州。朱温早就觊觎镇、定二州,闻讯,便以帮助赵王王镕抗刘守光为名,遣其供奉官杜廷隐、丁廷微率兵3000分别进驻深州（今河北深州市）、冀州（今河北冀州市）,妄图以此为借口吞并镇、定二州。深州守将石公立识破了朱温的野心,请求拒绝梁军入深,但王镕却命石公立退出城外以避之。结果杜廷隐入城后立即"尽杀赵成兵,乘城拒守"。王镕悔之已晚,复攻不克,乃遣使赴晋向李存勖求援。

这时,义武节度使王处直也遣使者来晋。成德、义武两镇经过协商,想共推李存勖为盟主,合兵攻梁。李存勖乃召集众将商议,许多将领认为,"镕久臣朱温,岁输重赂,结以婚姻,其交深矣,此必诈也,宜徐观之。"但李存勖认为,王氏在唐朝还或臣或叛,归服朱温岂能长久?他判断王镕"必择利害而为之",如怀疑不救,坐视朱温吞灭王镕,则于晋大为不利。于是,李存勖做出了与王镕、王处直结成反梁联盟的决策,遣周德威率兵出井陉（今河北井陉）,屯兵于赵州（今河北赵县）,以助王镕抗梁。至此,以李存勖为主的反梁联盟与朱温形成了态势。

开平四年十二月初四，朱温命王景仁、韩勍（qíng）等率兵自河阳（今河南孟州市南）渡河北进，与罗周翰合兵4万，经邢（今河北邢台）、洺（今河北永丰东南），于二十一日进至柏乡。王镕慌忙告急于晋。李存勖亦感到形势急迫，留蕃汉副总管李存审守晋阳，亲率主力出赞皇（今河北赞皇）东进，于二十五日至赵州，与周德威所部会合，迎击梁军。与此同时，定州王处直也派兵5000南下助战。

李存勖从俘虏中得知，朱温在梁军出发前，曾对其前线指挥王景仁面授机宜，说王镕反复无常，终是梁的后患，此战务必为我攻而取之，将其歼灭。李存勖立即将这一情报送给镇州，进一步坚定了王镕附晋抗梁的决心。

十二月二十六日，李存勖兵进至柏乡之北30里处，以周德威为前锋，率骑兵迫近梁营挑战，梁军坚壁不出。二十七日，李存勖军继续南下，驻扎于野河北岸，距柏乡仅5里。又派骑兵迫近梁营挑战，梁将韩勍率步骑3万，分兵3路迎击。晋军士卒见梁军衣甲鲜美，阵势堂堂，有些气馁。周德威及时鼓动说，这些兵都是汴州卫兵，外强中干，"十不能敌我一"，于是，身先士卒，亲率千余精骑突击梁军两翼，左冲右杀。经过4次冲击，虽俘获梁兵百余人，但终未动摇梁军阵势，遂且战且退，与梁军对峙于野河两岸。

而对这种局面，李存勖有些急躁。他认为，晋"孤军远来，救人之急，三镇乌合（指镇、定、河东三镇的联合并不巩固），利于速战"。令周德威迅速寻机与敌决战，但周德威认为，梁军军势尚盛，尚须"按兵以待其衰"。他分析说："镇、定之兵，长于守城，短于野战。且吾所恃者骑兵，利于平原广野，可以驰突，如同梁

984

对垒阵战，难以发挥骑兵的作用，势必寡不敌众，不如退守高邑（今河北高邑），诱贼出营，彼出则归，彼归则出，别以轻骑掠其馈饷，不过逾月，破之必矣。"李存勖求胜心切，对周的话根本听不进去。退卧帐中，诸将皆缄口不敢复言。这时，周德威又往见重臣张承业，请其出面再次进谏李存勖。张对李存勖说："周德威老将知兵，其言不可忽也。"这样，李存勖才采纳了周德威的建议。于是，晋军改变与梁军在野河的对峙态势，主动拔营退至高邑。退至高邑后，每日派少量骑兵对梁营周围实行袭扰。梁军不敢出城割草饲马，到最后只得拆茅屋、坐席喂马，马匹饿毙者甚多。

乾化元年（911）正月初二，周德威见梁军人马困顿，战斗力已大大减弱，遂与别将史建塘、李嗣源率3000精骑到梁军营前挑战，梁将王景仁、韩勍率兵出战。周德威且战且退诱敌北进，李存璋率步兵依托野河列阵。梁军"横亘数里"，向北推进至高邑以南地区竞相夺桥，企图渡过野河。李存勖见镇、定二镇守军面临梁军强大攻势难以支持，急命部将李建及率兵200增援，才打退了梁军的进攻，双方激战一上午，互有伤亡，难分胜负。此时，李存勖认为梁军既被诱出，又被阻于野河之南，事不宜迟，应立即把主力投入决战。但周德威认为梁军之势尚盛，"可以劳逸制之，未易以力胜"，还不到决战时机，他建议再坚持到日落之后，待梁军饥渴劳倦退兵之时，再"以精骑乘之，必大捷"。李存勖经过考虑采纳了周的建议。两军战至黄昏，梁军尚未进食，士卒饥疲不堪，梁将王景仁便引军稍向后退。周德威见战机已到，立即命令精锐骑兵向东、西两阵之梁军发起猛烈攻击。梁军遭到突袭，顿时阵脚大乱。东阵之兵先退。晋将李嗣源率军直捣梁军西阵，并令士卒大声宣扬已夺取了东阵，以扰乱梁军军心。于是西阵梁军开始溃逃。晋将李存璋率骑兵乘势追击，边追边喊不杀降者，梁军士卒纷纷解甲投兵而弃之。晋军挥军追击，梁军溃散奔逃，死伤甚众。"自野河至柏乡，僵尸蔽地。"梁将王景仁、韩勍、李思安等人仅率数十随从逃走。

晋军占领柏乡后，直追梁军于邢州城下，而后屯于赵州。屯深、冀二州的梁将杜廷隐听到柏乡战败，也弃城逃走。此战，梁军除解甲弃兵投降溃散者外，共被歼 2 万余人，损失粮食、器械不计其数。梁军 4 万人仅剩数千人逃往河南。由于柏乡之战的胜利，晋军控制了镇、定等州及河北广大地区，为以后夺取全部河北，进一步灭梁建唐（后唐）奠定了重要基础。

柏乡之战晋军取得了逐鹿河北的重要胜利，主要得益于正确的战略决策和作战指导，而在这两个方面，显示了李存勖、周德威作为帅和将各具特色的才能。

在梁出兵妄图吞并镇、定两镇，王镕等向晋求救的时候，晋能否做出正确的决策对晋今后经营河北十分重要。如果迟疑不决，势必使梁唾手而得镇、定两镇，使晋在战略上处于非常不利的地位。在这个时候，李存勖能够力排众议，通过分析王镕其人及其处境，做出正确的判断，从而做出了三镇同盟共同抗梁的决策。实践证明，这一决策是非常正确的，既利用了梁与王镕、王处直等的矛盾，增加了反梁的力量；又师出有名，顺手牵羊，取梁而代之，使河北这块"宝地"纳入了自己的势力范围，这充分显示了李存勖作为政治家、军事家敏锐的战略眼光。

周德威的确是"老将知兵"，在柏乡之战的作战指导上可以说匠心独运，较之李存勖略胜一筹。一是知己知彼，善于扬长避短。他正确地分析到梁军气势汹汹而来，兵锋正锐利于速战。而晋军在数量上占劣势，且主要是骑兵，与敌人胶着对垒，不利于发挥纵横驰骋的长处，若急于与对方决战，势必失利。因此，他以极大的努力说服李存勖采取主动后撤，以逸待劳的方针。他充分发挥骑兵的长处，采取小股袭扰的办法，的确起到了困敝梁军的重要作用。孙子曰："知己知彼，百战不殆。"这一战例充分说明了这一点。二是善于待机。战争中，捕捉战机十分重要。战机，实质上就是敌我双方态势上发生重大变化的关节点，在千变万化的战场上战机往往是稍纵即逝的。当战机出现时，要及时抓住它，采取果敢的行动去争取胜利。但是在战机没有出现时，则不能急躁，要耐心地等待，去寻觅，去创造，不能操之过急，这对于指挥员的心理素质和决策水平都是一个重大考验。在柏乡之战中，周德威的待机艺术显示得非常突出。第一次。当李存勖急于使用主力与梁决战时，他提出要等待。第二次，当梁军已被诱出双方已激战至午时，他又提出要等待。他选择梁军进攻受挫、开始退军时，投入主力进攻，可谓不温不火，恰到好处。但周德威的待机又不是消极地等待，守株待兔，而是积极调动敌人，创造战机。他派骑兵对梁军袭扰，他引诱梁军离营进入预定的战场，都显示了他创造战机的主动性。